U0564944

哈 腾／著

# 新时代检察机关
# 法律监督的深化与完善

XINSHIDAI JIANCHA JIGUAN FALÜ JIANDU DE SHENHUA YU WANSHAN

中国政法大学出版社

2022·北京

声　　明　　1. 版权所有，侵权必究。

2. 如有缺页、倒装问题，由出版社负责退换。

**图书在版编目（ＣＩＰ）数据**

新时代检察机关法律监督的深化与完善/哈腾著.—北京：中国政法大学出版社，2022.9
ISBN 978-7-5764-0657-3

Ⅰ.①新…　Ⅱ.①哈…　Ⅲ.①检察机关—法律监督—研究—中国　Ⅳ.①D926.4

中国版本图书馆CIP数据核字(2022)第172916号

-------------------------------------------------------------------------------------------------------

出 版 者　　中国政法大学出版社
地　　址　　北京市海淀区西土城路 25 号
邮寄地址　　北京 100088 信箱 8034 分箱　邮编 100088
网　　址　　http://www.cuplpress.com (网络实名：中国政法大学出版社)
电　　话　　010-58908441(编辑室) 58908334(邮购部)
承　　印　　北京九州迅驰传媒文化有限公司
开　　本　　720mm×960mm　1/16
印　　张　　15.5
字　　数　　250 千字
版　　次　　2022 年 9 月第 1 版
印　　次　　2022 年 9 月第 1 次印刷
定　　价　　69.00 元

## ABSTRACT 摘　要

　　随着国家监察体制、以审判为中心诉讼制度、认罪认罚从宽制度、检察公益诉讼制度、司法责任制等一系列改革的有序推进，法治中国的建设进入了新时代。新时代检察机关的法律监督面临着新问题、新形势和新挑战，例如：在国家监察体制改革中，监察与检察如何协调衔接？在以审判为中心的诉讼制度改革中，检察机关如何应对庭审实质化？在认罪认罚从宽制度改革中，检察官的角色如何定位、权力及其边界如何划定？在检察公益诉讼制度改革中，检察机关的身份如何界定、举证责任如何分配？在司法责任制改革中，法律监督模式如何重构、检察官办案主体地位如何落实以及权力如何配置？等等，以上问题都需要在理论上作出新回答。

　　换个角度来讲，新时代检察机关法律监督面临的新问题、新形势、新挑战同样也是法律监督转型升级和发展完善的新机遇。当下，检察机关法律监督的体制、机制还存在一些与新时代法治改革新要求不适应的问题，例如：国家监察体制改革中法律监督权与监察监督权的关系有待理顺；以审判为中心诉讼制度改革中诉侦、诉审、诉辩关系不清晰；认罪认罚从宽制度改革中检察机关审前主导作用不明显；检察公益诉讼制度改革中诉前程序不完善；司法责任制改革中检察官权力配置不科学；等等。正是由于以上问题的存在，影响了新时代检察机关法律监督职能的展开和价值目标的实现。在这样的时代背景下，研究和探讨如何进一步深化和完善检察机关法律监督这一重大课题，具有一定的理论价值和现实意义。

　　本书分以下六个部分展开论述：

　　第一章为检察机关法律监督的新时代内涵。在界定新时代法律监督内涵以及分析新时代法治改革的动力、内容和重心的基础上，论证了进一步深化与完善检察机关法律监督的重要性与必要性，具体设计了深化与完善检察机关法律监督应实现的价值目标，并描绘了实现这些目标的具体路径，即"一项原则、两个方向、三种角色"：坚持检察机关作为法律监督机关宪法定位的基本原则不动摇；同时向下深耕法律监督主业、优化法律监督职能，向上拓展法律监督空间、延伸法律监督触角；扮演好宪法法律、公民权利和公共利益守护者的角色。

第二章为国家监察体制改革下的法律监督。国家监察委员会的设立，打破了原有的国家权力配置格局，丰富了原有的权力监督体系，标志着国家监察权作为一项与行政权、审判权等国家权力并行的独立权力开始出现在国家权力体系中，而这必然涉及监察监督权与其他权力，尤其是与检察机关法律监督权的关系问题。监察监督权与法律监督权在性质、对象、内容、目的等方面存在诸多不同，如何协调衔接监察监督权与法律监督权，不仅影响反腐败的效果，同时也关系到检察机关法律监督的长远发展。

第三章为以审判为中心诉讼制度改革下的法律监督。在对"审判中心主义"改革的内涵、价值、要求等本体进行解读的基础上，明确了检察机关法律监督权在促进庭审实质化、防范冤假错案等方面的重要作用。针对司法实践中法律监督权与侦查权、审判权、辩护权的"畸形"关系，在理顺四者关系的基础上，提出应构建引导与协作的新型诉侦关系、理性与和谐的新型诉审关系、尊重与平等的新型诉辩关系。同时对检察机关如何应对庭审实质化以及如何实现庭前会议中的法律监督职能作出回应。

第四章为认罪认罚从宽制度改革下的法律监督。在审前程序分流功能不显、宽严相济刑事政策不彰、案多人少矛盾日益突出的现实背景下，我国刑事诉讼领域开启了一场旨在推进案件繁简分流、提高诉讼效率、实现诉讼资源优化配置的认罪认罚从宽制度改革。作为这项改革的重要参与者，检察官在其中扮演了程序主导者、协商参与者、法律监督者的重要角色。为保障检察官扮演好以上角色，需全面理解改革的目的，正确对待认罪认罚与赔偿、认罪认罚与从宽的关系；需确保检察官办案自主性，完善不起诉程序，制定量刑减让指引；需强化对认罪认罚自愿性、明智性和侦查惰性的监督。此外，针对认罪认罚从宽制度中检察官在起诉裁量权、量刑建议权行使方面遇到的问题，需从实体和程序两方面规范检察官的权力行使，厘清权力行使的边界。

　　第五章为检察公益诉讼制度改革下的法律监督。检察公益诉讼制度作为检察机关探索、创新法律监督的一次有益尝试，是检察机关未来一项新的业务"增长点"，其确立与检察机关公益代表人的身份天然契合。在对检察公益诉讼概念进行界定和制度运行现状进行概括的基础上，梳理了当下检察公益诉讼制度在主体身份、诉前程序、举证责任、诉讼程序、配套机制方面存在的问题，并就如何完善此项制度提出了建议和对策。

　　第六章为司法责任制改革下的法律监督。为满足司法责任制"谁办案、谁负责"的要求，进一步落实检察官办案主体地位，需构建"案件化"办理模式，明确重大监督事项"案件化"办理模式的概念、要素、原则、程序和证据规定；需完善检察官奖惩机制，包括完善职业保障制度、业绩评价体系和员额退出机制；需优化检察官权力清单，科学配置检察官权力。

目 录

## 一、研究背景

习近平总书记在党的十九大报告中指出，中国特色社会主义已经进入新时代。随着中国特色社会主义法治体系日益完善，我国法治改革也进入了新时代，并取得了一系列令人瞩目的改革成果。我国法治建设之所以取得这样的进步，很大程度上得益于党和国家在法治建设领域推行的一系列大刀阔斧的改革。以与司法相关的改革为例，包括但不限于以下几项：立足于反腐败、旨在提升腐败治理能力的国家监察体制改革；旨在促进庭审实质化、重塑公检法三者关系的以审判为中心的诉讼制度改革；为进一步落实宽严相济的刑事政策、合理配置司法资源、提高诉讼质量与效率的认罪认罚从宽制度改革；基于对公共利益受损而保护主体缺失现状的反思而施行的检察公益诉讼制度改革；为实现"谁办案、谁负责"而实施的司法责任制改革；等等。

通过梳理以上法治建设领域的重大改革，我们不难发现，这些改革都与检察机关有关且检察机关在其中都扮演着举足轻重的角色。新的法治改革实践呼唤着新的法学理论。"面对上述一系列涉及检察机关法律职能问题的改革实践，我们与其固守原有的一些理论观点，在'法律监督的正当性'以及'法律监督的途径'等问题上钻入理论的'牛角尖'，展开一些可能永远找不到答案的理论争论，倒不如认真地关注当前正在得到全面推行的改革，从中发现我国检察制度发展创新的新契机。"[1]作为我国宪法规定的专门的法律监督机关，新时代的检察机关法律监督在这些改革中面临着一些新问题、新情

---

〔1〕 陈瑞华：《司法体制改革导论》，法律出版社 2018 年版，第 77—78 页。

况，例如：在国家监察体制改革中，检察与监察如何协调衔接？在以审判为中心的诉讼制度改革中，诉侦、诉审、诉辩关系如何重塑、检察机关如何应对庭审实质化？在认罪认罚从宽制度改革中，检察机关扮演着什么样的角色、应重点审查哪些事项、如何参与量刑协商？在检察公益诉讼制度改革中，检察机关的身份如何界定、举证责任如何分配？在司法责任制改革中，如何进一步落实检察官办案主体地位？等等。我国检察制度似乎又一次走到了历史的十字路口。

然而，当前检察机关法律监督在机制方面存在的一些问题，导致检察机关还无法完全满足新时代法治建设对其提出的新要求。这些问题一定程度上制约了检察机关法律监督职能的展开，影响了法律监督的效果。检察机关法律监督的现状，与党和国家以及社会民众对法律监督工作的期望还有一定的差距。因此，如何进一步深化与完善检察机关的法律监督职能，成了新时代检察机关需要直面解决的重大理论与实践课题。

## 二、研究现状

检察机关法律监督是一个老生常谈而又历久弥新的话题，同时也是一个极具中国特色的课题。依法治国是国家治理领域的一个重要手段，同时也是一场深刻的革命。习近平总书记关于依法治国的新理念、新思想和新战略，引领法治改革踏上了新征程、进入了新时代。在法治改革新的历史背景下，检察机关法律监督面临着新问题、新挑战和新机遇。关于法律监督的研究，应顺应时代潮流。针对出现的新问题、新情况，只有重新审视和总结原有的相关理论，并在此基础之上不断丰富和完善法律监督理论体系，法律监督研究方可始终保持旺盛的学术生命力。目前关于法律监督的研究形成了很多有价值的学术成果，这些学术成果主要侧重于两个方面。

（一）法律监督本体论研究

这类研究主要关注对法律监督自身内涵与外延的阐释，即对法律监督自身如何认识的问题，如法律监督概念、法律监督性质、法律监督地位、法律监督原则、法律监督模式、法律监督主体、法律监督关系、法律监督权能、法律监督效力、法律监督与权力结构模式的关系、法律监督权的发展历程等。这些基础性、本源性、原理性的研究为法律监督的制度建构奠定了理论根基，为这种内生的制度生长提供了充足的知识"供给"。

（二）法律监督关系论研究

这类研究主要侧重法律监督在其他法律制度中的表现形式、运行现状及完善路径，即法律监督与其他法律制度的关系问题，如侦查监督制度、审判监督制度、刑罚执行监督制度、民事行政诉讼监督制度、行政法律监督制度等。此类研究立足于法律监督的目的与功能，通过对法律监督实践样态的检视与反思，理顺、修正乃至重塑法律监督与其他法律制度的关系。

通过梳理法律监督学术史、归纳现有的研究成果，可以发现以往研究呈现出以下两个特点：

第一，静态化。这种静态化包括研究思维的静态化和研究对象的静态化。关于法律监督制度的研究，很多研究者停留在单向线性监督的思维模式中，而较少关注法治改革视野下检察机关法律监督与法治改革成果之间的互动关系，更多地将法律监督自身的性质作为研究的逻辑起点，而忽视了最新的法治改革对其提出的新要求、新目标。在研究对象上，很多研究成果没有对最新的法治改革成果给予足够的理论关照，尤其在法律监督的主体职能发生变化的情况下，没有对这一变化所带来的权力结构调整和职权重新配置进行及时的跟进研究，如监察权与检察权协调衔接问题等，这些新课题都有待进一步深入研究。

第二，分散化。以往关于法律监督制度的研究，更多的是对其子论题的点状式研究，即没有将这些子论题统摄于某一大的分论题之下，从而显得过于分散化，结构上不够系统化、集成化。例如，有些文章探讨了在监察委员会成立背景下法律监督与监察监督的异同、检察制度未来的发展愿景等问题，而这些问题完全都可以归纳于"国家监察体制改革下的法律监督"这一大的命题之下。以此类推，还有"认罪认罚从宽制度改革下的法律监督""以审判为中心诉讼制度改革下的法律监督""检察公益诉讼制度改革下的法律监督""司法责任制改革下的法律监督"等命题。而这些不同的命题也同时构成了新时代深化与完善检察机关法律监督的几个不同面向，服从和服务于新时代法治改革的总目标。

### 三、研究价值

（一）研究新时代检察机关法律监督的深化与完善，有助于丰富和充实法律监督理论体系

理论来源于实践，理论价值的大小取决于实践对理论需求的大小。党的十八届三中、四中全会掀起了新一轮法治改革的热潮，全面依法治国领导小组的成立更是将这股热潮推向了顶点，法治改革的重大举措令人目不暇接，包括国家监察领域、诉讼制度领域等一系列的重大改革，改革的力度和密度前所未有，而这些改革几乎都涉及检察机关的法律监督职能。面对这些改革，检察机关应如何承担起新时期、新征程法律监督的使命，如何激活法律监督在新时代的活力和效能，如何继续保持法律监督的刚性和权威，是一个颇为值得研究的课题。本书正是对这一法治改革实践需求的理论呼应，是探索法律监督转型升级路径的一次有益尝试，有助于丰富法律监督学的理论体系。

（二）研究新时代检察机关法律监督的深化与完善，对法律监督实践工作具有一定的指导意义

当前，法律监督工作遇到的新问题、新情况层出不穷，传统的理论观点和已有的实践经验在回答和解决这些新问题、新情况时已显得有些力不从心。因此，思想认识必须不断前进，不断根据新的实践进行新的探索。只有通过法律监督理论创新，实现理论的发展和成熟，才能避免和减少制定政策、部署和开展法律监督工作的盲目性，才能少走弯路。本书将集中讨论并着力解决法律监督发展过程中所面临的障碍和受到的掣肘，分析法律监督有所弱化的原因，并对未来检察机关法律监督的走向提出合理设想。本书始终以实践为导向，立足并服务于实践，对检察实践工作具有一定的指导意义。

（三）国家监督权力格局的调整需重新审视检察机关法律监督的重心及方向

《中华人民共和国监察法》（以下简称《监察法》）的通过，标志着国家的反腐败战略格局和权力体系发生了重大变化。国家监察委员会的监察权作为与行政权、审判权、法律监督权平行的一项重要国家权力，打破了原有的国家权力格局，重塑了原有的国家权力监督体系，同时也对检察机关的法律监督职能产生了一定的影响。这涉及监察法与刑事诉讼法、国家监察委员会

与检察机关、监察监督权与法律监督权三对关系的协调与兼容问题。检察机关的法律监督如何平稳、顺畅、有效衔接国家监察体制改革，不仅关系着法律监督的长远发展，同时也影响着反腐败的实际效果。随着职务犯罪侦查部门的转隶，检察机关的法律监督如何保持原有的刚性和权威，需要结合最新的司法改革成果，不断充实和拓展法律监督的内核与外延，为法律监督的发展寻找新的"增长点"和"落脚点"。

（四）检察机关法律监督的深化与完善是以审判为中心的诉讼制度改革的题中之义

推进以审判为中心的诉讼制度改革，是党中央对实践中发生的一系列冤假错案深刻反思后的重大战略部署，是对以往公检法三机关关系错位的纠偏和重塑。检察官处于警察与法官的中间地带，作为法律守护人，既要保护被告人免于法官的擅断，亦要保护其免于警察的恣意。而冤假错案的发生，不能说与检察机关法律监督职责的"失守"没有关系。研究"审判中心主义"下的诉侦、诉审、诉辩关系，理顺诉、辩、审三者之间的关系，强化法律监督效果，有助于发现并遏制侦查中的非法取证行为，保障被告人的诉讼权利；有助于"截留"非法证据，防止被污染的证据进入庭审，进而干扰法官作出正确判断；有助于打击侵害辩护权的不当和违法行为，保障辩护权的正常行使，增强庭审的对抗性，强化庭审实质化；有助于发挥检察机关审前主导、主体作用，最大程度防范冤假错案的发生。

（五）认罪认罚从宽制度的完善与发展需要检察机关法律监督的深度参与

认罪认罚从宽制度改革能否取得预期成效，很大程度上取决于被告人认罪认罚的自愿性和明智性以及量刑协商的实质性能否得到有效保障，而这离不开检察机关法律监督的深度参与。对被告人认罪认罚自愿性和明智性的审查是检察官与辩护人进行量刑协商的根本前提。这种审查主要是检察机关对侦查机关取证、讯问行为的合法性进行监督。而在量刑协商过程中，检察官需要与辩护人就被告人的量刑问题进行平等的对话、协商，认罪认罚从宽制度的精髓恰恰就在于平等协商这一程序设计上。因此，可以说，认罪认罚从宽制度改革的成败在一定程度上取决于检察机关参与的积极性、有效性。

（六）检察公益诉讼制度的正式确立对传统的法律监督理论提出了挑战

在总结改革试点经验和取得的成果的基础之上，2017 年 6 月 27 日，我国法律正式确立了检察公益诉讼制度。而在检察公益诉讼制度试点以来暴露的最大问题就是检察机关在公益诉讼中的身份性质，其是单纯的诉讼原告人还是兼具法律监督者的角色、二者能否兼容、兼容的正当性何在、如何避免"角色混淆"成为学界分歧最大、争论最多的问题。因为这直接关系着检察机关在一审和二审中的称谓、检察官出庭是否需要检察机关出具授权委托书、法院是否发传票、能否驳回起诉、二审是上诉还是抗诉、出席二审法庭的检察机关的层级以及检察机关调查权的性质和效力等。传统的法律监督理论在解释上述问题方面有些力不从心，需重新审视和诠释既有理论。

（七）司法责任制改革是检察机关法律监督深化与完善的重要保障

司法责任制改革的核心是"谁办案、谁负责"，目的是进一步落实检察官办案主体地位。新时代深化与完善检察机关法律监督，关键在于保障检察官履行法律监督职能的积极性，而这离不开法律监督模式的转型、奖惩机制的完善以及检察官权力清单的优化。传统检察机关监督事项的"办事模式"已无法满足新时代检察机关法律监督对专业化、规范化和实效化的要求，急需向"办案模式"转型。而检察官奖惩机制的完善包括对职业保障制度、业绩评价体系以及员额退出机制的完善。针对检察官权力清单实践中存在的规范与实践脱节、赋权不充分、可操作性不强等问题，应在坚持职权法定、权责一致、差异化等原则的基础上，优化检察官权力清单。

## 四、研究方法

（一）规范分析方法

在我国现行法律体系中，关于法律监督权的规范已经形成以《中华人民共和国宪法》（以下简称《宪法》）为统领、以《中华人民共和国人民检察院组织法》（以下简称《人民检察院组织法》）为主体、以三大诉讼法为重要发展、以其他法律法规为补充的规范体系。研究我国法律监督权的深化与完善，首先必须对上述规范体系进行梳理、归纳和总结，探究相关规定之间的逻辑关系和内在联系，从而对我国法律监督权的内涵性质与发展趋势作出合理解读与科学预判。

（二）实证分析方法

要探究我国法律监督权的实然状况，必须对法律监督权运行状态进行实证分析。与国外法律监督权相比，我国法律监督权的构成谱系比较广泛。在检察机关的若干法定职权中，不同职权的运用情况有所不同。由于笔者本人目前在某基层检察院工作，对法律监督权中不同职权的实际运行情况的感触更为直接和深刻。"近水楼台先得月"，工作上的优势也为笔者获取有关法律监督制度改革的第一手资料、数据和案例素材提供了便利，这无疑有利于增强本论证的说服力和可信度。

（三）跨学科研究方法

检察机关法律监督的性质定位，根植于我国《宪法》第134条的规定。因此研究我国检察机关的法律监督权，就无法回避此条法律规定背后的立法目的和立法动机，从依宪治国、依宪执政的角度进行分析。这种分析就必然需要引入宪法学的研究范式和相关理论。从宪法学的角度切入并审视检察机关的法律监督权，不仅凸显了法律监督权制约其他公权力的重要价值，而且为法律监督权的研究提供了一种新的思路，有利于提高法律监督权研究的理论品格。

# 第一章 检察机关法律监督的新时代内涵

CHAPTER 1

党的十九大标志着我国法治建设进入了新时代，开启了法治建设的新征程。新时代必然有新面貌、新特点，新征程难免会有新问题、新情况。检察机关法律监督面临的情况更复杂、承担的责任更重大，尤其最近几年，党和国家在法治建设领域推行的一系列重大改革举措，无不与检察机关法律监督息息相关。在众多改革叠加的境遇下，再加之检察机关法律监督目前自身存在的种种问题，导致其与新时代法治建设的要求和期许还存在一定差距。在此背景下，深化与完善检察机关法律监督就显得尤为重要和必要。

## 第一节 检察机关法律监督的概念解析

法律监督是检察基础理论问题的核心，也是中国特色检察制度的标志。在阐释新时代检察机关法律监督如何深化与完善之前，首先需要对检察机关法律监督的概念作一清晰的界定。本节着重考察"法律监督"一词的历史由来，梳理法律监督词源内涵的嬗变历程，以揭示法律监督的内涵、划定法律监督的外延，同时重点论证法律监督与诉讼、办案的关系，力求实现对法律监督概念的全方位解析。

### 一、法律监督的内涵

（一）"法律监督"一词的历史由来

我国《宪法》中的"法律监督"一词，是基于对苏联检察机关的性质理解而创造出的中国式新概念。但对于苏联检察机关的性质，无论是列宁时期，还是苏联1936年宪法（即《苏维埃社会主义共和国联盟宪法》）都没有使用

"法律监督"这一概念。1950年6月，最高人民检察署副检察长李六如在《各国检察制度纲要》的报告中，根据列宁在《论"双重"领导和法制》信件中的重要论述，认为苏联的检察机关是"政府的法律监督机关"。在他看来，苏联检察机关之所以是法律监督机关，主要基于两点：一是检察机关行使广泛的法律监督职能，具体是指一般监督职能。二是检察机关实行垂直领导体制，能够抵抗政府机关的不当干扰。李六如提出的苏联检察机关性质为"法律监督机关"得到了中央领导层的认可。1950年9月4日，中共中央发布《关于建立检察机构问题的指示》，明确指出："苏联的检察机关是法律监督机关，对于保障各项法律、法令、政策、决议等贯彻实行，起到了重大作用。"根据这一指示，新中国检察制度将要以苏联社会主义检察制度为学习借鉴的对象，最终建成一个具有法律监督性质的新型检察机关。1953年11月，中央政法党组在向党中央的建议中认为："检察署是法律监督机关，它检察所有国民包括国家工作人员的违法犯罪案件，并代表国家向法院提起公诉。"党中央批准了这个建议。之后，1954年《宪法》第81条第1款和1954年《人民检察院组织法》第3条均规定了中华人民共和国最高人民检察院对于国务院所属各部门、地方各级国家机关、国家机关工作人员和公民是否遵守法律，行使检察权。但1954年《宪法》和《人民检察院组织法》并没有出现"人民检察院是国家的法律监督机关"这样的表述。"文革"结束后，在检察机关重建过程中，对于检察机关的性质定位存在较大的分歧。1978年12月31日，《人民日报》发表题为《大力加强人民检察工作》的社论，明确指出人民检察院是国家的法律监督机关。随后，1979年7月1日，第五届全国人大第二次会议通过了修改过的《人民检察院组织法》，其中第1条明确规定："中华人民共和国人民检察院是国家的法律监督机关。"至此，在历经近30年后，检察机关的法律监督性质正式在法律层面确立。1982年12月4日通过的《宪法》第129条规定："中华人民共和国人民检察院是国家的法律监督机关。"检察机关的法律监督性质正式得到宪法的确认。[1]

---

[1] 参见段明学：《检察改革论略》，中国检察出版社2016年版，第129—130页。

### （二）法律监督的内涵

1. 法律监督内涵的嬗变历程

法律监督的内涵经历了一个历史流变的过程。对这一过程进行考察分析，有助于正确认识法律监督的内涵与范围，进而认清法律监督制度可能发展的路径与方向。总体而言，检察机关法律监督的内涵经历了从一般监督到刑事司法监督再到诉讼监督的立法限缩过程。

中华人民共和国成立初期，无论是 1949 年《中华人民共和国中央人民政府组织法》还是 1954 年《宪法》，在描述检察机关的性质时，都使用了最高检察权、对是否遵守法律行使检察权等类似的表述，这样的词语反映了苏联检察模式在我国法律规范文本中的体现，并且以"一般监督"为主要特色。不过，苏联一般监督模式主要目的在于维护整个苏维埃共和国的统一，而这种模式在引入中国后，由于与我国的政治制度、政权结构、法制传统等国情不符，难以取得很好的效果，因而形同虚设，造成检察机关法律监督权一直处于"备而待用"的状态。这种状态一直持续到"文革"时检察机关被撤销。"文革"结束后，1979 年检察机关恢复重建期间，《人民检察院组织法》删掉了检察机关关于对地方国家机关的决议、命令和措施是否合法实行监督的规定，也删掉了对于有关国家和人民利益的重要民事案件有权提起诉讼或者参加诉讼的规定，立法上正式取消了检察机关"备而待用"的一般监督。较之一般监督，检察机关重建后的法律监督在对象上被作了限制性的调整。实践中，宪法和法律所规定的宽泛的法律监督被缩小到仅限于刑事司法监督。限缩后的法律监督权能更加集中、更加明确，便于检察机关集中精力查处国家工作人员违法犯罪案件，以树立检察机关法律监督的权威。可见，"法律"由最初"合法性"中的法令、政令、带有强制性色彩的决议限缩为刑法。在"去苏联化"和"中国化"的过程中，法律监督也被限缩为刑事司法监督，甚至进一步限缩为职务犯罪方面的监督。这样的限缩，在一定程度上造成了法律监督权的应然定位与实然功能的脱节，尤其随着社会的发展和检察实践的不断探索，检察机关法律监督的内涵已经远远超出了既往解释的范围。特别是《中华人民共和国行政诉讼法》（以下简称《行政诉讼法》）、《中华人民共和国民事诉讼法》（以下简称《民事诉讼法》）颁布实施后，检察机关法律监督范围已经从刑事司法监督覆盖到整个诉讼监督。至此，检察机关法律监督形成了以刑事诉讼监督为主体、以民事诉讼监督和行政诉讼监督为两翼的"诉讼监督"格局。[1]

2. 本书的立场

从"一般监督"到"诉讼监督",反映了法律监督在内涵理解上的窄化和立法上的限缩。在维护法制统一方面,我国检察权行使的空间局限于诉讼过程,这使得检察机关在一些需要发挥法律监督职能的场合(如针对侵害公共利益的情形以及一些行政违法行为的监督)难以发挥作用。因为诉讼监督被更多地局限于诉讼活动这个"场域",而没有看到法律监督的价值更在于确保法律统一、正确实施。诉讼监督只是法律监督实现的手段之一,维护法制统一和公共利益才是法律监督的实质内容。仅仅以诉讼监督为唯一内容的法律监督,实际上是对一般监督理论进行检讨后的"矫枉过正",从一个极端又走到了另一个极端。法律监督是一个覆盖面很广且纵深性很强的概念,我国检察机关法律监督职权大有可拓展的空间。新时代法律监督的内涵与价值,可以且应当被重新诠释与评估,尤其当检察机关在国家和社会治理层面所发挥的作用被重新认识和正确对待之后,法律监督范围也获得了拓宽的机会。检察机关近年来在这一方面做出了努力,最典型的莫过于,检察机关试图借助行政公益诉讼这一诉讼类型,以诉权为依托,将监督触角延伸至诉讼之外的行政执法领域,这为检察机关法律监督赋予了新的时代内涵。公益诉讼制度在实践中可以获得诉讼利益的有力论证,在理论上可以从法律监督本意上获得支持,成为完整意义上的法律监督之逻辑自然发展的一环,在检察机关法律监督职能上找到制度的灵感来源。法律监督职能显然是我国检察机关公益诉讼的逻辑起点,公益诉讼制度的建立也进一步使检察机关法律监督的本意得以显现。[2]因此,通过上述的论证和阐释,笔者认为,新时代检察机关法律监督的内涵应包括诉讼职权和狭义的监督职权两项内容。

## 二、法律监督与诉讼的关系

近年来,围绕检察职权中诉讼职权与监督职权的关系问题,学术界发生

---

[1] 参见甄贞等:《法律监督原论》,法律出版社 2007 年版,第 9—13 页。

[2] 参见张建伟:"逻辑的转换:检察机关内设机构调整与捕诉一体",载《国家检察官学院学报》2019 年第 2 期。

了检察职权"一元论"与"二元论"之争。

所谓"一元论",是指检察机关的各项具体权能都统一于法律监督,无论是针对司法工作人员涉嫌某些犯罪的侦查,还是批捕、公诉,都体现了检察机关法律监督的性质。"一元论"的代表性学者主要来自检察系统,如孙谦、朱孝清、张智辉、石少侠等人。他们认为,法律监督方式和手段的多样化、多元化与法律监督本质和职能的唯一性、统一性并不矛盾,各种检察职能(包括诉讼职能和非诉讼职能)都统一于法律监督,都是法律监督实现的方式和途径,检察机关不具有与法律监督平行或并列的其他职能。他们强调,只有"一元论"才符合我国宪法和法律关于人民检察院是国家的法律监督机关的规定,才具有理论上的彻底性,才能理解各种检察职能之间的内在联系,发挥检察职能的整体效能,坚持检察改革的正确方向。

所谓"二元论",是指检察权与法律监督权是两种不同的概念,法律监督与公诉是我国检察权的两个组成部分和两种基本职能。"二元论"的代表性学者有樊崇义教授和蒋德海教授。樊崇义教授认为,法律授予检察机关法律监督职权和公诉职权的目的不同,法律监督的目的是以权力制衡权力,解决国家权力的滥用问题。而公诉则是一种诉讼职能,体现的是诉讼上的分工。这两项职能的差异是实质性的,如果不加以区分,将直接影响到它们的运行效果。蒋德海教授认为,检察权与法律监督权是不同的概念,二者所针对的行为对象性质不同、时态不同,权力行使的目的和手段也不同。前者主要是针对犯罪行为,后者则是针对违法行为。检察权的目的是追究和惩罚,而法律监督权的目的是预防和纠正。区分二者的意义在于,人民检察院只有在行使法律监督权的时候,才体现法律监督的原则,而在行使检察权的时候,则应服从检察权的规律。[1]

关于检察机关的诉讼职能是否可以被纳入法律监督的属性范围内,一直以来存在一种"泛监督论"的观点——由于我国《宪法》将人民检察院定位为法律监督机关,审查逮捕、审查起诉、抗诉等职能都统统归于法律监督这一大的纲领之下。因而,在很长时期内,检察机关将具体的诉讼职能与诉讼监督职能都看作是法律监督职能的具体表现。诉讼职能被看作是监督职能的

---

〔1〕 王玄玮:《中国检察权转型问题研究》,法律出版社 2013 年版,第 86—88 页。

一部分，导致监督这一主责主业的发展有所偏废。就理论层面而言，将诉讼职能看作是法律监督职能的具体表现形式，在逻辑上是讲得通的。例如，抗诉是启动二审和再审程序的诉讼权，与起诉权并无本质区别，可以被视为检察院的诉讼职能之一。此外，抗诉是针对判决中的事实认定、法律适用错误而提起的，又可以被视为是对审判行为的一种法律监督。不过，将诉讼监督与诉讼混合在一起，诉讼监督的独立价值就被模糊化、被忽视甚至被湮没了。因此，近些年来，一些地方检察机关也尝试将具体监督职能与诉讼职能分离，这种分离包括部门内分离和部门分离两种模式。通过考察诉讼制度史以及到国外检察实践，可以发现，诉讼监督职能与诉讼职能并非"天生就在一起"，因而理论上是可分的。另外，通过对诉讼监督的内容、程序以及主体等方面的设定，也可以将诉讼监督职能与诉讼职能分开，形成双轨运行制。不过，诉讼监督职能在实践中是否能够与诉讼职能彻底分开，是值得深入研究的问题。以侦查监督和审判监督为例，二者线索来源渠道是审查批准逮捕和审查起诉，而审查批准逮捕与审查起诉都是诉讼职能的内容，长期以来，这两种监督方式都是依靠诉讼职能进行附带性监督的。[1]实践中分开，不仅成本高（需要单独配置专门的人员以及配套设施），还容易降低监督效率（程序烦琐以及工作重复），衡量利弊后，弊大于利。近期最高人民检察院内设机构的调整，除将原有的民行部门划分为单独的民事检察和行政检察两个部门以及成立单独的刑事执行检察部门之外，并未成立专门的监督部门，这等于是对实践中存在的将诉讼监督职能与诉讼职能分离做法的间接否定。

### 三、法律监督与办案的关系

从权力运行的特点来看，检察机关的职能大致可以分为办案与法律监督两类。办案是指人民检察院代表国家在诉讼活动中所承担的职责和功能，包括审查批准逮捕、审查起诉、提起公益诉讼和特定的职务犯罪侦查等，体现的是检察机关与公安机关、法院之间分工负责、互相配合、互相制约的双向关系。法律监督是指人民检察院对侦查、审判、执行等诉讼活动和特定行政

---

〔1〕　参见张建伟："逻辑的转换：检察机关内设机构调整与捕诉一体"，载《国家检察官学院学报》2019 年第 2 期。

行为是否合法进行监督的职责和功能，包括抗诉，纠正违法意见、检察建议等，体现的是人民检察院对公安机关、法院等国家机关进行监督的单向关系。事实上，办案与法律监督的区分并不具有绝对性，一些检察职能兼具办案与法律监督双重性质，甚至是二者的有机结合，如抗诉职能。

长期以来，由于对办案与法律监督之间的关系认识不足，没有厘清二者的运行边界，也没有意识到二者在工作中互动的可能，导致两种职能的行使存在不协调之处。在检察工作中，应当认识到办案与法律监督存在不可分割的内在联系，二者之间"你中有我、我中有你"，不能人为地将其割裂开来。早在中国古代司法制度中，无论是中央层面的"三法司"，还是地方层面的提刑按察使司，监督者都要参与会审、录囚等司法活动，便于对冤假错案进行纠正，这说明法律监督职能的发挥必须以办案为载体。首先，办案是法律监督的基础，离开办案的法律监督会成为"无源之水、无本之木"。我国之所以赋予检察机关法律监督的宪法定位，是由检察机关的特殊诉讼地位决定的。在我国的诉讼制度，特别是刑事诉讼中，检察机关处于整个诉讼过程的中间环节，向前能够制约警察权的滥用，向后能够限定审判权的范围，检察机关只有在司法办案的基础上，通过审查侦查机关移送的案件、出庭支持公诉等方式，才能对诉讼活动进行"双向审查"，及时监督纠正侦查、审判中的违法情形，实现国家权力之双重控制。其次，法律监督是办案的保障。这种保障并不意味着法院或者侦查机关应当按照检察机关的意图行事，而是法律监督和办案均以维护司法公正为根本目标。如果检察机关发现侦查、审判违法而不予监督纠正，案件将会"带病"进入下一个诉讼环节，势必无法正确地履行批准逮捕、审查起诉和公益诉讼等办案职能。最后，检察人员进行法律监督需要运用事实认定、法律适用、价值衡量等司法技能，这些技能具有较强的专业性和实践性，需要通过长期、反复的司法办案才能够掌握，如果脱离了办案，检察人员将缺乏足够的能力发现诉讼违法情形，更没有足够的能力说服侦查机关、法院自行纠正错误行为。从这个意义上看，检察机关不能脱离办案谈法律监督，而应当做到"在监督中办案、在办案中监督"。

## 第二节　新时代深化与完善检察机关法律监督的背景解读

### 一、问题的提出

随着中国特色社会主义进入了新时代，具有中国特色的社会主义法治改革也进入了新时代。新时代的法治改革有其现实动因，改革内容也较为广泛，同样也存在新的改革难点。

（一）新时代法治改革的现实动因

新时代的国家和社会面临的问题更加复杂，形势更加严峻。人民对美好生活的需要日益强烈和多样化，而国家和社会的发展还远未满足这种需要。这种美好生活需要不仅包括富裕的物质生活需要，还包括高质量的精神生活需要，如对公平正义的渴求、对干净舒适环境的期许以及对良好治安环境的追求等。具体到法治领域，就是要不断满足社会公众关于公平正义的获得感，但国家关于法治改革产品的供给目前还不能满足社会公众对其日益增长的需求。

开启新时代法治改革的现实动因，大致可归结为以下几个方面：其一，一系列冤假错案，严重损害了司法权威和公信力，导致公众对国家法律制度的公正性产生负面评价，法律指引公众行为的功能受到折损；其二，诉讼案件，尤其是刑事诉讼案件数量的"大爆发"，导致目前本来效率就较低下的审判机制不堪重负，"当繁不繁、当简不简"，司法资源未得到合理有效的配置，宽严相济的刑事政策也未得到很好的体现；其三，伴随着我国经济的快速发展，国家利益和社会公共利益受到不法侵害的情形层出不穷，而相关公益组织的怠于行使诉权、有关职能部门的不作为在一定程度上"纵容"了这种不法侵害行为；其四，法官、检察官办案主体地位落实不到位，办案积极性不高，权责不统一。

2014年10月，中国共产党以"全面推进依法治国"为主题召开了十八届四中全会，部署全面推进依法治国重大战略。2017年10月，中央全面依法治国领导小组的成立，将新时代法治改革推向了高潮。这些法治改革领域的新动向，释放出了强烈的信号："中国正在实现国家治理方式的转变，中国社

会也即将从以往的政治治理模式、行政治理模式转向法治治理模式。"〔1〕

（二）新时代法治改革的主要内容

面对日趋严峻和复杂的国内和国际形势，党和国家对改革，尤其对法治改革的认识不断深化，改革热情不断提高，改革力度持续增强，改革范围逐渐扩大，改革措施应接不暇，改革成果颇丰。党的十八届三中全会的一项重大会议成果在于中央全面深化改革领导小组的成立。该小组的成立，标志着改革深化工作已上升到国家战略层面，这有利于党中央统揽全局，消除地方主义、部门主义的障碍，确保改革的平稳顺畅。这次会议就法治改革提出要深化司法体制改革，确保依法独立公正行使审判权和检察权。〔2〕随后，党的十八届四中全会又明确了全面推进依法治国的总目标、重大任务以及实现路径，其中就司法领域，会议提出必须完善司法管理体制和司法权力运行机制，优化司法职权配置，加强对司法活动的监督，完善检察机关行使监督权的法律制度。〔3〕最后，习近平总书记在党的十九大报告中提出关于成立中央全面依法治国领导小组的决定，将这场新时代的法治改革推向了新的高度。作为全面推进依法治国的重大战略部署，该小组的成立有利于推进依法治国重要改革措施落地，体现了党中央对法治改革全方位的统一领导。

新时代法治改革的成果主要有五个方面。

1. 国家监察体制改革蹄疾步稳

国家监察体制改革早在党的十八届六中全会公报中就已现端倪〔4〕，紧接着，2016 年 11 月，中共中央办公厅印发了改革试点方案，部署在三省市设立各级监察委员会，正式开启监察体制改革试点工作。试点一年后，2017 年 11 月 4 日，全国人大常委会通过了在全国各地推开国家监察体制改革试点工作的决定。2018 年 3 月 20 日，《监察法》正式审议通过，该项法律的通过，为正在进行的国家监察体制改革以及各地正在开展的监察工作提供了法律依据。

---

〔1〕 魏晓娜："依法治国语境下检察机关的性质与职权"，载《中国法学》2018 年第 1 期。

〔2〕 参见《中共中央关于全面深化改革若干重大问题的决定》。

〔3〕 参见《中共中央关于全面推进依法治国若干重大问题的决定》。

〔4〕 公报中指出，"各级党委应当支持和保证同级人大、政府、监察机关、司法机关等对国家机关及公职人员依法进行监督，人民政协依章程进行民主监督，审计机关依法进行审计监督。"监察机关前所未有地与政府、司法机关并列出现在党的重要会议公报中，向外界传递了中央即将开启国家监察体制改革的重要信息。

2. 以审判为中心的诉讼制度改革稳步推进

《中共中央关于全面推进依法治国若干重大问题的决定》提出推进以审判为中心的诉讼制度改革，并明确了改革的总目标及实现路径。[1]为进一步落实该决定的有关要求，最高人民法院、最高人民检察院、公安部、国家安全部、司法部（以下简称"两高三部"）联合印发了《关于推进以审判为中心的刑事诉讼制度改革的意见》《关于办理刑事案件严格排除非法证据若干问题的规定》，提出了推进以审判为中心的刑事诉讼制度改革的总体方案。为了保证改革方案的落地见效，最高人民法院在以上文件的基础上于2017年11月制定并出台了深化庭审实质化改革的"三项规程"，即《人民法院办理刑事案件庭前会议规程（试行）》《人民法院办理刑事案件排除非法证据规程（试行）》《人民法院办理刑事案件第一审普通程序法庭调查规程（试行）》，全面助力以审判为中心的刑事诉讼制度改革。

3. 认罪认罚从宽制度改革效果明显

为了实现司法资源的优化配置、解决案多人少的矛盾以及贯彻宽严相济的刑事政策，2016年7月22日，《关于认罪认罚从宽制度改革试点方案》正式审议通过。2016年9月3日，全国人大常委会授权"两高"（最高人民法院、最高人民检察院）开展刑事案件认罪认罚从宽制度改革的试点工作。2016年11月11日，两高三部联合印发《关于在部分地区开展刑事案件认罪认罚从宽制度试点工作的办法》，对改革试行的方法和程序作了进一步的规范和指引。试行一年之后，2017年12月23日，周强院长代表最高人民法院并接受最高人民检察院的委托，向全国人大常委会作改革中期报告。试点期间，认罪认罚从宽制度适用率较高，检察机关的建议适用率占了绝大多数，审查起诉期限平均不到一个月，检察机关在此项改革中的"主体、主导"作用较为明显。[2]认罪认罚从宽制度改革一定程度上实现了案件繁简分流，提高了诉讼效率，试点效果良好。2018年修改后的《中华人民共和国刑事诉讼法》

---

〔1〕　即确保侦查、审查起诉的案件事实证据经得起法律的检验。全面贯彻证据裁判规则，严格依法收集、固定、保存、审查、运用证据，完善证人、鉴定人出庭制度，保证庭审在查明事实、认定证据、保护诉权、公正裁判中发挥决定性作用。

〔2〕　参见《最高人民法院、最高人民检察院关于在部分地区开展刑事案件认罪认罚从宽制度试点工作情况的中期报告》。

吸收了此次司法改革成果，将认罪认罚从宽制度写入法律。

4. 检察公益诉讼制度改革运行态势良好

党的十八届四中全会提出"探索建立检察机关提起公益诉讼制度"，奠定了检察机关提起公益诉讼乃全面推进依法治国重要举措的基调。2015 年 7 月 1 日，全国人大常委会授权最高人民检察院在 13 个省、自治区、直辖市的部分市级与基层检察院开展为期两年的公益诉讼试点工作。2015 年 7 月 2 日，最高人民检察院就检察公益诉讼发布了具体的指导方案，明确了试点案件范围、试点地区和试点时间。同年 12 月 16 日，最高人民检察院第十二届检察委员会第四十五次会议通过了《人民检察院提起公益诉讼试点工作实施办法》，对检察机关提起公益诉讼的线索来源、线索移送、立案程序、调查核实、举证责任、诉前程序等内容进行了细化与规范。这次的改革试点是以政策驱动为原动力，坚持以实际问题为导向，并在全面吸收检察机关长期司法实践探索经验的基础上，对检察公益诉讼制度进行了一次全面的建构。[1]在总结改革试点经验和取得的成果基础之上，2017 年 6 月 27 日，全国人大常委会作出《关于修改〈中华人民共和国民事诉讼法〉和〈中华人民共和国行政诉讼法〉的决定》，以法律形式正式授权检察机关开展公益诉讼。截至 2018 年 2 月，全国检察机关共立案公益诉讼案件 7346 件，提出检察建议和发布公告等诉前程序案件 6206 件，向人民法院提起公益诉讼 97 件。为了解决改革中存在的一些争议和模糊问题，2018 年 3 月，"两高"联合出台了关于检察公益诉讼案件的司法解释，为检察公益诉讼工作提供了具体操作指引。

5. 司法责任制改革效果初显

2015 年 9 月 21 日，最高人民法院正式印发了《关于完善人民法院司法责任制的若干意见》。同年 9 月 25 日，最高人民检察院也正式印发了《关于完善人民检察院司法责任制的若干意见》。两个意见内容丰富，涉及人员分类管理、员额制、基本办案组织、权力清单、司法责任认定与追究等多个领域。涉及内容之广、改革措施之新、改革力度之大，对于审判和检察制度发展而言具有革命性意义，这标志着司法责任制在我国的正式确立。随着人员分类管理、员额制改革以及权力清单的制定完成，法官、检察官办案主体地位得

---

〔1〕 参见郑新俭："做好顶层设计 稳步推进公益诉讼试点工作"，载《人民检察》2015 年第 14 期。

以提高，办案独立性增强，"谁办案、谁负责"的责任追究模式已然确立，一支高素质、专业化、责任心强的法官、检察官队伍正在形成。

（三）新时代法治改革的重心锚定

通过以上梳理最近几年党和国家一些重要会议通过的一系列重大决定和重要法律，不难看出，我国新时代法治改革的重心主要集中在司法领域。"司法制度改革的合理推进，很大程度上具有撬动整个政治社会转型的支点性作用。"[1]可以说，司法改革是整个新时代法治改革的"压舱石"和"风向标"，司法改革的成败在一定程度上决定了新时代法治改革的成败。而司法改革的成败关键在于如何树立司法权威。影响司法权威的因素是司法公正与否。司法的过程，本质上就是一个生产正义的过程，司法如果不正义，司法本身就没有存在的必要了。培根引用犹太律"移界石者将受诅咒"，将法官司法不公与一般违法犯罪行为进行比较，以水源和水流做比喻，认为不公正的判决污染了水源，其性质要比污染水流的其他违法犯罪行为更恶劣。[2]检察机关参与司法的过程，本身就是参与生产正义的过程。自检察制度诞生之日起，检察机关就是正义的化身，扮演着法律守护人的角色。检察机关的法律监督效果如何，从一定意义上来说，直接关系到司法正义最终能否实现。因此，可以说，检察机关法律监督在司法改革，甚至整个法治改革中都发挥着"稳定器"和"安全阀"的作用。将法治改革的重心置于这样一个时代背景和现实语境下重新审视，深化与完善检察机关法律监督就显得尤为重要和必要。

## 二、新时代深化与完善检察机关法律监督的重要性

重要性是指深化与完善检察机关法律监督相对于新时代法治改革而言具有重大价值和意义，具体而言，包括五个方面。

（一）新时代深化与完善检察机关法律监督是建设法治中国的客观要求

自党的十八届三中全会提出建设法治中国，建设法治中国就成了新时代法治改革的总目标。"法治中国"是一个整体性、综合性、方向性的概念。法治中国这一重要概念的提出，是从更宏观的角度来推进中国法治建设的进程，

---

[1] 季卫东等：《中国的司法改革：制度变迁的路径依赖与顶层设计》，法律出版社 2016 年版，绪论第 2 页。

[2] ［英］培根：《培根论说文集》，水天同译，商务印书馆 2009 年版，第 193 页。

从而实现整个国家法治建设的现代化。[1]法治中国梦想的实现离不开对公权力的有效监督，而作为国家权力监督体系的一个重要方面，检察机关法律监督在法治中国的建设中扮演着十分重要的角色。德国学者罗科信指出，检察官乃"法治国之栋梁"及"政治自由的支柱"。[2]华格纳亦指出，创设检察官制的目的在于避免沦为警察国。[3]

作为国家权力监督体系的重要组成部分，法律监督与其他监督方式相比具有显著的独特性和不可替代性。其一，监督目的的法治性。法律监督的根本目的在于维护宪法法律统一、正确实施。因此，与其他权力监督模式关注权力行使是否恰当不同，法律监督不对权力行使作合理性价值判断，而只作合法性判断。其二，监督方式的法定性。具体是指法律监督的手段、范围、程序、对象和后果都是由法律明确规定，是一种规范化的监督形态。因此，相较于其他监督方式，法律监督的法治化程度最高。其三，监督地位的独立性。虽然法律监督权是国家权力运行体系中的一部分，但就监督主体与监督对象而言，法律监督是"游离"于监督对象之外的一种外部监督方式。法律监督的对象是公权力，而检察机关与公权力行使主体的关系是彼此独立、互不隶属。因此，相较于公权力行使主体的内部监督而言，检察机关的法律监督更客观、更公允、更权威。检察机关法律监督具有的以上特点，决定了其在规范公权力行使方面发挥着重要作用。因此，检察机关法律监督是否有效，关系着依法治国方略能否全面推进，关系着法治中国梦想能否顺利实现。

（二）新时代深化与完善检察机关法律监督是推进国家治理体系和治理能力现代化的关键举措

党的十八届三中全会提出推进国家治理体系和治理能力现代化。国家治理体系是在党领导下管理国家的各种制度安排，国家治理能力则是运用国家制度管理社会各方面事务的能力。[4]从认识论角度看，"实现国家治理体系和治理能力现代化，就是要实现国家治理体系的制度化、科学化、规范化、程序化，使国家治理者善于运用法治思维和法律制度治理国家，从而把中国特

---

〔1〕 刘书祥："法治中国——党对法治建设认识的进一步深化"，载《求知》2014年第4期。

〔2〕 参见林钰雄：《检察官论》，法律出版社2008年版，第8页。

〔3〕 参见林钰雄：《检察官论》，法律出版社2008年版，第8页。

〔4〕 习近平：《习近平谈治国理政》，外文出版社2014年版，第93页。

色社会主义各方面的制度优势转化为治理国家的效能。"[1]

检察机关履行法律监督职能同样也是国家治理体系的内容之一。检察机关通过行使法律监督权参与国家治理，具体表现为两个方面：其一，检察机关通过检察建议纠正行政机关的违法、不当行政行为，督促行政机关依法行政，从而实现"良法善治"。其二，检察机关通过对犯罪行为提起公诉，打击侵害公共利益的各种行为，积极参与创新社会管理。国家治理能力在一定程度上也体现在运用法治治理国家的能力上，其中就包括了检察机关通过行使法律监督权参与国家治理的能力。这种能力表现为打击犯罪保障人权的能力、维护公共利益的能力、维护法制统一的能力等。当前，我国正处于社会转型期，社会矛盾凸显，新类型的社会纠纷层出不穷，侵害公共利益的犯罪行为频发，最近几年的一些重大改革也带来了检察职能的调整，检察机关面临前所未有的新情况、新问题、新要求。检察机关只有不断深化与完善法律监督，才能适应新时代法治改革的新趋势，满足新时代法治改革的新要求。

（三）新时代深化与完善检察机关法律监督是维护社会公平正义的重要保障

公平正义是确保国家长治久安的基石。公平正义的缺失会造成社会的混乱和国家的动乱，侵蚀执政党的执政根基。而检察官天然肩负着实现公平正义的历史使命。检察官应追求真实与正义，若只单纯追求打击犯罪，将有损其客观公正的形象且不符合国家利益。[2]作为在刑事诉讼进展中发挥决定性作用的"过滤器"，检察机关维护公平正义的途径，主要是通过监督侦查活动和审判活动，确保侦查和审判的合法性来防范警察恣意和法官擅断。虽然，近年来纠正的一批冤假错案在客观上有利于司法权威的树立，但同时冤假错案本身也暴露了司法作为维护社会公平正义的最后一道防线有所失守。就检察机关而言，其未能完全履行法律监督职能、未能始终坚守客观义务、未能充分发挥"过滤"作用，是冤假错案产生的原因之一。习近平总书记提出要提高公平正义的"获得感"。检察机关应以冤假错案的纠正为契机，重新审视

---

［1］　张小劲、于晓虹编著：《推进国家治理体系和治理能力现代化六讲》，人民出版社 2014 年版，第 48—49 页。

［2］　林钰雄：《检察官论》，法律出版社 2008 年版，第 26 页。

和反思目前法律监督存在的深层次问题，消除制约、影响法律监督职能发挥的体制性、机制性障碍，使检察机关真正担负起维护社会公平正义的历史使命。

（四）新时代深化与完善检察机关法律监督是检察制度健康发展的内在需求

检察制度作为"舶来品"，在我国确立的时间并不长，加之曲折的发展历程，导致我国检察制度目前的发展还不成熟，检察制度自身还存在一些问题。而新时代法治领域的一系列改革，如以审判为中心的诉讼制度改革、国家监察体制改革等，又给检察制度带来了一些新问题。旧问题、新问题交叉叠加，影响了检察制度的健康发展。这些问题既涉及法律监督权与其他权力如审判权、行政权、监察权的关系，也包括职务犯罪侦查职能转隶后检察机关法律监督如何保持原有的权威和刚性，还牵扯到检察机关内设机构及功能设置的科学性等问题。面对这些问题，检察机关只有不断地深化与完善法律监督，才能保持检察制度的生机和活力，才能实现检察制度的健康发展。

（五）新时代深化与完善检察机关法律监督是对各种质疑之声的有力回应

随着国家监察体制改革、以审判为中心的诉讼制度改革对原有权力关系的调整和重塑，关于检察机关宪法定位的质疑之声时隐时现。有人认为，既然检察机关的职务犯罪侦查部门和部分职务犯罪侦查权已经转隶，那么检察机关的法律监督职能现在只是"有名无实"或"名存实亡"，因此建议取消检察机关的法律监督职能。有人认为，"审判中心主义"的改革特意强调了法院在整个刑事诉讼活动中的中心地位，未来法院的地位应高于公检两家，因此具有明显司法属性的批准逮捕决定权应交由客观中立的法官行使，而不宜由承担起诉职能的检察机关行使。还有极少数人的观点甚为激烈，认为职务犯罪侦查职能的"剥离"，使得检察机关地位的独立性大大削弱，因此建议学习西方的制度安排模式，将检察机关划入司法行政机关或者法院，取消其独立地位。

笔者认为，以上种种质疑之声，反映了社会对于检察机关法律监督性质的认识还远未达成共识，对检察机关这一重要职能的认识还存在一些理论上的误区和误解。首先，第一种观点，体现了论者对侦查权的"迷信"思维，本质上是将监督权简单地等同于侦查权，人为地限缩了监督权的内涵和外延。

笔者认为，监督的本义是监视、督促，因此其更多地表现为柔性的建议和提醒，这与带有强制性色彩的侦查和调查有着本质的不同，而监察委员会内部职责的划分同样也说明了这一点[1]。此外，监察监督与法律监督有着本质的不同[2]，不存在谁取代谁、谁优于谁的问题。因此，职务犯罪侦查权的转隶，无法改变检察机关法律监督的内在品质，也不会动摇其法律监督的宪法定位。其次，第二种观点不仅误读了"审判中心主义"改革的内涵，同时也忽视了检察官自身承担的客观义务。"审判中心主义"改革并不是简单地强调在诉讼活动中，法院或者法官的地位比其他主体高、权力比其他主体大，这种"庸俗化""简单化"的理解并未真正领会改革的精神内核。这场改革的真正目的在于，要将审判标准延伸至侦查阶段，而检察机关在其中无疑发挥着重要的传导作用，类似"中枢神经"。因此，在"审判中心主义"改革中，公检法三家并无地位高低、权力大小之分，只有职责分工不同，它们都共同担负着维护公平正义、防范冤假错案的历史使命。至于将批准逮捕决定权划归法院的观点，笔者认为，该项权力是检察机关通过诉权方式履行法律监督职责的重要体现，是制约侦查权的重要方式，且检察官本身承担的客观公正义务足以保证其行使好此项职权，加之当前对审查逮捕程序的司法化改造尝试，也更加提升了审查逮捕程序的中立性和客观性。因此，由检察机关继续行使批准逮捕决定权是一个成本最低、效率最高、效果最佳的选择。最后，第三种观点误解了检察机关法律监督独立性的真正来源。检察机关法律监督的独立性不是来源于侦查权的强制，而是来源于对宪法法律的无限敬畏、对公平正义的不懈追求、对公民权利的深切呵护和对公共利益的坚定维护。检察权与行政权、审判权有着本质的不同，是重要的法治平衡器，在公权力与私权利、侦查权与审判权、行政权与公共利益之间发挥着协调、制约、平衡的作用，尤其在"捕诉合一"、认罪认罚从宽制度改革实施后，检察机关在审前程序中的主导作用和主体地位更加明显，因此，新时代深化与完善检察机关法律监督对于检察机关发挥主导作用、提升主体地位具有重要意义。

---

〔1〕《监察法》第11条规定了监察委员会需履行监督、调查和处置三大职责。这种将监督与调查相分离的职责划分模式，体现了监督自身的独特性质和应有的独立地位。

〔2〕关于二者的不同，笔者将在第二章展开具体论述。

## 三、新时代深化与完善检察机关法律监督的必要性

必要性是指检察机关法律监督目前存在的一些问题，折损了法律监督权威，严重制约了检察制度转型升级，迫切需要进一步深化与完善。这些问题突出表现为六个方面。

（一）法律监督目标指向暧昧化

关于法律监督的目标指向，究竟应该是"对事监督"还是"对人监督"，应该是"程序性事项"还是"实体性事项"，无论是相关的宪法性文件如《人民检察院组织法》，抑或以《中华人民共和国刑事诉讼法》（以下简称《刑事诉讼法》）为代表的程序法规范，对这一问题都语焉不详。顶层设计者在法律监督目标指向方面的摇摆不定，一定程度上导致了实践中因监督范围过宽、监督目标分散而影响到法律监督功效的问题。以往实践中对于职务犯罪侦查权的过于倚重或者说将职务犯罪侦查权视为法律监督的"兜底性"措施，导致检察机关对法律监督主业的发展有所偏废，以至于在职务犯罪侦查权转隶后，检察机关的法律监督职能才受到"迟来"的重视。法律监督本身并不具有制裁属性，而是带有鲜明的建议色彩。[1]"也可以说，法律监督内嵌了预防性动机，即在违法倾向的萌芽状态将其遏制，且采取的方式较为平和。"[2]因此，法律监督的目标指向应主要针对公权力的违法行使，尤其是检察公益诉讼制度的确立，使得检察机关法律监督通过诉权的方式延伸至诉讼之外，将行政违法行为也纳入了法律监督的范围之内，因此法律监督主要是一种"对事监督"。而将对人的监督纳入法律监督的范围之内，会导致法律监督与监察监督范围的交叉重合，造成法律监督功能的紊乱。将职务犯罪侦查权视为法律监督权的内容之一，本质上是一种功能配置错位的体现。"归根结底，二者之间的指向目标是迥然不同的，硬要捆绑在一起实在难以缔结美满的'姻缘'。"[3]

（二）法律监督属性认知模糊化

在职务犯罪侦查权转隶之前，身负监督职责的主体与职务犯罪侦查权的

---

〔1〕 谢鹏程："论检察权的性质"，载《法学杂志》2000 年第 2 期。

〔2〕 李奋飞："检察再造论——以职务犯罪侦查权的转隶为基点"，载《政法论坛》2018 年第 1 期。

〔3〕 李奋飞："检察再造论——以职务犯罪侦查权的转隶为基点"，载《政法论坛》2018 年第 1 期。

享有者同一，这不仅导致检察机关法律监督权的正当性备受质疑——"谁来监督监督者?"，而且还造成对法律监督权属性的"认知障碍"。职务犯罪侦查权作为侦查权的一种，本质上具有行政权的属性。而行政权的扩张性、进攻性潜藏着破坏程序公正的较高风险值。以维护公平正义为己任的检察机关，本身却存在可能破坏程序公正的"因子"，这不能不说是制度设计的一个失误。[1]实践中权力配置的错位反映了理论上关于法律监督属性认知的模糊化。检察机关的法律监督权究竟应该具有行政权属性，还是司法权属性，抑或另辟蹊径兼具二者或者独立于二者之外? 对"我是谁"这个基本问题模棱两可的回答，一定程度上制约了检察机关法律监督的纵深发展。或许只有当不同属性的权能各归其位时，类似的争论才会烟消云散。

（三）法律监督方法手段简单化

一般认为，检察机关法律监督是一种建议性的和程序性的监督，不具有终局或实体处理效力，监督效果往往取决于被监督对象是否配合。[2]考察监督权的本源，程序性、建议性作为其基本特征应当是无可争议的，然而以往对于职务犯罪侦查这一监督手段过于依赖，使得检察机关对于其他现有监督手段（如检察建议、纠正违法通知书）的运用缺乏足够的重视，以致职务犯罪侦查权转隶后，检察机关在法律监督方面显得有些手足无措和无计可施。对于职务犯罪侦查权这一监督手段的"迷恋"和"推崇"，根源在于其监督方式的简单粗暴，这也从侧面反映了其他现有监督手段的软弱化。如何在职务犯罪侦查权转隶后继续保持原有的法律监督刚性，实现法律监督效果的最大化，检察机关需寻找新的出路。[3]除了需要不断完善其他现有监督手段（如增强检察建议，纠正违法通知书的规范性、说理性以及合理性），还应积极探索新的法律监督手段。[4]

---

[1]　尽管对于职务犯罪案件的批准逮捕需上提一级进行审查，但在检察一体化的管理体制下，对于职务犯罪侦查权的监督仍属于内部监督，具有一定封闭性。

[2]　邱学强："论检察体制改革"，载《中国法学》2003年第5期。

[3]　参见李奋飞："检察再造论——以职务犯罪侦查权的转隶为基点"，载《政法论坛》2018年第1期。

[4]　如将其他权力主体拒绝检察机关正当建议、意见的情况写入每年的工作报告之中，并作为各级人大进行针对性质询的客观依据。

（四）法律监督外部关系错位化

法律监督外部关系错位化，是指检察机关法律监督权与侦查权、审判权、辩护权关系的颠倒与倒置。这种"畸形"关系主要表现为以下几个方面：其一，在与侦查权的关系方面，受"侦查中心主义"的影响，法律监督权沦为侦查权的"附庸"。侦查权过于强势导致检察机关不敢监督，实践中过于强调公检两家的配合，绝大部分调查取证工作仍然仰仗于公安机关，导致检察机关不愿监督。加之监督手段单一，监督依据不足，监督理由缺乏说理性，监督结论缺乏说服力，导致检察机关不会监督。以上种种，造成检察机关的法律监督在"侦查中心主义"阴影下流于形式，侦查机关通过刑讯逼供等非法手段获取的证据在检察环节未受到有效"拦截"，法律监督"控制侦查""审前把关"的作用未得到有效发挥，冤假错案的发生与此有一定的关系。其二，在与审判权的关系方面，法律监督权的滥用影响了判决的既判力，冲击了法院的审判权威，判决结果依附于检察机关的法律监督结果，造成了"检察官乃法官之上法官"的不良印象。检察机关的法律监督在审判领域主要表现为抗诉，然而实践中这种抗诉却主要"抗轻不抗重"，即检察机关主要针对轻于起诉罪名和刑期的判决提出抗诉，反之则很少提出抗诉。这种"倾向性"抗诉，一定程度上折射出检察官头脑中仍有"重打击、轻保护"的思想残余。这不仅与"尊重保障人权"的现代刑事诉讼理念不符，同时也违背了检察官应谨遵的客观义务。其三，在与辩护权的关系方面，过于强调对抗而忽视合作。总结冤假错案发生的原因，大部分都存在检察机关未有效听取辩护律师意见的情形。要么听取了但未采信，要么压根就不听取。这反映了部分检察官在内心深处仍将辩护律师视为"势不两立"的"敌人"，而忽视了辩护律师意见在防范冤假错案方面的重要价值和积极意义。作为法律职业共同体的组成部分，检察官与辩护律师都服务于"发现真实"这一终极目标。追求目标的同向性，要求检察官与辩护律师的关系应是合作多于对抗、理性多于偏执、尊重多于不屑。且不说在认罪认罚从宽制度改革中诉辩关系已转向合作，即便在不认罪认罚的案件中，检察官与辩护律师也完全没必要剑拔弩张，只关注所谓的输赢而忽视了对案件真相的挖掘，这多少显得有些本末倒置。因为在审判中没有所谓输赢，只有正义实现与否，在冤假错案面前，没有"赢家"，只有"输家"。

（五）法律监督运行模式行政化

自清末修律以来，我国检察机关的组织架构采取由上而下的行政化建构，即所谓的"检察一体"原则。[1]该原则体现了检察系统的整体独立性和内部关系的行政层级性，即检察机关外部作为一个整体独立于行政机关和审判机关，内部检察首长享有行政事务的决定权。[2]借用达马斯卡的分析模型，检察系统具有较为明显的"科层"特征，行政化色彩较浓。然而检察系统也绝非仅仅是纯粹的行政化管理体制。批准逮捕权、起诉权的诉讼构造以及以公正为价值取向、对"亲历性"的要求等所呈现出来的司法特性，均要求办案检察官具有一定的相对独立性。这一个个独立的检察官就构成了行政化检察系统中独特的司法化存在。"检察一体"应以检察官独立办案为基础，然而由于理论上过于强调"检察一体"原则的行政化色彩，实践中对于检察官办案的司法属性重视不够，检察官独立性保障不足，行政化"反噬"司法化的现象较为普遍。

（六）法律监督权力行使自缚化

为了树立法律监督权威，法律监督的程序设置应以公正、高效为宗旨，以最大程度调动办案部门及办案检察官积极性为原则。然而实践中，法律监督的程序设置却在操作环节束缚了检察官的行动力，呈现出自缚化的特点。这主要表现为以下两个方面：一是权能运转的龃龉。不同部门之间出于部门利益考量而出现相互羁绊、相互推诿等不和谐现象。对于立法赋予检察机关的一项新权力，不同部门会有自己的"小算盘"，并为此展开博弈。例如，关于羁押必要性审查权的行使主体，侦查监督、公诉以及刑事执行部门为此博弈了近三年。而当某些权力的行使给自身带来消极影响时，有关部门同样会出于部门利益考量而回避、推诿。例如，针对侦查违法行为，侦查监督部门与公诉部门都有权进行监督，但一般情况下二者都愿意将这种"得罪人"的差事推给对方，以避免与公安机关"搞僵"关系。以上无论哪种情形发生，最终的影响都是消极的。二是检察官办案自主性的抑制。以羁押必要性审查、相对不起诉为例，这两项制度程序设置烦琐（领导审批、上检察委员会、向

---

〔1〕 参见林钰雄：《检察官论》，法律出版社2008年版，第96—97页。

〔2〕 参见魏晓娜："依法治国语境下检察机关的性质与职权"，载《中国法学》2018年第1期。

上级汇报），一定程度上抑制了检察官适用的积极性。程序设置的初衷虽是为了体现严肃性，但更多的是为了防止出现"人情案"。然而这种叠床架屋式的自我监督，不仅束缚了检察官的手脚（每年的羁押必要性审查案件、相对不起诉案件屈指可数〔1〕），而且加深了对检察官办"人情案"的怀疑（怎么碰巧就是这几件"屈指可数"的案件？）。这种认为"放权即滥权"、谈"放权"色变的心理，不仅使得这两项制度及其所蕴含的宽严相济刑事政策精神一同被束之高阁，就连"谁办案、谁负责"的司法责任制也被架空虚置，责任追究对象被虚拟的集体消解。这种控制管理模式有点类似于企业生产管理模式中的"泰勒制"。〔2〕面对这种困境，只有不断深化与完善检察机关法律监督，最大程度释放检察官个体创造力，才能激活有关法律制度的价值功效。给检察官和检察权"松绑""解绑"，是激活包括法律监督在内各项检察职能的"引擎"。

## 第三节　新时代深化与完善检察机关法律监督的目标设定

任何一项制度改革都要事先预设一个总目标，即改革需要达到什么样的目的。没有总目标的指引，改革就会失去方向。任何一项制度改革能否取得预期效果，取决于各项改革举措之间以及这些举措与其他制度之间的关系能否捋顺。要保持这些关系的协调与顺畅，避免龃龉与掣肘，就必须有一个能够统领全部的总目标。只有各项改革举措都服务、服从于统一的目标，才能形成改革合力。缺少改革目标的指引，极易造成推行的改革举措要么不痛不痒，要么叠床架屋，浪费改革资源，严重的还有可能与改革初衷背道而驰，

---

〔1〕 以相对不起诉案件为例：2013 年相对不起诉 51 393 人，起诉 1 324 404 人，公诉部门受理案件人数 1 612 251 人，相对不起诉率约为 3.19%；2014 年相对不起诉 52 218 人，起诉 1 437 899 人，公诉部门受理案件人数 1 626 404 人，相对不起诉率约为 3.21%；2015 年相对不起诉 50 787 人，起诉 1 390 933 人，不构成犯罪和证据不足不起诉 25 778 人，相对不起诉率约为 3.46%。数据来源于《中国法律年鉴》（2014—2016 年）。虽然这三年相对不起诉率有所增长，但与起诉人数及起诉率相比，差距仍较为悬殊。

〔2〕 "泰勒制"是一种企业生产管理模式，强调高度精细的分工，尽可能避免对装配线工人的创造性、判断力甚至技术有所需求。其目标是将工厂对于工人的品质要求简化到只需服从即可，旨在实现劳动效率最大化。参见孙皓："论检察权配置的自缚性"，载《环球法律评论》2016 年第 6 期。

影响改革效果。因此，在制定出台具体的改革举措之前，首先需要科学合理地设定改革总目标。深化与完善检察机关法律监督同样如此。

## 一、总目标：提升检察公信力

科学设定深化与完善检察机关法律监督的总目标，离不开对我国权力监督格局、社会民众需求、法律监督现状的正确分析。

随着国家监察委员会的成立，我国的权力监督格局日益多元化。作为我国专门的法律监督机关，检察机关在行使法律监督权时，为避免与其他监督权的混淆和重叠，应体现自身的专业化。新时代的主要社会矛盾已发生转变，体现在法治领域，就是国家关于"法治产品"的供给还不能满足社会民众对公平正义日益增长的需求，而公平正义的实现又离不开检察机关的法律监督，因此未来提供的"法治产品""检察产品"就包括了实现法律监督的专业化、规范化和实效化。随着职务犯罪侦查部门的转隶，新时代的检察机关如何更好地履行法律监督职责，如何保证法律监督的实效性，是需要我们直面和思考的深层次问题。深化司法体制改革的目的之一就是提高司法公信力，发挥司法的最后"防线"功能。正是基于以上认识，笔者认为，新时代深化与完善检察机关法律监督的总目标应是提升检察公信力。通过提升检察公信力，进而提升我党执政公信力。

（一）实现法律监督的专业化

法律监督的专业化一定程度上决定了法律监督的效果，尤其在国家监察体制改革这一大的历史背景下，国家权力监督格局日益多元化，权力分工日益精细化。在这样的历史背景下，作为专门的法律监督机关，检察机关自身应努力实现法律监督的专业化，通过专业化体现专门性，坚持走专业的技术主义路线。

法律监督的专业化是指，检察机关在行使法律监督权时，其本身具备与此业务要求相匹配的职业素养、知识储备和工作机制。具体包括检察官的专业化和内设机构的专业化两个方面。一方面，社会分工的不断细化和社会关系的日益复杂化对法律工作的专业化分工提出了更高要求。因此，只有专业化的检察官才能够胜任新时代的法律监督工作。另一方面，违法犯罪形态的多样化和手段的智能化、隐蔽化增加了法律监督的难度。只有高度专业化的检察官才能保证法律监督的质量，实现法律监督的目标。虽然现在检察官法律监督专业化水平较之以往有了很大提升，但与新时代国家与人民的要求仍有一定差距，部分检察官对于法律监督工作思想上不够重视，内心比较抵触，做法简单粗暴，对法律监督职能之于检察制度的重要意义缺乏理性的认识。在实现检察官个人法律监督专业化的同时，检察机关的内设机构同样需要实现法律监督的专业化。诉讼职能与监督职能的适度分离，就是实现内设机构法律监督专业化的一次有益探索和尝试。从实践上来看，二者的适当分离有利于强化之前已被"边缘化"的监督业务，有利于提高监督的准确性和监督力度，也一定程度上缓解了一直以来为学界所诟病的检察机关在诉讼中既当"运动员"又当"裁判员"的角色冲突问题。虽然目前诉讼职能与监督职能适当分离的探索和尝试在实践中还存在很多不成熟、不完善的地方[1]，但实现法律监督的专业化，应是新时代深化与完善检察机关法律监督的必然选择。

（二）实现法律监督的规范化

法律监督的规范化在很大程度上决定了法律监督的公信力。法律监督规范化是保证法律监督质量、提升法律监督效果、提高法律监督效率的重要保障。法律监督规范化具体表现为以下三个方面：其一，权力配置合理。对于任何一项制度而言，合理配置权力是该项制度有效运行的先决条件。权力配置合理，制度功效就能得到最大程度的发挥；反之，权力配置不够合理，制度运行可能就达不到预期的功效，甚至还可能会发生异化和扭曲。权力配置并非越广、越深、越强才好，而是总体上应以适当、协调和有效为基本原则。这一点同样适用于检察机关法律监督制度。其二，监督手段法定。一般而言，权力的有效行使往往需要借助一定的手段。从法理角度看，没有强制手段"保驾护航"的权力，法律监督就如同"水中月""镜中花"。此外，监督手段法定还指检察机关所使用的法律监督手段不能超出法律规定的范围和种类，以此防范法律监督权的滥用。其三，监督程序规范。监督程序规范是正当程序原则在法律监督中的具体体现。程序犹如轨道，没有轨道的火车就会横冲直撞。同样，没有程序约束的法律监督就会失范和恣意。程序的意义还在于，

---

〔1〕 如监督线索的来源与获取存在一定障碍、诉讼效率不高、"角色冲突"问题未能根本解决等。

法律监督权的行使得以"看得见"的方式运行。杂乱无章、随心所欲、暗箱操作的法律监督只会引起被监督对象的反感，降低法律监督的权威。未来的法律监督程序应尽可能实现统一化、标准化和透明化。

（三）实现法律监督的实效化

法律监督的实效化决定了法律监督的权威性。专业化、规范化是法律监督实效化的前提条件，实效化是法律监督专业化、规范化的最终归宿。而评判法律监督实效的标准在于，法律监督是否发挥了监督者所预期的影响力、是否达到了预期目的。

实现法律监督的实效化，应从以下三个方面着手：其一，实现检察机关行使职权的相对独立化。此举目的在于抵御来自检察系统外部的不当干扰。党的十八届三中、四中全会公报都提出要确保依法独立公正行使检察权，这绝非简单重复，而是对检察机关独立行使职权之于全面依法治国重要性的深刻认知。如果检察机关行使职权不具有一定的独立性，检察机关法律监督将形同虚设。这种相对独立性包括机构设置上、管理体制上以及经费供给上的。其二，实现检察机关管理体制的去地方化。在地方各级检察机关人、财、物还未完全实现"统管"的情况下，检察机关对地方政府的人身依附性还未完全消除，地方党政力量不当干预个案的情形依然存在，"去地方化"一直是最近几年司法改革重点关注和着力破解的体制机制难题。[1]其三，实现监督后果的可制裁化。所谓监督后果的可制裁化，是指在监督对象拒不采纳和执行检察机关法律监督意见的情况下，监督对象应当承担一定的制裁性后果。监督后果的可制裁化是监督实效化的根本保证。对监督对象的制裁可以由检察机关作出，对此，应提高检察机关在惩戒监督对象方面的话语权[2]。对监督对象的制裁也可以由第三方作出，例如，将监督对象拒绝接受检察机关正当建议、意见的情况写入每年的工作报告中并向人民代表大会通报这一情

---

〔1〕　如建立领导干部干预司法活动、插手具体案件处理的记录、通报和责任追究制度，地方检察机关的人财物省级统一管理，探索设立跨行政区划的人民检察院等。参见魏晓娜："依法治国语境下检察机关的性质与职权"，载《中国法学》2018年第1期。

〔2〕　如将检察机关提出的书面纠正违法意见及其后的违法纠正情况纳入公安机关执法质量考评指标当中或者由检察机关牵头成立考评委员会。参见贺小军："效果与反思：公安机关刑事执法质量考评机制实证研究"，载《法学家》2017年第3期。

况，对于那些屡教不改的监督对象，人民代表大会可以在对相关监督对象的年度工作报告中作出否定性评价，并在人事、财政等诸多方面对其作出一定处分。

## 二、分目标之一：监督理念更明确

新时代深化与完善检察机关法律监督总目标的实现并非一朝一夕，但我们可以将其拆解为一个个具体的分目标。通过对这些分目标各个击破，最终达到实现总目标的目的。分目标之一是：新时代检察机关法律监督理念应更明确。新时代检察机关法律监督理念应包括控制权力和保障权利两个方面。

### （一）控制权力

现代检察官制度诞生于 1789 年法国大革命，其创立初衷除要实现控审分离、控制警察权外，还要保障法意旨的贯彻、执行。简言之，检察官作为法律之守护人，既要保护被告免于法官之擅断，亦要保护其免于警察之恣意，以实现国家权力之双重控制。[1]由此可见，检察制度自诞生之初就被赋予了控制权力的功能。我国检察机关法律监督对公权力的控制有其自身鲜明的特点：其一，我国检察机关法律监督对公权力的控制是一种中国化的权力制衡模式。与西方国家"三权分立"的权力结构模式不同，考虑到我国历史、文化、政治等具体国情，我国采用了一元化的权力结构模式，即在最高国家权力机关——全国人民代表大会下，分设不同的机关。权力分立与制衡的目的是权力协调，因而"三权分立"只是权力协调中的一种表现形式，而非唯一表现形式，没有必要将其奉为圭臬或者视为金科玉律，甚至将其神化，最适合的才是最好的。因此在权力控制模式选择方面，完全没有必要照抄照搬西方经验，而应立足于我国特有的文化传统、历史积淀和政治制度，选择适合我国国情的权力控制模式。因为一元化权力结构模式具有权力相对集中的弊端，所以需要建立一个专司法律监督的机构，即检察机关。[2]其二，这种权力控制模式具有浓厚的程序性色彩。检察机关法律监督权是一种程序性的司法请求权，与能够改变实体法律关系的行政权、审判权相比，法律监督权只

---

〔1〕 林钰雄：《检察官论》，法律出版社 2008 年版，第 5—9 页。
〔2〕 樊崇义主编：《检察制度原理》，法律出版社 2009 年版，第 121 页。

是一种单纯的程序性权力，并不具有终局性效力。无论是审查批准逮捕、审查起诉还是抗诉、检察建议等，均属程序性手段，并不具有实体处分性。"检察机关强化法律监督，应当以程序控制为限，而不应追求实体性、终极性的裁决权。"〔1〕否则，有可能减损法律监督的权威，同时又有可能落入"谁来监督监督者"的理论死循环当中，并进而加深检察官乃"法官之上法官"的嫌疑。考虑到检察机关法律监督在实践中较为软弱的现实，赋予其实体处分权和惩戒权的初衷虽然很美好，但结果却可能适得其反。与其赋予检察机关法律监督终局性实体裁断权让其产生"越俎代庖"之嫌，不如在法律上对监督对象的相应义务作出明确规定。

（二）保障权利

2012 年刑事诉讼法的修改，标志着刑事诉讼目的在立法上实现了由过去"惩罚犯罪"的一元化向"惩罚犯罪、保障人权"二元化的转型。面对刑事诉讼目的的转型，检察机关法律监督理念也应顺应时代潮流进行转变。长期以来，检察机关法律监督存在"重控制权力、轻保障权利"的倾向，过多地将注意力放在了对公权力的制约上，从而忽视了新时代刑事诉讼目的转型对检察机关法律监督保障人权方面提出的新要求。针对实践中这种片面认识和错误倾向，中央有关文件特意强调了法律监督的人权保障功能。〔2〕实现法律监督理念由以往重控制权力向控制权力、保障权利并重转变，检察机关需从多方面发力：其一，解放思想，提高认识。从以往理论探讨的禁区到成为现在理论研究的重点和热点，关于人权问题的讨论，无论是在学术界还是在实践中，都是人们自由讨论的话题。〔3〕顺应时代潮流，检察机关应当将尊重和保障人权作为法律监督的一项重要、独立任务来看待，把控制权力和保障权利放在同等重要的位置。只有这样，法律监督才能适应刑事诉讼目的转型，才能更好地契合其法律监督机关的宪法定位。其二，调整法律监督对象和范围。

---

〔1〕　刘世天："法律监督现代化之理念构建"，载《人民检察》2006 年第 3 期。

〔2〕　《中共中央关于全面深化改革若干重大问题的决定》中提到，检察机关在履行职责中发现行政机关违法行使职权或不行使职权的行为，应该督促其纠正，同时还强调要建立对涉及公民人身、财产权益行政强制措施的法律监督制度。

〔3〕　沈春耀："建设法治国家的主要难点"，载《检察日报》2013 年 7 月 2 日，第 3 版。

即丰富法律监督对象、引入诉讼救济制度、加强权利保障力度。[1]其三，调整法律监督手段和措施。刑事诉讼法中关于法律监督方面的规定，除了为一些公权力的行使划定边界，还包括一些旨在保障诉讼参与人的诉讼权利。[2]这些规定加强了我国刑事诉讼法在人权保障方面的力度，体现了法律监督保障人权、诉讼救济的特色。[3]

### 三、分目标之二：监督对象更清晰

目前检察机关对于侦查权、审判权的监督相对比较成熟，而对于行政权的监督还有待进一步深化。此外，笔者认为，可以适当探索检察机关对地方立法权的监督。

（一）对行政权的法律监督

党的十八届四中全会充分肯定了我国检察机关对行政权进行法律监督的重要意义。加强行政法律监督，是由我国检察机关的法律监督性质决定的，是促进行政机关依法行政的现实要求，是实现国家治理体系和治理能力现代化的重要举措，是全面推进依法治国的应然之需，这进一步丰富了我国检察机关法律监督职能的内涵。

深化行政法律监督应坚持一些基本原则，这些基本原则直接体现了该项监督制度的价值追求。有论者认为，考虑到行政法律监督的特殊性，应遵循比例原则、事后监督原则、行政处理先行原则[4]；也有论者认为，为了厘清检察权与行政权的关系，应坚持补充监督原则、穷尽行政权自我纠正原则。[5]笔者认为，以上观点均忽视了检察机关监督行政违法行为的独立性和

---

〔1〕 樊崇义："刑事诉讼目的转型与诉讼法律监督"，载《检察日报》2013年9月3日，第3版。

〔2〕《刑事诉讼法》关于公检法机关阻碍辩护人、诉讼代理人依法行使诉讼权利的申诉、控告的规定以及关于当事人、辩护人、诉讼代理人、利害关系人对于司法机关及其工作人员侵犯其人身、财产等权利的申诉、控告的规定，特别是"情况属实的，通知有关机关予以纠正"的规定，已经显现出具有中国特色的司法审查制度和司法救济制度。

〔3〕 樊崇义："刑事诉讼目的转型与诉讼法律监督"，载《检察日报》2013年9月3日，第3版。

〔4〕 参见傅国云："行政检察监督的特性、原则与立法完善"，载《人民检察》2014年第13期。

〔5〕 参见郑雅莉、何伟日："行政违法检察监督的原则、方式及条件"，载《内蒙古电大学刊》2016年第3期。

法定性，且以上原则均可以概括为谦抑性原则。因此，笔者将行政法律监督的基本原则概括为三个方面。

1. 检察权独立行使原则

这一原则是由我国《宪法》确立的。[1]然而在此笔者并非只对该原则进行简单的重申，而是鼓励检察机关在监督行政违法行为时要有"底气"，要勇于监督、敢于监督，自觉抵制来自行政系统的不当干扰，自主决定监督的对象、范围、方式等。

2. 职权法定原则

职权法定原则是指行政法律监督的主体、对象、范围、方式、程序等内容均应由法律作出明确规定，检察机关应严格依法监督。检察机关只有依法监督、精准监督，才能树立行政法律监督的权威性。

3. 谦抑性原则

行政法律监督的谦抑性主要体现为：在监督对象上，应主要针对行政违法行为。对于抽象行政行为违反法律、法规的，检察机关应首先将该情况反映给享有撤销权的其他机关，而不能越俎代庖，宣布某个抽象行政行为违法。在监督方式上，应采用比例原则，即监督方式的类型选择应与行政违法行为的严重性成正比。当行政违法行为情节比较轻微时，检察机关可以采用口头警告、检察建议等柔性方式监督；当行政违法行为侵犯公民基本宪法权利或者损害公益时，检察机关可以考虑采用严厉性的方式进行监督，如向行政违法人的上级机关通报或者发出纠正违法通知；对于行政人员涉嫌违纪违法的，应将有关线索移送监察委员会。在监督程序启动的时间上，应在其他监督方式不能或者难以发挥作用时再启动监督程序，即只有在穷尽法律规定的各种救济手段之后，法律监督程序方可启动。对于已经提起行政诉讼的，检察机关不应轻易启动法律监督，而应当采取支持起诉的方式，通过法院裁判进行监督，这样也可以节约监督成本。

---

〔1〕《宪法》第136条规定："人民检察院依照法律规定独立行使检察权，不受行政机关、社会团体和个人的干涉。"

（二）对地方立法权的法律监督〔1〕

1. 对地方立法权进行法律监督的法律依据

《中华人民共和国立法法》（以下简称《立法法》）赋予了最高人民检察院在发现法规、条例同宪法、法律相抵触时向全国人大常委会提出审查要求的权力。〔2〕由此可见，检察机关对地方性法规、自治条例和单行条例等地方性立法进行合宪性、合法性监督，是有明确法律依据的。

2. 对地方立法权进行法律监督的现实考量

检察机关对地方立法权进行法律监督，除具有法律上的正当性之外，立法层面存在的诸多问题也使得这种监督具有一定的必要性。这些问题主要包括以下几个方面：①地方性法规抵触上位法问题。1998 年甘肃省酒泉地区中级人民法院废除省人大立法案以及 2003 年河南省洛阳市中级人民法院认定省人大地方立法无效案，这两个典型案例表明，地方性法规并没有我们想象中那么完美。②立法腐败问题。所谓立法腐败，是指掌握立法权的机关或者个人为自己或他人牟取不正当利益而滥用立法权的行为。〔3〕立法腐败容易滋生劣法和恶法，有损公众对法律的信仰度，且立法腐败相较于其他形式的腐败，隐蔽性更强。"立法腐败第一案"——郭京毅受贿案〔4〕为我们敲响了警钟。③立法瑕疵问题。曾有学者将地方立法瑕疵问题概括为：不合理地分配权利（力）和义务，违背社会主流价值观；立法不符合地方实际状况，超越社会关系的承受程度；未正确反映客观规律，违反科学立法原则；地方立法与中央

---

〔1〕 通常意义上，立法监督的内容主要包括以下几个方面：①监督立法权限的行使是否合法；②监督立法活动是否符合一定的程序；③监督立法所调整的范围是否超越既定界限；④监督立法活动所产生的规范性文件是否合法或是否与宪法和有关法律、法规相抵触；⑤对违宪或违法的立法进行处理。参见周旺生：《立法论》，北京大学出版社 1994 年版，第 153 页。根据《中华人民共和国立法法》的规定，本书所讨论的检察机关对立法权的监督主要在前述第④项内容意义上使用。

〔2〕 《立法法》第 99 条第 1 款规定："国务院、中央军事委员会、最高人民法院、最高人民检察院和各省、自治区、直辖市的人民代表大会常务委员会认为行政法规、地方性法规、自治条例和单行条例同宪法或者法律相抵触的，可以向全国人民代表大会常务委员会书面提出进行审查的要求，由常务委员会工作机构分送有关的专门委员会进行审查、提出意见。"

〔3〕 参见刘佩纬："论立法腐败"，载《黑龙江省政法管理干部学院学报》2010 年第 9 期。

〔4〕 郭京毅自 1986 年进入商务部条约法律司工作，其利用自己主管和参与外资法律法规的起草和修订的职务之便和法律政策中的模糊地带，把起草制定法律法规和解释法律的职责转化为权力寻租的来源，一方面在司职外资审批的国家部委中编织关系网，另一方面又扶持"潜规则"律师、暗通特殊利益集团获取其输送的额外利益。

立法、地方立法之间存在冲突，地方立法内部条文不协调；形式结构和语言使用存在问题，前后的逻辑关系不清楚。[1]

有人担心，对地方立法权进行法律监督有损我国人民代表大会制度及其立法权威。笔者认为这种担心并无道理。作为专门的法律监督机关，检察机关自身肩负着贯彻法意旨、维护法秩序的历史重任，履行监督职能乃其主要职责，不履行反而有所失职。况且《立法法》将检察机关定位为审查启动机关，而非违宪违法的认定机关。检察机关法律监督的程序性和中间性，决定了这种监督不会越俎代庖成为一种立法权，也不会对最高宪法权威造成任何减损和损害，同时还分担了立法机关的工作压力。[2]

### 四、分目标之三：监督机制更顺畅

机制即系统，而系统是由各个内部因素构成的。系统能否良性运转，取决于内部各因素是否相互协调。一般而言，法律监督机制包括运行机制、管理机制、保障机制、评估机制和约束机制。法律监督机制的顺畅，离不开这些内部因素的相互配合、协调一致。笔者认为，实现法律监督机制的顺畅，应从五个方面入手。

#### （一）确保运行更高效

运行机制方面，涉及内部和外部两个领域。内部运行机制，包括同一检察院内部以及上下级检察机关之间的运行。外部运行机制，是指法律监督与其他权力如监察、侦查、审判、行政之间的关系。[3]无论内部运行还是外部运行，都应当以高效、快捷为价值目标，都应当尊重司法规律。内部运行机制的完善应着力解决内设机构设置行政化、条块化，监督事项"办事模式"与司法规律吻合度不高，员额检察官与检察官助理、检察长、检察委员会关系不清等问题；外部运行机制的完善则应重点关注法律监督的独立性不足以及法律监督与其他权力监督方式的协调衔接等问题。内部运行的龃龉、外部关系的抵牾等问题的存在，一定程度上阻碍了法律监督高效、快捷运行价值

---

〔1〕　参见崔卓兰等：《地方立法实证研究》，知识产权出版社2007年版，第254—259页。

〔2〕　参见王玄玮："违宪检察论——检察机关启动违宪审查程序的初步探讨"，载《政治与法律》2009年第4期。

〔3〕　参见向泽选："检察权运行机制与检察权配置"，载《政法论坛》2012年第6期。

目标的实现，进而影响了法律监督的整体效果。

（二）确保管理更科学

随着国家改革进入深水区，法治建设进一步深化，社会治理模式面临转型，越来越多的社会矛盾以诉讼的形式进入司法领域，检察机关面临的办案压力空前巨大。一方面，在办案资源不变的情况下，案件数量大大增加；另一方面，随着一批冤假错案的曝光以及以审判为中心的诉讼制度改革的推进，社会公众对检察官的办案质量有了更高的要求和期待。执法的规范化、精细化已经成为检察系统内部的基本准则。而执法的规范化、精细化离不开管理的科学化。

当前，社会日益增长的对公平正义的司法需求与现有的司法能力之间的矛盾越来越突出，而检察管理的现状却不容乐观：检察管理的行政化"顽疾"一直未能根治，检察官尤其是员额检察官的办案独立性、积极性不高；检察管理的随意化，违背了基本的司法规律，无法满足检察官的办案需要，造成检察官缺乏职业尊荣感和责任心；检察管理的粗疏化，为权力寻租提供了"温床"；等等。低效率、不科学的管理模式，不仅造成了司法资源的浪费，更制约了检察机关法律监督能力的提升。构建科学的法律监督管理机制，首先，应合理制定检察官权力清单，厘清员额检察官与检察官助理、检察长、检察委员会之间的权力边界及职责内容，调动检察官办案积极性，增强检察官职业尊荣感和办案责任心，同时也为冤假错案发生后的责任追究明确了对象。其次，应完善检察机关办案组织。完善检察机关办案组织应当以顺应司法规律和满足办案需求为价值导向，以增强办案组织独立性、确认检察官办案主体地位、适当扩大办案检察官对案件处理结果的发言权和决定权为基本目标。最后，应落实司法责任制。落实司法责任制的关键在于明确责任追究对象、完善责任追究方式。而合理制定权力清单和完善办案组织实现了检察管理的扁平化，进而明确了责任追究对象，避免了以往行政化管理模式导致的责任追究对象被消解的弊端。而在完善责任追究方式方面，笔者认为，应构建规范、合理的检察官员额准入和退出机制，完善检察官奖惩机制。

（三）确保保障更充分

检察机关法律监督机制的顺畅，需要各种辅助性、服务性措施的配套和支持。这些措施包括人、财、物的统一管理，科学技术尤其是大数据技术的应用以及检察官职业保障制度的完善。首先，为确保保障更充分，需要统一管理人、财、物。虽然省级以下检察院人财物统一管理的改革正在逐步深入，但改革进展稍显缓慢。在改革之前，检察机关对地方财政过于依赖且经费保障呈现层级化，导致了检察权的"地方化"，其独立性受到一定程度的削弱。未来改革趋势应逐步实现经费保障层级化向垂直化的转型，并最终实现中央统一管理。其次，为确保保障更充分，需要科学技术尤其是大数据技术的支撑。在刑事案件量不断增加而办案检察官数量未明显增长的情况下（员额制改革在一定程度上导致办案检察官数量的下降），如何减轻办案检察官压力、提高办案效率，需要我们在办案主体之外寻找新的解决之道。科学技术的运用发挥了重要作用。例如，为了解决在提审、送卷过程中时间浪费的问题，可以通过远程提审以及电子卷宗传递的方法解决此类问题。最后，为确保保障更充分，需要完善检察官职业保障制度。为了保持检察官职业的尊严和荣誉，党的十八届三中全会通过的《中共中央关于全面深化改革若干重大问题的决定》提出要健全法官、检察官、人民警察职业保障制度。党的十八届四中全会通过的《中共中央关于全面推进依法治国若干重大问题的决定》进一步明确了司法人员职业保障的具体措施。[1]目前，检察人才流失现象一定程度地存在。留住优秀的检察人才，提高检察官的职业尊荣感，需不断完善检察官的身份、职权、经济、安全、豁免权等保障措施。

（四）确保评估更合理

构建合理的法律监督评估机制是倒逼检察官规范办案、提升办案效率的重要举措，也是提高办案质量的重要保障。当前对法律监督评估的理论探索和实践尝试，大多是以行政管理模式的思路为出发点，这导致了现行业务评估机制的行政化色彩浓厚，违背了检察活动的司法规律，忽视了检察活动的司法属性。未来构建合理的法律监督评估机制，应当对现有的行政化模式进行改造，充分考量司法规律因素，建立与司法规律相匹配的新型评估模式，如未来的评估机制中应弱化对各种数、率、量的考核。法律监督评估的重点应放在检察活动是否符合司法规律和规范标准上，而这些标准是无法被完全

---

〔1〕　如建立健全司法人员履行法定职责保护机制。非因法定事由，非经法定程序，不得将法官、检察官调离、辞退或者作出免职、降级等处分。

量化的。再如将逮捕后的不起诉率、撤案率和无罪判决率作为考核扣分项，更加强化了检察官的犯罪追诉倾向，从而忽视了检察官本应承担的客观义务。此外，实践中检察机关的评估机制更多侧重于对检察官在打击犯罪方面成绩的考核，而忽视了检察官在人权保障方面的作用。未来的评估机制在这方面应当给予与打击犯罪方面各项指标相同的分值和权重，以此引导和激励检察官全面有效地履行检察职能。

### （五）确保约束更有力

检察机关的法律监督权作为一种公权力，同样应遵循公权力行使的一般原理，同样应受到一定的约束。这种约束包括实体约束和程序约束、内部约束和外部约束。实体约束要求法律对哪些情形应由检察机关进行法律监督作出明确规定。如同审查案件一样，检察机关对监督事项的审查同样可以尝试"案件化"办理模式，但这一模式适用的前提是法律对监督事项的实体要件和监督程序的形式要件的规定要尽可能明晰，从而规范、约束检察机关法律监督权的行使。程序约束是指检察机关行使法律监督权应当遵守正当程序原则，确保法律监督权在正确的轨道上运行。这种程序约束包括权力制约权力和权利制约权力两种不同模式。内部约束则包括了检察机关内部不同部门以及上级对下级检察机关所实施的约束。加强内部约束，主要通过科学设置法律监督权运行过程中的不同环节和程序来分解法律监督权的行使，形成每一个监督事项在办理过程中都受到其他部门或者人员的制约，从而防止一个部门或一个人在监督事项办理中独揽监督权。加强外部约束，主要通过"阳光司法"，提高程序运行透明度，防止暗箱操作，以此加强社会监督，保障公众知情权，进一步扩大检务公开来保障社会公众对检察工作的知情权和监督权。此外，探索不批捕、不起诉案件的公开听证模式也是加强外部约束的一种有益尝试。

## 第四节　新时代深化与完善检察机关法律监督的改革进路

新时代深化与完善检察机关法律监督，在价值理念上，应坚持一项基本原则，即坚持检察机关乃法律监督机关这一宪法定位不动摇；在改革方向上，在向下深耕既有的法律监督领域的同时向上积极拓展新的法律监督领域，寻找新的"法律监督点";在角色定位上,应将检察机关自身所承担的历史使命与新时代依法治国的新要求结合,努力扮演好宪法法律、公民权利以及公共利益守护者的角色。

## 一、基本原则:坚持宪法定位不动摇

随着检察机关职务犯罪侦查部门及职务犯罪侦查权的转隶,学界关于检察机关乃法律监督机关这一宪法定位的质疑之声又开始浮现,甚至将批捕权转隶给法院这样的声音也再次出现。随着新监察时代的到来,处在改革十字路口的检察机关以及检察权,对自身性质的认识似乎变得有些模糊,对未来何去何从也似乎有些迷茫。对此,党中央给出了明确的答案。2017 年 9 月 11 日,习近平总书记致信祝贺第二十二届国际检察官联合会年会暨会员代表大会在北京召开。在致信中,习近平总书记重申和肯定了检察机关的法律监督性质。[1]笔者认为,只有首先回答好"我是谁"这个身份问题,才能解决好"向何处去"这个方向问题。

(一) 我国检察权性质争议评析

检察权的性质是检察理论研究的核心问题之一,也是本书立论的一个基础性问题,后面各章节的论证都是以此为逻辑前提而展开的。关于检察权性质的争论由来已久。概括起来,比较有代表性的观点有四种。

1. 行政权说

一些学者看到了检察权行政化属性的一面,主张检察权本质上属于行政权。[2]理由在于,检察机关领导体制与行政机关相同且不具有司法权终局性、中立性、被动性特征。此外,还有学者通过考察英美法系国家检察权性质来论证将检察权定位为行政权的合理性。

笔者认为,将检察权属性定位为行政权的观点值得商榷:①行政权作为

---

〔1〕 习近平总书记指出,中国检察机关是国家的法律监督机关,承担惩治和预防犯罪、对诉讼活动进行监督等职责,是保护国家利益和社会公共利益的一支重要力量。

〔2〕 参见郝银钟:"检察权质疑",载《中国人民大学学报》1999 年第 3 期;陈卫东:"我国检察权的反思与重构——以公诉权为核心的分析",载《法学研究》2002 年第 2 期;洪浩:《检察权论》,武汉大学出版社 2001 年版,第 14—17 页;崔敏:"为什么检察制度屡受质疑——对一篇重要文章中某些观点的商榷",载《法学》2007 年第 7 期。

配置相对人权利义务的一项公权力，其本身所体现的实体性与检察权的程序性有着很大的不同。②"不是司法权就是行政权"的研究思维，仍然没有跳出西方"三权分立"的研究范式，其研究的立足点在于平面化的权力结构模式，而忽略了我国层级化权力结构模式下特殊的权力架构模式——一元化的权力制度安排。这种制度安排的特点在于单向性。单向性的优势在于权力运行效率高，劣势在于监督制约不足。为了防止权力行使的恣意和失控，就需要单设一个法律监督机关，以区别于行政权和审判权。③我国检察机关的组织和领导体制所具有的浓厚的行政化色彩，不足以论证检察权的性质为行政权。恰恰相反，这种行政化的体制却是当前检察改革所要着力革除的弊端之一。当下正在进行的员额制、司法责任制改革就是要实现检察管理体制由科层化向扁平化转型。若将检察权定性为行政权，显然与当下正在进行的检察改革的目的背道而驰。

2. 司法权说

一些学者认为检察权应归于司法权。[1]理由如下：①在工作内容方面，检察机关与法院都涉及案件事实查明和法律适用。②在身份保障方面，为了保障检察权的独立性，许多国家都规定了检察官享有同法官相同或类似的保障。③将检察权定性为司法权有利于抵制行政权的侵蚀。④检察官具有相对独立性，检察官只忠实于事实和法律。因此检察官在大陆法系国家也常常被称为"站席司法官"。

笔者认为，将检察权属性定位为司法权的观点同样值得斟酌。因为检察权并不具有司法权终局性、被动性、中立性的本质特征。①检察权不具有终局性特征。作为连接侦查与审判的"枢纽"，检察权具有强烈的过程性和中间性，尤其在对不批准逮捕、不起诉决定的处理上体现得更为明显。根据我国《刑事诉讼法》的规定，侦查机关对于不批准逮捕决定有异议的，可以申请复议、复核；被害人不服检察机关不起诉决定的，有权直接向人民法院提起诉讼。这些规定都明显地体现了检察权所具有的不同于司法权的非终局性特征。②检察权不具有被动性特征。对于在办案过程中发现的违法犯罪线索，检察

---

[1] 参见倪培兴："论司法权的概念与检察机关的定位——兼评侦检一体化模式（上）"，载《人民检察》2000年第3期；谭世贵："论司法独立与媒体监督"，载《中国法学》1999年第4期；熊先觉：《中国司法制度新论》，中国法制出版社1999年版，第24页。

机关往往会主动进行监督，这一点在行政公益诉讼中体现得最为明显。③检察权不具有中立性特征。检察机关作为国家利益的代表人，追诉犯罪是其主要的工作职责。虽然实践中存在对逮捕、起诉程序进行诉讼化改造的尝试，但检察机关上命下从、检察一体的组织领导体系与司法权中立性的要求仍然存在一定的差距。

### 3. 双重属性说

有些学者认为检察权兼具行政权和司法权的双重属性。[1]如林钰雄教授认为，"检察官不是上命下从的行政官，也不是独立自主的法官，而是处于两者之间、实现客观法意旨并追求真实与正义的司法官署"。[2]双重属性说在大陆法系国家占据主流地位。大陆法系创设的检察官制，兼具行政官和法官双重性质。[3]检察官作为法律的守护人，既要监督法官正确公正裁判，也要防止警察滥用侦查权。笔者认为，双重属性说无益于明确检察权的性质，反而造成大众对检察权性质的认知更加模糊和混乱，也不利于未来改革针对性措施的制定。检察权要么归属于一种权力，要么作为一种独立的权力而存在，这种看似面面俱到的"折中说"，却忽略了对检察权自身特质的探究。

### 4. 法律监督权说

有些学者认为，检察权既不是司法权，也不是行政权，而是具有独立的权力品格，即属于法律监督权。[4]理由在于，对检察权性质的探究应当结合具体国情，尤其应当充分考量一国的权力结构模式。我国实行的是一元权力结构模式，即由立法权派生其他国家权力，其他国家权力之间是一种平行关系，因此需设立单独的法律监督机关。这种权力结构模式不同于西方的"三权分立"

---

〔1〕　参见龙宗智："试论检察官的定位——兼评主诉检察官制度"，载《人民检察》1999 年第 7 期。

〔2〕　林钰雄：《检察官论》，法律出版社 2008 年版，第 89 页。

〔3〕　林钰雄：《检察官论》，法律出版社 2008 年版，第 77—78 页。

〔4〕　参见樊崇义主编：《检察制度原理》，法律出版社 2009 年版，第 119—130 页；韩大元主编：《中国检察制度宪法基础研究》，中国检察出版社 2007 年版，第 42—56 页；卢建平主编：《检察学的基本范畴》，中国检察出版社 2010 年版，第 47—50 页；王桂五主编：《中华人民共和国检察制度研究》，中国检察出版社 2008 年版，第 165—189 页；孙谦主编：《中国特色社会主义检察制度》，中国检察出版社 2009 年版，第 37 页；朱孝清、张智辉主编：《检察学》，中国检察出版社 2010 年版，第 319—328 页；石少侠：《检察权要论》，中国检察出版社 2006 年版，第 60 页；张智辉：《检察权研究》，中国检察出版社 2007 年版，第 19—20 页。

模式。在这样的国家权力结构中，检察权是具有独立品格的法律监督权。

笔者认为，探讨我国检察权的性质，需要把握好三个维度：①现实维度。对我国检察权性质的研究，应立足于我国特色的一元分立的层级化权力结构模式，跳出"三权分立"的思维定式。②历史维度。自古至今，我国始终存在一种以独立的外部权力监督行政权、司法权的历史传统。③宏观维度。即对于检察权性质的认识，应当从全局的角度出发，而不应囿于诉讼程序或者检察权的局部、兼有特征这样狭隘的视域中。基于以上维度的考量，笔者认为法律监督权说最符合我国的政治语境和权力配置的现实国情，因此检察权的本质是法律监督权。

（二）我国检察权性质是法律监督权

笔者认为，我国检察权性质是法律监督权，理由如下：

1. 符合我国的权力结构模式

为了防止权力的滥用，西方国家一般采用"三权分立"的权力结构模式。在这样的制度安排下，对于检察权的性质归属，西方国家内部也存在争议，不同法系国家的做法也不尽相同。[1]这种归属变化与理论之争说明，"三权分立"的政治体制对专门法律机关的要求并不强烈。[2]在这种平面化的权力结构模式中，没有专门的法律监督机关的存在空间。而我国实行"议行合一"的人民代表大会制度，由人民代表大会行使立法权并派生监察权、行政权、审判权、检察权和军事权。这种权力结构模式的优越性在于权力集中、效率高、便于统一协调，但也存在权力过于集中、制约不足的弊端。因此我国宪法设置了常设性的检察机关专司法律监督，其只向法律负责，不向其他公权力负责，以实现对其他权力的监督制约。权力分立与制衡理论并不是放之四海而皆准的真理或者说只有"三权分立"才能体现权力分立和制衡，毕竟体现权力分立和制衡精神的制度安排有很多。因此，监督模式的选择必须要与一国的制度构造、权力结构模式等具体国情相契合。将我国检察权性质定位为法律监督权，就是对我国具体国情考量后的理性、正确的选择。

---

〔1〕 大致而言，大陆法系国家倾向于将检察机关划归司法机关，但同时又规定，检察官是行政机关派驻各级法院的代理人；英美法系国家倾向于将检察机关划归司法行政机关，但与其他司法行政机关又有一些不同之处，如享有一定司法保障、承担维护公益职责等。

〔2〕 谢鹏程："论检察权的性质"，载《法学杂志》2000 年第 2 期。

2. 符合我国的权力监督传统

在我国古代的法律文化历史长河中，始终存在一支独立于行政权、司法权之外的监督力量，其中最具代表性的就是御史制度。御史制度初创于秦汉时期，秦统一六国后，御史大夫才成为真正意义上的监督机关。汉武帝时期，为进一步扩充监督力量，增设了丞相司直及司隶校尉。至魏晋南北朝时期，御史台不再隶属于少府，开始由皇帝直接领导，监督权开始独立。隋朝在御史台基础上又设立言谏系统。唐朝把御史台又进一步细分为台院、殿院、察院。宋朝时期台谏系统逐渐合一。明清时则以都察院行使监督权。通过梳理御史制度历史发展脉络，可以看出，单独设置一项独立的外部监督权力，在我国由来已久。因此，将检察权定位为法律监督权，在我国有其生存所必需的历史文化土壤。

3. 符合我国的权力制约需要

将检察权性质定位为法律监督权，也是出于对行政权、司法权在实践中存在不同程度滥用的现实考量。行政乱作为、不作为一直是国家治理的难点，也是社会关注的热点，而目前对行政权违法行使的监督与国家和社会公众的期望之间还存在一定差距。为此，党的十八届四中全会提出要强化检察机关的行政法律监督职能。由此可以看出，加强检察权对行政权的牵制和规制，是党和国家破解目前行政权行使不规范、不合法、随意性较大困局的一个突破口，也是推进国家治理体系现代化的一次有益尝试。而对于司法权，尤其是审判权的监督，有人认为，随着以审判为中心诉讼制度改革的开启，对审判权的监督应当弱化，甚至应当取消。笔者认为，虽然员额制以及司法责任制改革在一定程度上提升了法官素质，并且国家监察委员会的成立也形成了有力的外部监督，但司法活动，尤其是诉讼、执行活动中的一些违法情形具有一定的隐蔽性和专业性，若不具备一定的专业知识、不深入参与其中，很难发现这些违法线索。故而新时代检察机关对审判权的监督不应当弱化，而应将监督重心转移，将法律适用作为重点监督对象，积极构建以抗诉为核心的审判监督格局。

## 二、角色定位：宪法法律守护者、公民权利守护者、公共利益守护者

新时代深化与完善检察机关法律监督，还应当在坚持基本原则不动摇的

前提下，准确定位新时代检察机关的角色。在新的历史条件下，检察机关应挖掘新的职能潜力，吸收新的改革成果，寻找新的切入点，探索新的突破口。

**（一）宪法法律守护者**

检察机关作为宪法意义上的专门法律监督机关，维护法制统一、保持法律体系的完整性、自治性、统一性和协调性不仅是其历史使命，而且也非常具有现实意义。随着我国法律文件数量的增长，立法冲突问题日益凸显，尤其是地方性立法与上一层级法律、法规冲突、矛盾的问题较为严重。这种情况的出现可能是地方立法机关疏于对法律、法规审查的无心之举，但更多情况下是出于保护本地利益而违背法律、法规和政策精神的有意为之。而全国人大及其常委会作为我国宪法实施的监督机关，由于其日常任务繁重[1]，对宪法实施的监督心有余而力不足，只能是一种宏观的、偶然性的监督，难以形成具体的、常态化的监督。检察机关作为专业性、专门性法律监督机关，在日常的诉讼和监督活动中，可以利用自己的专业优势发现法律体系内部存在的矛盾和冲突，帮助全国人大及其常委会发现并及时纠正违宪行为，从而对全国人大及其常委会宪法监督职能形成有力支持和重要补充，促进国家法制的统一。

**（二）公民权利守护者**

法治不仅是规则之治，更是权利之治。赋予法治以权利的内核，是法治与法制的重要区别。缺乏权利保障意蕴的法治，就是一堆麻木的规则，甚至还有可能成为专制的工具。党的十八届四中全会提出了完善行政强制措施的司法监督制度，因此，检察机关法律监督的目的不仅在于控制权力，更要保障权利。新时代检察机关扮演好公民权利守护者的角色，需加强对以下两个方面的法律监督：

1. 加强对刑事被执行人合法权益保障的法律监督

对刑事被执行人权利的保障程度体现了一国法治水平，也是一国人权保障工作优劣的重要参考指标。因此，维护刑事被执行人合法权益应当是新时代刑事执行检察工作的首要价值取向。这要求检察机关一方面应切实维护刑事被执行人的基本权利，使被执行人感受到自己作为一个独立、完整的人被

---

〔1〕 全国人大行使的职权多达 16 项，全国人大常委会行使的职权更多达 22 项。而全国人大会议一般每年只召开一次，全国人大常委会虽然性质上是全国人大的"常设机关"，但其开会次数也是有限的，一般要每两个月才举行一次会议。

对待、被尊重，让其体会到法律的温情；另一方面应充分发挥刑事执行检察工作在纠防冤假错案方面的作用。刑事执行部门应利用全面接触监管人员的优势，及时发现、纠正和预防冤假错案，让人民群众在每一个司法案件中都感受到公平正义。

2. 加强对刑事涉案财产处置规范化的法律监督

就规范涉案财产的处置问题，中央层面出台了一系列相关文件。[1]从中央将规范涉案财产处置上升到产权保护的高度上可以看出其对这个问题的重视程度。目前刑事涉案财产处置失范现象突出，主要表现为违法采取财产性强制措施、涉案财产处理不规范、审判程序中不重视涉案财产处置问题的审理、涉案财产处置的救济机制严重缺失。[2]由于监督渠道不畅、监督刚性不足，检察机关对这一领域的法律监督有所缺位。完善刑事涉案财产处置法律监督，首先，检察机关应在思想上高度重视对该领域的法律监督，尤其在办案过程中加强对涉案财产处置的合法性审查。其次，应制定相关司法解释，进一步明确涉案财产的范围、流转程序、法律监督的途径和方式等。再其次，应建立健全涉案财产处置的司法审查制度。如针对涉案财产，公安机关在采取查封、扣押、冻结等处置措施前，应当事先向检察机关提出申请。最后，对于确有涉案财产处置不规范甚至违法情形的，应规定有关机关不采纳检察机关法律监督意见的程序性制裁后果，如更换办案人、将法律监督意见纳入有关机关年终考核、追究有关人员法律责任等。

（三）公共利益守护者

自现代检察制度诞生以来，检察机关就一直以公共利益代表者的身份出现。我国宪法将检察机关定位为法律监督机关，意在突出、强化检察机关维护公共利益的重要使命，承载着国家、社会和人民维护公共利益的美好期望。早在中华人民共和国成立之初，我国检察机关就被赋予了提起公益诉讼

---

〔1〕　2016 年 11 月 4 日，中共中央、国务院发布《关于完善产权保护制度依法保护产权的意见》，指出要"严格规范涉案财产处置的法律程序"。随后最高人民法院出台了《关于充分发挥审判职能作用切实加强产权司法保护的意见》，强调要"依法慎用强制措施和查封、扣押、冻结措施"，"严格规范涉案财产的处置"。

〔2〕　参见李建明、陈春来："论刑事诉讼涉案财产处置的法律监督"，载《人民检察》2017 年第 3 期。

的职能。[1]检察机关无论在人力资源、物资保障还是取证、抗干扰能力方面具有的独特优势，均能够使其很好地履行这一职能。2018年7月6日，习近平总书记在中央全面深化改革委员会第三次会议上提出，设立最高人民检察院公益诉讼检察厅。这一机构的设置，为更好履行检察公益诉讼职责提供了组织保障，标志着检察公益诉讼制度进入了新阶段。

虽然法律规范越来越完善，组织架构越来越健全，但检察公益诉讼制度在实践中仍面临一定的发展风险。对于民事公益诉讼而言，检察机关所代表的公权力介入民事诉讼是否会打破原有诉讼双方平等的地位、势力均衡的诉讼结构，如何避免、化解这一问题是一个值得深入思考的命题。"很显然，这里仅指望检察机关自我克制是不现实的。必须在程序机制层面嵌入一些防范公诉权越界的技术性规范，以避免受追诉的企业、个人在国家权力面前毫无还手之力而只能任人宰割。"[2]而对于行政公益诉讼而言，所面临的问题恰恰与民事公益诉讼相反。监督手段匮乏单一、监督后果缺乏可制裁性，导致检察权在强势的行政权被告面前显得有些软弱。检察机关需在监督理念、监督尺度和监督方式上做好文章。

### 三、具体路径：向下深耕、向上拓展

在坚持基本原则和角色定位的前提下，新时代深化与完善检察机关法律监督向下应深耕法律监督主业，补齐监督短板；向上应拓展法律监督领域，寻找新的增长极和着力点。

（一）向下深耕法律监督主业

以往，检察机关过于倚重职务犯罪侦查职能，而"自侦""自诉""同体监督"的问题又使其监督正当性备受质疑，为解决此问题又叠床架屋、不惜成本地设置各种内部控制机制，一定程度上束缚、弱化了检察机关法律监督

---

[1] 根据1949年12月颁布的《中央人民政府最高人民检察署试行组织条例》第3条的规定，检察机关对于全国社会及劳动人民利益之有关民事及一切行政诉讼，均可代表国家公益参与之；1951年的《中央人民政府最高人民检察署暂行组织条例》和《各级地方人民检察署组织通则》规定，检察机关代表国家公共利益参与有关社会和劳动人民利益的重要民事案件和行政诉讼；1954年《人民检察院组织法》第4条中规定，检察机关对于国家和人民利益的重要民事案件有权提起诉讼或参加诉讼。

[2] 李奋飞："检察再造论——以职务犯罪侦查权的转隶为基点"，载《政法论坛》2018年第1期。

的主责主业。[1]对于检察职能，不应过分强调侦查权对其的重要意义。相反，正是由于过去过分强调该项职能，检察机关其他职能的发展有些偏废，跟不上时代，如法律监督职能。因此，新时代检察机关应着力实现职能重心由"侦查"向"监督"的过渡，将"监督"确立为检察机关未来的主业。对此，需正确认识检察机关监督权威的来源。检察机关的监督权威，从根本上讲，不是来源于侦查权的强制，而是来自对客观公正义务的坚守，来自对公民权利和公共利益的守护，来自对确保宪法、法律统一正确实施的追求。

1. 优化诉讼法律监督

深耕法律监督主业，核心是优化诉讼法律监督。优化诉讼法律监督，需从以下三个方面入手：

第一，优化诉讼监督结构。诉讼监督结构的优化，包括组织结构和业务结构的优化。组织结构上，强化上级检察机关对下级检察机关在诉讼监督业务上的领导与指导，及时整理、总结下级检察机关汇报的有关诉讼监督业务存在的普遍性问题，对诉讼监督案件进行类型化分析，制定具有可操作性的、标准化的诉讼监督工作指南，建立诉讼监督一体化协作工作制度，实现检察机关对案件线索的统一管理、对诉讼监督工作的统一指挥、对检察资源的统一调配[2]。业务结构上，检察机关应积极拓宽诉讼监督线索来源渠道，除需要完善刑事诉讼、民事诉讼以及行政诉讼传统业务的法律监督机制外，还需加强对死刑复核、未成年人案件的法律监督，加强羁押必要性，尤其是捕后羁押必要性的审查，常态化开展民事虚假诉讼监督，提升诉讼监督事项的丰富性。

第二，优化诉讼监督程序。诉讼监督程序的优化，包括启动程序、审查程序以及决定程序的优化。诉讼监督程序优化的直接目的是完成诉讼监督事项"案件化"的改造，实现诉讼监督从"办事模式"向"办案模式"的转变。首先，启动程序上，需要建立和完善线索受理及立案机制。建立健全检察诉讼监督线索的发现和管理机制，明确监督案件的程序启动标准。其次，审查程序上，完善办案主体调查核实权。调查核实要坚持以证据为核心，坚持证据裁判原则，严格依法使用调查手段，获取证据材料。最高人民检察院

---

〔1〕 敬大力："关于检察机关基本职责问题的再认识"，载《人民检察》2017年第11期。

〔2〕 参见《最高人民检察院关于进一步加强对诉讼活动法律监督工作的意见》。

侦查监督厅在有关文件中[1]明确规定了十种调查核实方式，对此，应当根据案件的不同性质和情况，采取不同的调查核实方式。最后，决定程序上，"未来检察机关在进行诉讼监督时，可以探索实施更加多元和便宜的决定程序：如果对于行为违法与否事实清楚、证据充分且争议不大，则在进行一般调查的基础上即可作出相应结论；如果对于行为违法与否事实不清或者争议较大，检察机关则可借鉴听证等程序模式，允许当事各方分别陈述其立场与理由并出示有关证据，适当时可以进行相互辩论，检察机关在此基础之上再对行为的合法性与否作出裁断并予以充分说理。"[2]

第三，优化诉讼监督机制。诉讼监督机制的优化，包括衔接机制和评估机制的优化。衔接机制上，进一步完善、落实提前介入引导侦查取证制度，探索建立重大案件侦查机关听取检察机关意见建议制度，健全被监督者对检察机关监督意见的反馈制度，特别应当加快建设公安、检察刑事案件信息共享平台，实现检察机关对公安机关程序性事项决定等关键信息的共享，缩短和降低信息传递的时间和成本，建立信息传递的"绿色通道"，畅通衔接渠道，变事后监督为事前监督、事中监督。评估机制上，完善诉讼监督岗位目标制度，引入竞争机制，构建以质量为主兼顾数量的科学评估体系，加大检察诉讼监督工作实绩的奖惩力度，确保监督力度、质量、效率、效果的有机统一。

2. 强化行政法律监督

强化行政法律监督的改革措施，笔者认为，应包括以下三个方面：

第一，完善相关法律法规。应该在《中华人民共和国行政许可法》《中华人民共和国行政处罚法》《中华人民共和国行政强制法》等法律中增加检察机关行政法律监督的内容，明确行政机关负有告知行政相对人此项救济途径以及配合检察机关监督的义务。

第二，构建多层次的监督体系。针对涉及公民人身、财产权益的行政强制措施的决定，检察机关的监督可以适当提前，实现行政强制措施决定的"司法化改造"；对于已经侵犯了公民的人身、财产权益的，检察机关可以提出检察建议、纠正违法通知书等；对于公民已经提起行政诉讼的，检察机关

---

[1] 《关于侦查监督部门调查核实侦查违法行为的意见（试行）》第5条。

[2] 卞建林、李晶："关于加强诉讼监督的初步思考"，载《国家检察官学院学报》2011年第1期。

应支持起诉；对于存在损害国家、社会公共利益情形的，在诉前程序无效的情况下，检察机关应及时提起公益诉讼；对于行政机关颁布的规范性文件违反法律规定的，检察机关应依法向同级人大常委会提出撤销该抽象行政行为的议案，或者向该行政机关的上一级机关提出检察建议；对于行政人员涉嫌违法违纪甚至构成犯罪的，应依法追究其党政责任或者刑事责任。

第三，建立行政执法信息共享与反馈平台。保证行政法律监督有效性的关键是检察机关能够获取足够多的行政执法信息，并及时将监督意见反馈给行政机关。这就要求，一方面，应进一步健全行政执法与刑事司法衔接的标准、程序以及信息共享、案情通报机制；另一方面，检察机关应及时向有关行政机关及其上级部门反馈行政法律监督意见，共同协商，统一认识，消除分歧，合力化解行政法律监督中的难题。

（二）向上拓展法律监督领域

党的十八届四中全会通过的《中共中央关于全面推进依法治国若干重大问题的决定》再次强调了依宪治国、依宪执政的重要性。为了真正树立宪法权威，该决定提出要完善宪法监督制度，"一切违反宪法的行为都必须予以追究和纠正。"而检察机关作为我国的法律监督机关，在完善中国特色违宪审查制度方面应当有所作为。

1. 由检察机关行使违宪监督权具有历史和现实依据

检察机关行使违宪监督权在我国历史中是有迹可循的。1949 年的《中央人民政府最高人民检察署试行组织条例》、1951 年的《中央人民政府最高人民检察署暂行组织条例》和《各级地方人民检察署组织通则》都曾赋予过检察机关监督 1949 年《中国人民政治协商会议共同纲领》的执行和遵守职责。[1]众所周知，1949 年《中国人民政治协商会议共同纲领》在中华人民共和国成立初期起到了临时宪法的作用，而检察机关对该纲领的实施进行监督明显带有违宪监督的色彩。之后 1978 年《宪法》第 43 条则明确赋予了检察机关违宪监督权。[2]虽然 1982 年《宪法》以及 1979 年颁布的《人民检察院组织法》

---

〔1〕　如 1949 年《中央人民政府最高人民检察署试行组织条例》规定，（检察机关）检察全国各级政府机关及公务人员和全国国民是否严格遵守人民政协共同纲领及人民政府的政策方针与法律、法令。

〔2〕　该条第 1 款规定："最高人民检察院对于国务院所属各部门、地方各级国家机关、国家机关工作人员和公民是否遵守宪法和法律，行使检察权……"

取消了检察机关的违宪监督权，但现行法律仍然为检察机关行使违宪监督权预留了一定的法律空间。[1]

2. 由检察机关行使违宪监督权符合其自身功能定位

维护法制统一是检察机关的天然使命。一方面，法制统一与法律监督具有内在的逻辑必然性。法治权威的树立离不开法律在执法、司法和守法环节的统一正确实施，法制统一是依法治国不可或缺的重要前提。因此，设计一套系统化、规范化的监督制度来维护法制统一就显得尤为必要。另一方面，法律监督是实现法制统一的重要保障。法律监督作为一项旨在规范和保障公权力正确、合法行使的国家职能，有权检举、督促、矫正任何违背宪法、法律的行政决定、措施或者判决，从而保证公权力的运作在形式和实质上都严格遵循宪法和法律。此外，检察机关法律监督权的自身特点也使得检察机关行使违宪监督权具有一定的优势。首先，法律监督的程序性可以打消检察机关行使监督权时有越俎代庖的疑虑。法律监督权本质上是一种请求权或者程序建议权，即针对违宪行为，检察机关只能向权力机关提出违宪审查建议。这样既可以防止法律监督权因滥用而干扰、影响其他权力的正常运转，又可以对其他权力的行使形成程序上的制约。其次，法律监督的专业性可以提高违宪监督的说服力。检察机关作为专业的司法官署，在日常的办案及诉讼活动中，有能力发现法律及司法解释在适用过程中可能存在的违宪内容，并凭借自身专业的法律素养提出合适的违宪审查提议。最后，法律监督的相对独立性可以有效抵抗地方保护主义的影响。尤其随着检察机关省级以下人、财、物统一管理改革的实施，检察机关对地方政权的依附性大大减弱，这也为检察机关对地方性法规的合宪性进行法律监督提供了可能。

---

[1] 《立法法》第46条规定："国务院、中央军事委员会、最高人民法院、最高人民检察院和全国人民代表大会各专门委员会以及省、自治区、直辖市的人民代表大会常务委员会可以向全国人民代表大会常务委员会提出法律解释要求。"第99条第1款规定："国务院、中央军事委员会、最高人民法院、最高人民检察院和各省、自治区、直辖市的人民代表大会常务委员会认为行政法规、地方性法规、自治条例和单行条例同宪法或者法律相抵触的，可以向全国人民代表大会常务委员会书面提出进行审查的要求，由常务委员会工作机构分送有关的专门委员会进行审查、提出意见。"

在对新时代深化与完善检察机关法律监督的背景进行解读并明确改革目标与前进道路的前提下，笔者将在下文重点论述检察机关在各项与检察制度相关的改革中如何进行自我调适与自我完善，以更好地行使法律监督权、履行法律监督职责。本章主要就国家监察体制改革对检察机关的影响、法律监督权与监察监督权的关系、监察与检察协调衔接机制的构建问题展开讨论。

## 第一节 国家监察体制改革对检察机关的影响

2016 年 10 月，党的十八届六中全会首次提出将"监察机关"与人大、政府、司法机关相并列，这释放了中央层面着手进行监察体制改革的信号，预示着监察体制改革的大幕即将拉开。紧随其后，中央层面通过了一系列文件，正式授权在部分地区开展监察体制改革试点工作。[1]2017 年 4 月，山西省监察委员会首次适用留置措施，同年 6 月 24 日第十二届全国人大常委会第二十八次会议首次审议监察法草案。2018 年 3 月 20 日，《监察法》正式审议通过。通过梳理国家监察委员会发展的历史脉络，可以深刻地感受到此项政治改革推进力度和进度的史无前例，表明了党中央反腐败的坚定决心。在职务犯罪侦查部门和部分职务犯罪侦查权转隶的历史背景下，检察机关在新监察时代如何继

---

〔1〕 2016 年 11 月中共中央办公厅印发了《关于在北京市、山西省、浙江省开展国家监察体制改革试点方案》，在以上三省市部署监察体制改革。2016 年 12 月，第十二届全国人大常委会第二十五次会议通过《关于在北京市、山西省、浙江省开展国家监察体制改革试点工作的决定》，监察体制改革获得最高国家权力机关的正式授权。2017 年初，北京、山西、浙江三个监察体制改革试点地区省级层面陆续成立监察委员会，市县两级监察体制改革也有序推进。

续履行其法律监督职能？处在新一轮改革浪潮中的中国检察制度"路在何方"？对这些问题的回答，关系着检察制度的长远、健康发展，因此需要慎之又慎。

## 一、国家监察体制改革内涵解读

国家监察体制改革作为中央的一项重大改革，重塑了我国现有的权力配置格局，对我国的政治和法治生态都产生了重大影响。对于这样一项重大改革，进行全方位的解读是必要和必需的，同时也是为之后明确检察机关在此次改革中的定位作一背景介绍。

（一）国家监察体制改革的目的

《监察法》强调，国家监察体制改革的目的在于加强对所有行使公权力的公职人员的监督，实现国家监察全覆盖，而中国共产党中央纪律检查委员会原书记王岐山的讲话再次明确了监察委员会在性质上是反腐败机构。[1]将反腐败作为国家监察体制改革的根本目的，根植于当下我国反腐败形势日益严峻的社会现实，同时也是对以往反腐败机制弊端的反思与省察。

当下，我国反腐败形势日益严峻。腐败人员的职级之高、涉案金额之大，让人触目惊心。而职务犯罪也日益呈现年轻化、团伙化、高学历化、手段智能化以及更加隐秘化的发展趋势。公职人员利用自身所享有的国家职权和以此形成的特殊权力地位，不仅以权谋私、假公济私，甚至还抵制和妨碍反腐败调查。腐败的严重危害不仅降低了政府的公信力，损害了我党的执政根基，而且当行贿人与受贿人的合谋超出私人利益并旨在左右国家政策的制定时，腐败就构成了对于国家政治安全的严重威胁。

面对日益严峻的反腐败形势，以往的反腐败机制有些无法满足新时代反腐败的需求。在监察体制改革之前，我国反腐败机制存在以下三个问题：①反腐力量分散化。以往承担反腐败职能的机构包括党的中央纪律检查委员会、政府监察机关、审计机关、检察机关职务犯罪侦查部门、职务犯罪预防部门等，反腐部门林立，而各部门之间沟通、衔接不畅，使得反腐力量总体呈现出"各自为政、各自为战"的分散局面，由此导致反腐资源空置率较高，

---

〔1〕 王岐山指出，监察委员会实质上是反腐败机构。监察体制改革的任务是加强党对反腐败工作的统一领导，整合行政监察、预防腐败和检察机关查处贪污贿赂、失职渎职以及预防职务犯罪等工作力量。

反腐效果不佳。②反腐措施的合法性、正当性不足。该问题主要集中在纪检监察机关的"两规""两指"措施的运用上。由于这两项措施缺乏法律依据以及必要的保障机制（如司法审查和律师介入），其合法性与正当性倍受质疑，进而影响海外追赃的力度与进程。因此反腐败的深化亟须完成对纪检监察部门侦查措施的合法化、正当化改造。③反腐败的技术性细节有待进一步完善。例如，对纪检监察部门收集的证据，检察机关需依据刑事诉讼证据规则的要求进行转化。这一做法除存在重复作业、办案效率低下的问题外，在以审判为中心的诉讼体制改革背景下，纪检监察部门收集证据还面临着证据能力有无的"拷问"。监察体制改革的任务之一就是将检察机关的职务犯罪侦查权转移至监察委员会，实现职务犯罪侦查权的整合与优化，以期"一揽子"解决上述理论与实务问题。

（二）监察委员会的性质和定位

根据《监察法》和《中国共产党纪律检查委员会工作条例》的规定，国家监察委员会由全国人民代表大会产生，与党的中央纪律检查委员会合署办公，作为专门行使国家监察权的专责机关。该规定具有三层含义：其一，各级监察委员会的权力派生于权力机关。这表明监察委员会作为一种新的权力组织形式，与同样由人民代表大会产生的"一府两院"（即人民政府、人民法院、人民检察院）处于同等法律地位。其二，党的中央纪律检查委员会与国家监察委员会合署办公，实现对所有行使公权力人员的立体式、全方位监督，是构建集中统一、权威高效监察体制的内在要求。其三，国家监察委员会是专门行使监察权的专责机关，这表明监察权的独立性已经明显提升，具有了独立的权力品格，不再依附于行政权，而是作为一项独立的国家权力与行政权、审判权、检察权等国家权力形成平行并立的局面。

以上内容表明，监察委员会的性质定位是独立的国家监督机关，监察委员会的监察权属于国家监察。这一性质定位，具有以下三个方面的意义：其一，有利于实现党对国家监察工作的统一领导。将监察委员会定位为国家机关，是加强党对国家监察工作领导和监督的必然要求。其二，有利于实现党的监督与国家监督的衔接配合。在以往的监察体制中，监察权隶属于行政权，仅仅有权监督行政机关工作人员，而除此之外的公职人员并不在监察范围之内。党的监督与国家监督之间存在"监督盲区"。将监察委员会定位为国家机关，不再隶属于政府，政权结构由"一府两院"变为"一府一委两院"（即人民政府、监察委员会、人民法院、人民检察院），从而实现党内监督与国家监督的统一、契合。其三，有利于实现国家治理体系和治理能力现代化。党的十八届三中全会明确了推进国家治理体系和治理能力现代化这一全面深化改革的总目标。这一目标的实现，关键在于建立一套内部运转顺畅、外部衔接紧密的制度体系。监察委员会机构的国家化、职权的专门化，就是权力运行制度化的一个具体体现，其作用在于使制度成为反腐败的主要动力，实现反腐败的可持续性。[1]从这个意义上说，将监察委员会定位为国家机关，是国家、社会管理手段的重要创新和管理能力的明显提升。

国家监察委员会的权力位阶不应定性为一般的监督权，而是应当在整个国家权力监督体系中居于最高地位，这是由我国特殊的权力结构模式和独特的党政关系决定的。我国权力结构模式不同于西方"三权分立式"的平面化构造，而是采用行政权、检察权、审判权派生于立法权的"一元分立式"的层级化构造。因此，为防止权力的恣意，就需要单独设立权力监督机关。与检察机关"对事监督"不同，监察委员会的监督主要针对行使公权力的主体，即"对人监督"。权力的行使离不开主体和客体，即"人"和"权"两种要素。与法律监督重在规范权力行使的客观方式不同，监察监督则将监督触角前伸至权力主体，重在对权力主体行使公权力时的主观心理状态形成强有力的威慑。构建以监察权为中心的权力监督体系，目的在于充分发挥监察监督前置性、及时性、有效性优势，革除"一元分立式"层级化构造下权力制约不足的弊端。此外，监察委员会的成立，也是"党政分工不分开"的政治理念在国家反腐败领域的生动实践。以往，党的纪律监督机关主要针对"关键少数"党员，而行政监察的权力位阶又不高，加之反腐败部门林立，使得以往反腐败格局呈现出碎片化、分散化、低效化的特点，导致党在腐败治理领域的领导力、控制力、组织力不强。随着人们对政党在腐败治理领域的作用以及党政关系认识的不断深化，强化党在反腐败中的主导作用已达成共识。而党的纪律检查机关与监察委员会合署办公模式的优势在于，一方面，党的意志、理念和政策可以通过监察委员会传递给广大公职人员，从而将党内监

---

〔1〕 于安："反腐败是构建新国家监察体制的主基调"，载《中国法律评论》2017 年第 2 期。

督扩大到党外所有行使公权力的主体身上；另一方面，这一模式也提升了以往行政监察的权力位阶，有利于形成和保持反腐败"高压"态势。因此，对于监察委员会性质和地位的认识，应当以更高的政治站位、更广的改革视角来重新审视此项重大改革对于强化党在反腐败斗争中核心领导地位方面的意义。

（三）监察委员会调查权的属性

《监察法》明确赋予监察委员会一定的调查权。[1]关于监察委员会调查权的属性，理论界存在不同认识，主要有以下四种观点：一是认为调查权与侦查权有着本质不同。[2]二是认为调查权就是侦查权。[3]三是认为调查权与刑事侦查权本质相同，但适用监察法律规范，而不受刑事诉讼法约束。[4]四是以樊崇义教授为代表的学者认为，调查权的属性兼具监督属性、行政属性和司法属性。监督属性源于监察体制改革的反腐败目的，行政属性来源于工作开展的需要，而司法属性则有利于监察与司法的衔接协调，其中监督属性是本质，行政属性和司法属性是实现监督的手段。[5]对于以上观点笔者赞同第四种。国家监察体制改革的主要目的就是加大反腐败力度，提升反腐败效果。调查权的属性同样也依附和来源于此目的，因此监督才是调查权的本质属性。而当监察委员会在查处职务违法犯罪活动时，调查权所具有的主动性、强制性、处分性、封闭性等特点就会使其带有部分刑事侦查权的色彩，但监察体制改革的目的以及调查权属性的复合性决定了其不可能受刑事诉讼法的直接约束。然而，《监察法》的有关规定又使得调查权具有了司法属性的色彩[6]。

---

〔1〕　监察委员会调查权是指，监察委员会有权对涉嫌贪污贿赂、滥用职权、玩忽职守、权力寻租、利益输送、徇私舞弊以及浪费国家资财等职务违法和职务犯罪进行调查。具体参见《监察法》第11条。

〔2〕　马怀德："《国家监察法》的立法思路与立法重点"，载《环球法律评论》2017年第2期。

〔3〕　陈越峰："监察措施的合法性研究"，载《环球法律评论》2017年第2期。

〔4〕　张建伟："法律正当程序视野下的新监察制度"，载《环球法律评论》2017年第2期。

〔5〕　参见樊崇义："2018年《刑事诉讼法》修改重点与展望"，载《国家检察官学院学报》2019年第1期。

〔6〕　如《监察法》第33条第2款、第3款规定："监察机关在收集、固定、审查、运用证据时，应当与刑事审判关于证据的要求和标准相一致。以非法方法收集的证据应当依法予以排除，不得作为案件处置的依据。"第45条第4项规定："对涉嫌职务犯罪的，监察机关经调查认为犯罪事实清楚，证据确实、充分的，制作起诉意见书，连同案卷材料、证据一并移送人民检察院依法审查、提起公诉"。

调查权的司法属性，不仅使《监察法》与《刑事诉讼法》的衔接具有了可能，而且也有利于人权保障的实现。

## 二、对检察机关的影响

### （一）对检察机关工作职能的影响

传统认为，检察职能分为职务犯罪侦查、审查批准逮捕、审查起诉、诉讼监督四项职能。国家监察体制改革对检察职能的影响主要有以下三个方面：①对职务犯罪侦查职能的影响。以往，我国查处职务犯罪奉行检察机关立案侦查与纪检监察部门调查取证的双轨制。[1]监察委员会的成立，实现了职务犯罪侦查权由二元化构造向一元化构造的转型。②对与职务犯罪侦查职能相关的其他业务的影响。监察体制改革不仅导致了检察机关职务犯罪侦查权的"剥离"，同时对与此权力行使相关的其他业务造成了一些附带性影响，例如，受理和查办涉及职务犯罪的控告、申诉和举报部门，查办刑事执行过程中职务犯罪的刑事执行部门，负责同步录音录像的检察技术部门、司法警察部门，甚至办案区的使用，等等，都随着检察机关职务犯罪侦查部门的转隶而受到了一定影响。虽然这样的影响是"附带性"的，但同样应该引起检察机关的重视。③对其他检察职能的影响。虽然检察机关的四项职能内容不同且分工明确，但在实践中，审查批准逮捕、审查起诉、诉讼监督职能的发挥却在一定程度上依赖于职务犯罪侦查权这把"利剑"，尤其是诉讼监督职能。被监督者之所以会重视检察机关发出的检察建议和纠正违法通知书，一定程度上是慑于这把"利剑"的威力，这是我们不得不面对的现实。因此，很多人担心检察机关失去这把"利剑"之后，其他职能是否还能正常发挥。[2]

### （二）对检察机关工作重心的影响

以往对侦查职能的过于倚重，导致对其他业务和职能，如监督职能的偏废。因此，未来检察制度的长远发展，关键在于实现职能重心由"侦查"向"监督"的过渡，将"监督"确立为检察机关未来的主业。对此，需正确认识检察机关监督权威的来源。检察机关的监督权威，从根本上讲，不是来源

---

〔1〕 参见施鹏鹏："国家监察委员会的侦查权及其限制"，载《中国法律评论》2017年第2期。

〔2〕 参见哈腾："论检察职能的调整与完善——以优化诉讼监督职能为核心"，载《成都理工大学学报（社会科学版）》2018年第6期。

于侦查权的"强制",而是来自对公平正义的坚守,来自对公民权利和公共利益的守护,来自对维护法制统一的追求。

(三)对检察机关工作机制的影响

国家监察体制改革对检察机关工作机制的影响,主要包括监察委员会与检察机关协调衔接问题以及人民监督员制度适用问题两个方面。

1. 监察委员会与检察机关协调衔接问题

作为国家在反腐败领域的重要创新之举,监察委员会的成立,标志着一支集党纪检查、行政监察、犯罪调查三种职能于一身的独立权力开始出现在我国政治权力格局中,而这必然涉及监察委员会与检察机关的业务衔接和工作协调问题,如案件管辖、立案调查、强制措施、证据适用、案件移送的协调衔接等。由于监察全覆盖包括了对检察机关、法院的监察,并且监察行为并不直接受刑事诉讼法的调整和规制,其他国家的廉政机构与司法机关的关系对于我国构建监察委员会与司法机关,尤其是检察机关的协调衔接机制并无太大参考价值。因为这些国家的廉政机构与检察机关、法院一样,同样受刑事诉讼法的规制,而我国监察委员会的犯罪调查行为不适用刑事诉讼法中侦查机关与检察机关的工作衔接机制,所以需要创设新的工作模式。这不论是对于立法者还是理论界都是一个过去从未遇到过的法治新课题。

2. 人民监督员制度适用问题

旨在破解检察机关办理职务犯罪案件自侦、自捕、自诉"自我监督"弊端的人民监督员制度,随着职务犯罪侦查部门的转隶,必然面临调适和改革的问题。人民监督员介入职务犯罪案件的办理,不仅体现了职务犯罪案件办理的人民性、民主性,同时也对检察权的行使形成了一种外部监督,提高了案件办理的透明度,以解决长期以来为学界所诟病的针对职务犯罪案件自侦、自捕、自诉的程序封闭性运转的弊端。

围绕人民监督员制度何去何从问题,理论界给出了三种方案:一是将人民监督员制度"嫁接"到国家监察委员会并维持现有监督范围。二是将人民监督员制度"嫁接"到国家监察委员会并将监督范围扩大到国家监察委员会所有监督行为。三是将人民监督员制度保留在检察机关,其监督范围调整为职务犯罪以外的其他法律活动。[1]笔者认为，以上方案各有利弊。第一种方案由于只是从一个主体转移到另外一个主体，人民监督员制度的适用范围并未发生根本变化。相对来说，此方案成本最低，不确定性最小。第二种方案考虑到国家监察委员会可能存在权力过于集中的问题，通过扩大人民监督员制度的监督范围，引入社会公众监督，对监察权的行使形成必要的制约。但此方案的缺点在于人民监督员制度将面临职能调整和重新设计，不确定性较大。第三种方案意味着原先负责人民监督员工作的机构和人员保持不变，只对监督范围进行调整，虽然这种做法成本相对较低，但有违制度设计初衷，即解决职务犯罪案件办理外部监督环节薄弱的问题。至于检察机关办理的其他刑事案件是否有人民监督员介入的必要以及人民监督员自身能力能否胜任监督范围调整之后的工作，也是值得深入论证和认真思考的。

### 三、检察机关之因应

监察委员会的成立，是党对新时代反腐败斗争和国家监察体制改革作出的重要部署。在这场重大的政治体制改革中，检察机关需明确自身的政治定位与职能定位。

#### （一）政治定位：立足和服务于反腐败的政治大局

监察委员会的成立，是基于对当下反腐败形势的严峻性、紧迫性以及以往反腐败效果不彰的原因深刻反思后的重大改革举措。关于以往反腐败效果不彰的原因，有学者总结为监察机关定位不准、职能过窄、独立性保障不够、监察手段有限、监察对象范围过小、监督程序不够完善。[2]笔者认为，以往反腐败效果不彰的主要原因在于反腐败力量过于分散。改革之前承担反腐职能的机构众多，反腐部门林立，而各部门之间沟通、衔接不畅。因此整合反腐败力量、优化反腐败资源是应对新时代反腐败形势、遏制腐败蔓延的必然之举。检察机关对于此次改革的重要意义应有一个正确清醒的认识。在政治反腐中，司法腐败首当其冲，而检察机关作为司法反腐的一支重要力量，本

---

[1] 秦前红："国家监察委员会制度试点改革中的两个问题"，载《四川师范大学学报（社会科学版）》2017年第3期。

[2] 马怀德："全面从严治党亟待改革国家监察体制"，载《光明日报》2016年11月12日，第3版。

身就承载着准确打击腐败、厉行法治反腐的重要使命。检察机关对职务犯罪案件提起公诉、交付审判活动，本身就具有维护宪法法律统一、正确实施的法律监督性质。[1]

（二）职能定位：以诉讼监督为主要手段

随着《监察法》的出台，国家监察体制改革不断深入，我国的刑事诉讼体系，尤其是职务犯罪案件办理模式发生了重大变化。有学者将监察委员会成立后的职务犯罪案件办理模式概括为"调查—公诉"模式，以区别于以往的"侦查—公诉"模式，并将该模式的特征总结为检察机关以监察机关的调查结论为审查对象、已对被追诉人采取了强制措施、作出不起诉决定较为困难三个方面。"调查—公诉"模式所具有的这些特征，加之调查环节不允许律师介入，导致被调查人的权利保障有所弱化。对此，该学者表达了对未来可能会出现的"调查中心主义"格局的担忧。[2]笔者认为，为了防止未来出现"调查中心主义"的格局，应当强化检察机关的诉讼监督职能。诉讼监督作为实现公平正义、保障人权的法律监督职能的一种表现形式，其实质在于对国家机关行使公权力的制约与制衡，通过司法程序的设置，实现对被侵害的公民基本权利的救济。就此来看，检察机关的诉讼监督包括了控制权力和救济权利的双重功能。[3]也就是说，检察机关为了维护国家法律的统一、正确实施，对于监察机关严重违反法律的行为，可以通过不逮捕、不起诉的方式进行纠偏。对于侵犯被调查人合法权益的情形，检察机关也可以通过行使诉权的方式进行救济，以填补辩护律师无法介入调查环节提供法律帮助所带来的权利保障"真空地带"。具体到司法实践中，就是检察机关可以通过其固有的诉讼职能，如审查批准逮捕和审查起诉等方式，对监察调查活动进行制约，发现存在违法调查情形的，检察机关可以提出检察建议，对于瑕疵证据，应通知监察委员会及时补正，不能补正的，应当要求监察委员会书面说明理由；对于非法证据，则应当适用非法证据排除规则；对于不符合逮捕、起诉条件

---

〔1〕　吴建雄："国家监察体制改革背景下职务犯罪检察职能定位与机构设置"，载《国家行政学院学报》2018 年第 1 期。

〔2〕　李奋飞："'调查—公诉'模式研究"，载《法学杂志》2018 年第 6 期。

〔3〕　参见哈腾："论检察职能的调整与完善——以优化诉讼监督职能为核心"，载《成都理工大学学报（社会科学版）》2018 年第 6 期。

和标准的，检察机关应履行客观义务，依法作出处理决定。因此，检察机关对监察委员会的制约，只能限于诉讼活动这个"场域"，而不得扩大到诉讼活动以外，而且这种制约只能是一种"法律"制约，即检察机关只能对监察委员会认定案件事实的真实性、移送证据的合法性、适用法律的准确性、证明标准的符合性等法律事项进行审查。

## 第二节　法律监督权与监察监督权的关系

作为一项旨在整合反腐败资源和力量、强化公权力监督的重大政治改革，监察委员会的成立，打破了原有的权力监督格局，丰富了原有的权力监督体系[1]，而这必然涉及监察监督权与其他权力监督方式，包括与检察机关法律监督权的关系。《宪法》以及《监察法》都明确了监察机关监察监督权与检察机关法律监督权"配合与制约"的关系。[2]为了保证反腐败效果，保障各自权力的有效行使，防止权力行使的抵牾与掣肘，有必要厘清各自权力的属性与边界，理顺二者的关系。

### 一、法律监督权与监察监督权的区别

#### （一）性质不同

检察机关法律监督是一种程序性监督。这种程序性主要体现在两个方面：一方面，法律监督必须严格遵守法律规定的程序。如对于检察机关的审查批准逮捕、审查起诉、抗诉等职权，法律都作出了明确且详细的程序性规定，检察机关在行使这些职权时必须遵守相关规定。在这些职权中，诉权是法律监督的表现形式和核心权能，法律监督的开展以诉权为载体，而诉权的中间性、过程性本身也决定了法律监督的程序性。另一方面，法律监督的效果具有程序性色彩。针对违法行为，无论是侦查行为、审判行为，抑或行政公益

---

〔1〕　一般认为，传统的国家权力监督体系包括党内监督、人大监督、政府专门机构监督、司法监督（检察机关的法律监督和法院的监督）、政协民主监督、社会监督。参见金波："法律监督在我国监督体系中的地位与作用"，载《河北法学》2008年第10期。

〔2〕　《宪法》第127条第2款以及《监察法》第4条第2款都明确规定，监察机关办理职务违法和职务犯罪案件，应当与审判机关、检察机关、执法部门互相配合、互相制约。

诉讼诉前程序中的行政行为，法律监督只限于建议提醒，其法律后果只是启动相应程序和督促有关部门对违法情况进行纠正。有关部门不采纳检察建议、无视检察机关的法律监督，只会产生某些程序上的不利后果，如检察机关排除非法证据、提起抗诉、提起行政公益诉讼等，但检察机关无权直接改变有关机关的决定，即法律监督的本质是一种程序性建议权，而不具有实体性、终局性。与法律监督的程序性不同，作为一项集党纪监督、行政监察、职务犯罪调查于一身的监察监督，其本身就具有较为浓厚的实体性色彩，尤其是监察委员会的调查措施和处置决定体现得最为明显：针对监督对象可能涉嫌贪污贿赂、失职渎职等严重职务违法或者职务犯罪的，监察委员会有权采取包括查封、扣押、冻结、搜查、留置等措施，限制监督对象的财产权利和人身自由；根据调查结果，在区分违纪、违法不同程度的基础上，监察委员会有权对监督对象作出包括谈话提醒、批评教育、责令检查、诫勉、记过、记大过、降级、撤职、开除职务、问责、没收违法所得等处分决定。[1]

（二）对象不同

检察机关法律监督的对象经历了一个由"一般监督"到"诉讼监督"的限缩过程。中华人民共和国成立初期，关于检察机关法律监督的对象，立法基本上照搬和沿用了苏联的一般监督模式。[2]看似无所不包的一般监督，由于与我国的政治制度、权力结构、司法体制等现实国情不符，尤其与人大监督、行政监督等其他监督权的龃龉，在实践中难以奏效，这项业务也并未真正开展起来，直至1979年检察机关重建时，立法正式取消了检察机关的一般监督职权。根据当前《刑事诉讼法》《民事诉讼法》和《行政诉讼法》三大诉讼法的规定，人民检察院有权对三大诉讼活动进行法律监督。检察公益诉讼制度的确立，又将行政权行使得合法与否纳入法律监督范围之内，法律监督"对事监督"色彩较浓。而一定程度上滥觞于我国古代监察制度的监察委

---

〔1〕《监察法》第四章、第五章中明确了监察委员会有权采取的调查措施以及处分决定的种类。

〔2〕 如1949年《中华人民共和国中央人民政府组织法》第28条规定："最高人民检察署对政府机关、公务人员和全国国民之严格遵守法律，负最高的检察责任。"1954年《宪法》第81条第1款规定："中华人民共和国最高人民检察院对于国务院所属各部门、地方各级国家机关、国家机关工作人员和公民是否遵守法律，行使检察权……"1954年《人民检察院组织法》第8条第1款规定："最高人民检察院发现国务院所属各部门和地方各级国家机关的决议、命令和措施违法的时候，有权提出抗议。"

员会，在监督对象上与古代的权力监督机构一脉相承。无论是秦代的御史大夫还是明清的都察院，都将行使公权力的官员作为监督的重点对象，"对人监督"的特征较为明显。针对当前反腐败的严峻形势以及以往行政监察体制存在的监督对象过少、监督位阶过低的弊端，新成立的监察委员会继承了我国古代监察制度的优良传统，实现了对所有行使公权力的公职人员立体式、多方位、全覆盖监督，确保监督无死角。[1]

（三）内容不同

传统观点认为，检察权的全部权能在性质上都统一于法律监督权。[2]在这种一元化观点下，法律监督权的内容包括了检察机关检察权在内的所有权能。在职务犯罪侦查部门转隶前，具体包括职务犯罪侦查权、审查逮捕权、审查起诉权、诉讼监督权。虽然在职务犯罪侦查权剥离于检察权后，检察权的内容发生了变化，但这一变化却解决了一直以来为人们所诟病的"自侦自诉""同体监督"的问题，促使检察机关回归监督本位，聚焦监督主业。由于与党的中央纪律检查委员会合署办公，监察委员会的监督具有一定程度上的多元性，包括执纪权和执法权。执纪权和执法权共同构成了监察监督权的主要内容，是保障监察监督权威、高效的两大支柱。

（四）目的不同

检察机关法律监督的主要目的在于矫正、纠偏公权力的乱作为、不作为，确保公权力的行使合规、合法，进而维护宪法法律的统一、正确实施。正如上文所言，由于法律监督主要是"对事监督"，更侧重于对权力行使的规范性监督。以刑事诉讼为例，作为介于侦查机关和审判机关之间的检察机关，既要通过检察建议、排除非法证据等方式监督侦查行为的合法性，防止侦查权之恣意，又要通过抗诉方式监督审判行为的合法性，防止审判权之擅断。而随着检察公益诉讼制度的确立，检察机关通过行使诉权的方式将监督触角延伸至诉讼之外，以达到规范行政权合法行使的目的，这使得检察机关的法律监督超出了"诉讼监督"这一狭隘的格局定位而迈向了更广阔的监督领域。

---

〔1〕《监察法》第 15 条规定了监察委员会的监督对象，但仍需有关机关出台司法解释进一步细化和明确。

〔2〕 石少侠："论我国检察权的性质——定位于法律监督权的检察权"，载《法制与社会发展》2005 年第 3 期。

而立足于反腐败、以所有行使公权力的公职人员为监督对象的监察委员会，其监督的根本目的在于保证职务行为的廉洁性，即所谓的"对人监督"。监察委员会监督对象之广、监督手段之多、监督力度之大，既是出于对腐败问题严重性的现实考量，也是对以往反腐败效果不佳原因的深刻反思。腐败问题的严重性，损害了党的声誉，侵蚀了党的执政根基，而以往监督范围过窄、监督位阶不高等原因一定程度上影响了反腐败效果。以执纪权和执法权为内容的监察监督，通过开展廉政建设，查处违纪违法职务犯罪活动，预防和整治腐败，最大程度维护公职行为的廉洁性。

## 二、法律监督权与监察监督权的定位

法律监督权与监察监督权的区别决定了两种监督在我国整个监督体系中的不同定位。目前我国正在进行的检察体制改革和监察体制改革深层次的问题在于如何科学构建二者之间的权力配置模式、捋顺二者之间的关系。具体来说，就是必须正确认识和合理配置检察机关、监察机关之间以及他们与其他权力主体之间的权力关系，找准两种监督在整个监督网络中的定位。

（一）法律监督权的定位

1. 检察机关的定位

根据法律规定，我国检察机关是由国家最高权力机关产生的，受最高权力机关监督，对最高权力机关负责，具有和行政机关、审判机关平行的法律地位，依法独立行使检察权，是国家专门的法律监督机关。法律监督具有的专门性、程序性等特征，使其有别于党纪监督、政纪监督、审计监督等其他监督形式。与西方国家的"三权分立"不同，我国的权力架构模式是一元分立。[1]为了弥补此种模式制约监督不足的弊端，就需设立专门的、独立的、不依附于其他权力的法律监督机关，以此解决不实行"三权分立"的社会主义国家如何实现权力制约的问题。[2]在此重申检察机关的性质和定位并非空穴来风，而是因为随着反贪污贿赂局、反渎职侵权局等职能部门转隶国家监察委员会，质疑检察机关的性质和定位的声音开始出现，认为检察机关只是

---

〔1〕　关于一元分立权力架构模式特点的分析，参见王戬："不同权力结构模式下的检察权"，载《学海》2008 年第 4 期。

〔2〕　王戬："不同权力结构模式下的检察权"，载《学海》2008 年第 4 期。

一个单纯的诉讼部门。笔者认为，这种认识的错误在于，其无视了我国一元分立权力架构模式的特殊国情，忽视了我国检察权所特有的法律监督职能，混淆了检察权与行政权、审判权的界限，这种认识是不科学的，同时也是危险的。其危险性在于过于信任审判权对行政权的制约，而忽视了审判权自身膨胀的问题。此外，笔者认为，将检察机关的职务犯罪侦查权从检察权中剥离出来，不但解决了一直为人所诟病的检察机关"自侦自诉""同体监督"的问题，同时也更加明确了检察机关以诉讼监督为核心的法律监督属性。虽然国家监察委员会的成立可能会导致检察机关部分职权的分离，但这并不会动摇和影响检察机关作为我国法律监督机关的宪法定位及其法律监督的根本属性。

2. 监督权属的定位

在上文中，笔者已经指出，检察权兼具司法属性和行政属性，但这些属性都受法律监督属性的统摄，法律监督属性才是根本属性。法律监督权与检察权是检察机关的一体两面，是内涵与表现、目的与手段的关系。[1]《人民检察院组织法》明确把检察权的内容具体为诉讼监督、批准逮捕、提起公诉等职能，之所以把诉讼监督职能放在首位，是为了对应和突出检察权中的监督属性。监督属性作为检察权的"底色"和"根基"，是检察机关能够成为"法律守护人"的关键所在。诉讼监督职能作为检察权中核心的、标志性的职能，一方面反映了我国检察机关的法律监督以诉讼作为重要载体，另一方面也体现了我国法律监督以诉讼为主要手段。检察机关的众多职权，如公诉权、侦查活动监督权、审判活动监督权等无不与诉讼相关。检察机关法律监督的诉讼性，不但有利于防止法律监督权无限膨胀，而且也是防止法律监督流于形式、软弱无力的重要保障。

3. 监督职能的定位

诉讼监督职能是检察机关履行法律监督职责的主要方式。诉讼监督职能主要包括刑事诉讼监督、民事诉讼监督、行政诉讼监督三大诉讼监督。以刑事诉讼监督为例。在诉讼职能上，我国检察机关既有诉讼监督权，又有批准逮捕权、公诉权。由于一些制度设计得不合理，检察机关内部权力之间以及

---

[1] 参见孙谦："中国的检察改革"，载《法学研究》2003 年第 6 期。

与其他权力主体之间关系不和谐的情况时有发生。就诉讼监督权而言，对内主要涉及与公诉权的关系问题，对外则涉及与侦查权、审判权的关系问题，尤其审判监督的合理性与正当性问题始终是学术界探讨的热点。首先，就检察机关的公诉职能与诉讼监督职能的关系而言，一方面我们要深刻地认识和理解公诉权的职能属性本身就有法律监督之意，另一方面还要充分认识二者的区别。我们之所以强调庭后监督和事后监督，是因为公诉与诉讼监督是两个不同的概念，诉讼本身有其内在的规律，并且二者在程序设计上也是两个不同的程序。

（二）监察监督权的定位

1. 监察机关的定位

以往的监察机关隶属于政府，是人民政府的一个职能部门。当监察监督受到这样一种制度安排的掣肘时，其监督效果不尽如人意也是意料之中。目前正在进行的国家监察体制改革，目的就是要厘清监察机关与行政机关之间的关系。新成立的国家监察委员会，无论从产生方式（全国人大选举产生）还是领导体制（中央垂直管理），目的都是划清与行政机关的权力界限，减少行政机关对监察监督的干扰和牵制，使监察委员会成为名副其实的与"一府两院"并列的权力主体。

2. 监督权属的定位

权属的定位取决于权力主体的定位。大部分西方国家的监察机关一般都是独立于行政机关，不是作为单独的职能机构就是隶属于立法机关，因而其监察权往往具有较高的独立性。虽然我国古代监察制度设立的初衷是制约行政权，并且在机构的设置上监察机关也独立于行政机关，监察权独立于行政权，但其依附于行政色彩更浓的"皇权"，这样一种制度安排也一直被认为是"帝王之术"，主要是为了巩固皇权。因为以往我国监察机关隶属于行政机关，导致了我国监察权依附于行政权的"怪象"，由监察机关监督行政机关，就好比由晚辈监督长辈，监察权在行政权面前总是"低人一等""直不起腰板"。派生于行政权的监察权，由于存在"吃人嘴软、拿人手短"的顾虑和担忧，大大影响了监督效果。目前新成立的监察委员会，从其产生方式上看，表明了顶层设计者试图切断监察权与行政权之间不正常依附关系的决心。监察主体由隶属于行政机关的一个职能部门演变为独立于行政机关之外的一个国家机关，意味着监察权剥离于行政权并进而上升为与行政权、审判权、检察权并列且独立的国家监督权。

### 3. 监督职能的定位

所谓职能，即主体的功能和作用。监察监督的职能，就是指这种监督方式自身具备的价值以及针对监督对象所应发挥的作用。从应然角度分析，监察监督的职能可能比较单一，主要是监督、检查公职人员是否廉政、勤政。而从实然角度考察不同国家及地区监察监督的职能，则会发现该职能呈现出一种多元化的"面目"。如瑞典的议会监察专员监督模式，其职能并不在于对职务犯罪行为的调查侦查，而是更关注公民合法权利的保障和救济。我国对监察监督的职能定位有别于西方国家。一方面，由于我国一元分立的权力架构方式决定了行政权派生于立法权，两者关系比较紧密，在这样特殊的政治语境下，更加需要强调监察监督的独立性和超然性；另一方面，由于我国市场经济发育得尚不成熟，公民监督意识刚刚觉醒，体制外的监督力量比较微弱和分散，加之我国腐败类犯罪高发，反腐形势比较严峻，在此背景下，监察机关更应肩负起反腐败的历史使命。新成立的国家监察委员会，在整合审计、职务犯罪侦查和预防职能的基础上，更加突出了其反腐败的核心职能，确保监察监督在整治腐败问题上做到有的放矢，使国家监察委员会真正成为专门的反腐败机关。

## 三、法律监督权与监察监督权的关系

如前文所述，由于法律监督权与监察监督权在性质、对象、内容、目的等本体方面存在不同，两类监督权在实际运行中不可避免地存在一些冲突。因此如何协调二者关系、保障各自价值目标的实现，就成了立法者必须认真考虑和谨慎处理的问题。在处理二者关系的问题上，修改后的《宪法》确立了"互相配合，互相制约"的基本原则。作为在部门法中的体现，《监察法》又再次重申了该项原则。而"原则"本身的抽象性和模糊性，需要我们从法教义学的角度进行具体阐释，并结合该原则在刑事诉讼中的具体样态，来分析和论证规范文本中法律监督权与监察监督权配合与制约关系的应然状态。

### （一）法教义学视角下的权力配合与制约

法教义学是指"运用法律自身的原理，遵循逻辑与体系的要求，以原则、规则、概念等要素制定、编纂与发展法律以及通过适当的解释规则运用和阐释法律的做法。"〔1〕尽管互相配合、互相制约原则在我国立法中的存在由来已久，但该原则的确切含义却有待于解释论上的进一步阐释。笔者将在下文通过运用各种法律解释方法，探析权力配合与制约的目的、内涵及其关系，以期实现对该原则法教义学上的全面考察。

1. 历史解释下权力配合与制约的目的考据

在互相配合、互相制约原则被立法正式确立之前，该原则的雏形已经出现在党的有关文件中。〔2〕之后，出于公检法三机关关系紊乱导致的一系列冤案的深刻反思，1978 年《宪法》恢复了检察机关的设置。叶剑英在《宪法》修改报告中再次强调公检法三机关应互相配合、互相制约。紧接着，1979 年通过的《刑事诉讼法》在法律层面正式确立了该项原则。而 1982 年《宪法》将其提高到制度高度，这是对公检法三机关各自职能以及关系认识深化的结果。通过梳理互相配合、互相制约原则的历史发展脉络可以看出，将这一在司法工作中被证明行之有效的经验上升为根本法的高度，目的在于加强社会主义法治，准确有效执行法律，维护公民合法权益。

2. 文理解释下权力配合与制约的价值厘定

文理解释，是指法律可能具有的含义。所谓互相配合，字面含义就是互相支持，彼此协作。权力互相配合所预设的逻辑前提在于，权力的行使会带来利益关系的变动，因而存在不同的阻力或张力。〔3〕当不同的权力主体在某一目的方面达成共识，为了消除这些阻力或张力，就会搁置"争议"，通力合作。因此，互相配合的价值取向在于效率。具体到刑事诉讼中，互相配合表现为公检法三机关在惩罚犯罪、保障人权的目的下，协调一致，互相支持，而不是互相扯皮。与互相配合相反，互相制约是指互相制衡，彼此约束。权

---

〔1〕　许德风："法教义学的应用"，载《中外法学》2013 年第 5 期。

〔2〕　1953 年 11 月 28 日，最高人民检察院党组向中共中央报送《关于检察工作情况和当前检察工作方针任务的意见的报告》，由董必武、彭真主持的中央政法委员会党组同时提出了一份建议中央批准该报告的报告，其中提到了该项原则："法院、公安、检察署通过一系列的互相配合、互相制约的比较完善的司法制度的保证，错捕、错审、错判的现象就减少到极小的程度"，同时这份建议报告还描述了该原则在苏联刑事诉讼中的具体体现。参见韩大元、于文豪："法院、检察院和公安机关的宪法关系"，载《法学研究》2011 年第 3 期。

〔3〕　周永坤：《规范权力——权力的法理研究》，法律出版社 2006 年版，第 276 页。

力互相制约所预设的逻辑前提在于，任何权力都可能被滥用。出于对权力滥用的防范，权力主体在行使权力时应做到程序正当、手段合法。因此，权力互相制约的价值取向在于公正。具体到刑事诉讼中，互相制约体现为公检法三机关在各司其职的基础上，互相监督，彼此约束，预防和纠正诉讼过程中的违法情形，确保权力行使得公正、合法。

3. 目的解释下权力配合与制约的关系探究

通过前文分析可以看出，权力配合与制约的关系，本质上是效率与公正两大核心价值的博弈。效率与公正在价值序列中的排位，决定了权力配合与制约关系的走向。是效率优先，还是公正优先，抑或二者并重，取决于该原则的立法初衷以及司法现状。前文对该原则立法目的的考据为明确二者关系提供了"线索"。中华人民共和国成立初期，出于打击敌对分子和反革命势力的考虑，权力的行使更加重视效率，权力主体之间更加强调互相配合。而在社会治安好转、国家重心转为经济建设的情况下，如何规范权力的行使，就成了政治生态恢复重建需要首先考虑和解决的问题。此时，对权力行使施加外在压力的制约模式逐渐受到青睐。而在总结近几年曝光的一些冤假错案成因时，刑事诉讼中效率与公正价值关系的扭曲成为共性。价值理念上对高效率打击犯罪的片面追求、对程序正当性与手段合法性的忽视、对被追诉人权利的漠视，导致实践中公检法三机关的关系异化为起诉权和审判权服从和服务于侦查权。三机关关系的本末倒置，是"配合为主、制约为辅"关系模式的现实结果。因此在综合考量权力配合与制约原则制定的历史背景、立法目的以及当下的司法现状后，笔者认为，配合与制约二者关系的理想和应然模式应为"制约为主、配合为辅"。至于制约、配合到什么程度，则是一个经验命题，需要根据司法实践反复校勘。

（二）权力配合与制约在刑事诉讼中的体现：以法律监督权与侦查权的关系为例

我国《刑事诉讼法》确立了公检法三机关在刑事诉讼中"分工负责，互相配合，互相制约"的原则。以法律监督权与侦查权的配合与制约原则为例。两类权力配合的前提在于，公安机关与检察机关都隶属于"大控诉"格局，在诉讼任务上具有一定的契合性，即都是为了追究和惩罚犯罪，维护社会稳定和安宁，都是维护正常秩序的统治工具；在诉讼职能上具有同质性，即都被涵盖在大控诉职能范畴内,共同承担打击犯罪的责任。而两类权力互相制约的目的在于,防止因权力的滥用而出现侵犯人权的现象,防范冤假错案的发生,确保打击犯罪的合法性与准确性。该原则在案件办理过程中具体表现为:在配合方面,对于公安机关移送的案件,检察机关审查后认为需要继续补充证据的,公安机关应根据办案检察官出具的补充侦查提纲,继续侦查相关事实,收集相关证据,配合检察机关对侦查取证的引导工作。对于被告人辩解为属于刑讯逼供、诱供获得证据,公安机关应根据检察机关的要求,对取证行为的合法性作出说明。在制约方面,对于公安机关在侦查过程中存在超期羁押、非法取证情形的,检察机关有权行使检察建议权,纠正违法行为,并有权对由此取得的相关证据的效力作出否定性评价。对于案件事实不清、证据不足,不符合逮捕、起诉条件的,检察机关有权作出不批准逮捕、不起诉的决定。为了防止检察机关不批准逮捕决定权、不起诉权的滥用,法律同时赋予了公安机关救济权,即针对以上决定,公安机关有权申请复议、复核等。由此可以看出,法律监督权与侦查权的配合主要体现在一些与公民基本权利无涉的环节,如案件事实的调查、证据的收集等,其目的在于提高侦查行为的效率,探求真实。而在关涉公民基本权利的问题上,如强制措施的适用等,二者的关系更多地体现为制约,目的在于确保侦查行为的合法性,保障人权。虽然司法实践中发生的一些冤假错案暴露了权力配合制约原则在实际操作中存在的一些问题,但这些问题的存在与该原则本身并无太大关系,而是权力配置上的不均衡导致了侦查权的过于"强势",从而造成了规范文本中"互相配合、互相制约"的理想状态在实践中被扭曲为"配合过度、制约不足"的司法乱象。该原则不应为此司法乱象"背锅",而实践中的某些错误做法更不能直接作为该原则的"注脚"。

(三)法律监督权与监察监督权的配合与制约

虽然监察监督权的性质不同于侦查权,但在规范法律监督权与监察监督权关系的问题上,《监察法》吸收了以往的立法经验,在尊重客观存在的工作关系的基础上,确立了二者配合与制约的关系模式。这一做法,有利于保证监察监督权依法、高效、正确行使。其中互相配合主要是指监察机关与检察机关在办理职务违法犯罪案件方面,要在各自职责范围和权力边界范围内加强沟通与协作,杜绝各自为战、互相扯皮现象的发生;互相制约主要是指监察机关与检察机关在打击职务违法犯罪过程中，在协作的基础上，遵守程序规范，加强程序约束，以保证案件质量，防范冤假错案。法律监督权与监察监督权的配合与制约关系在《监察法》诸多具体程序的设置上也均有所体现：在互相配合方面，主要体现在共同打击职务犯罪、完成反腐败诉讼任务方面。例如：对于监察委员会采取留置措施的案件，检察机关应先行拘留，以保证诉讼活动的顺利进行；对于检察机关和监察委员会都有管辖权的案件，涉及管辖权竞合问题时，如有些司法机关工作人员除了涉嫌刑讯逼供、非法取证，还存在贪污、受贿等问题，检察机关应与监察委员会及时沟通，确定案件管辖权主体；对涉嫌犯罪取得的财物，监察委员会应当随案移送人民检察院；对于需要启动没收违法所得程序的，监察委员会可以提请人民检察院向人民法院提出没收违法所得申请。在互相制约方面，主要体现在退回补充调查和不起诉权行使方面。对监察委员会移送的案件，人民检察院认为需要补充相关证据时，可以退回监察委员会补充调查或自行补充侦查，并对退回补充调查的次数作限制；对于符合不起诉情形的，人民检察院有权作出不起诉决定，但同时也规定了严格的程序要件，即需要经过上级人民检察院批准。与此同时，也赋予了监察委员会不服不起诉决定的一些救济手段。[1]

　　监察委员会的成立，标志着监察监督权作为一支独立的权力监督力量，开始出现在我国权力监督"版图"中。而这必然涉及与现有的权力监督方式，尤其与法律监督机关——检察机关法律监督权的关系问题。法律监督权与监察监督权究竟应确立怎样的关系，不仅影响两类监督权的实际运行效果，更关乎刑事诉讼法所确立的一些基本价值目标的实现，甚至毫不夸张地说，更关乎着我国反腐败工作的未来成效。可以说，法律监督权与监察监督权的关系是监察监督权与其他所有权力监督方式关系中最重要、最核心、最复杂、最急需理顺的关系。对此，《宪法》和《监察法》作出了回应，即确立了法律监督权与监察监督权的配合制约原则。然而，如何将该原则的精神落实到具体的案件办理过程中，是包括《监察法》和《刑事诉讼法》在内的部门法未来修改完善时应当考虑的重要问题。只有不断完善法律监督权与监察监督权的配合制约机制，才能更好地发挥法律监督权与监察监督权各自的功能优

---

[1] 参见《监察法》第45条、第47条。

势，形成对腐败的震慑和高压态势，并保证兼顾效率与公正、惩罚犯罪与保障人权等基本价值目标的实现。

## 第三节　监察与检察协调衔接机制的构建[1]

习近平总书记在谈到反腐败法规制度建设时指出，要系统完备、衔接配套，立治有体、施治有序，把反腐倡廉法规制度的笼子扎细扎密扎牢，做到前后衔接、左右联动、上下配套、系统集成。[2]这一论述从宏观视角揭示了反腐败工作是一项系统工程，查办职务犯罪案件应讲究系统性、整体性和关联性。随着检察机关职务犯罪侦查机构和职能转隶监察委员会，由此必然产生监察机关与司法机关的业务协调和工作衔接问题，这是国家监察体制改革进入"深水区"后不得不面临的现实问题。而审查起诉作为监察委员会职务犯罪案件调查程序结束后的下一个阶段，决定了监察机关与检察机关工作和业务上的紧密性要大于监察机关与其他司法机关。因此，探索构建监察与检察协调衔接机制就显得尤为重要。

### 一、构建监察与检察协调衔接机制的现实基础

（一）监督目标的同向性

追根溯源，我们发现，权力制衡是现代检察制度发展的重要内动力。资产阶级革命胜利以后，控审分离初步实现，而检察权与侦查权在"大控诉"格局下并未实现真正的分离。随着权力制衡思想的广泛普及和深入发展，为防止侦查权的滥用，要求刑事诉讼检察权与侦查权分离的呼声越来越高。随着社会分工日益精细化，侦查与起诉各自工作内容的独特性日渐增强，检察权与侦查权的分离和分立成了必然趋势。这一方面有利于发挥各类司法工作人员的特长，提高诉讼效率；另一方面，二者的适当分离，也是避免权力滥

---

〔1〕　该节内容参见樊崇义、哈腾："论监察与检察协调衔接机制的构建"，载《浙江工商大学学报》2018年第6期。

〔2〕　参见中共中央宣传部：《习近平总书记系列重要讲话读本》（2016年版），学习出版社、人民出版社2016年版，第117页。

用、防止司法腐败、实现权力制衡的现实需要。[1]我国检察权的根本属性是法律监督权，这是权力制衡原则与我国政治制度相结合的产物，从某种意义上讲是一种具有中国特色的权力制衡形式。检察机关的法律监督以公权力为依据，主要围绕公权力展开，如检察机关在司法活动中，以诉权为载体，有权针对其他公权力机关的违法行为提出检察意见。法律监督以对法律执行和法律实施中公权力行使状态为重点监督对象，以保障法律制度的公正实施为目的，其实质在于对法律遵守、对法律适用活动进行监视和督促，划定公权力行使的边界和底线。在我国建设法治国家进程的每个环节，必须要强化法律监督的价值，否则法律无法得到很好的遵守、权力无法受到有力的约束、法治无法成为公众的信仰。

与法律监督以保障公权力的正确行使为目标一样，国家监察体制改革的初衷就是要实现对所有行使公权力的公职人员的监察全覆盖。以监督公权力行使为核心内容的监察体制改革，是党中央全面深化依法治国的重大战略性举措。依法治国关键在于依法治"官"，本质在于依法治"权"。要抓住治权这个关键，编密扎紧制度的笼子，按照决策、执行、监督既相互制约又相互协调的原则区分和配置权力，构建严密的权力运行制约和监督体系，要建立权力清单、实行权责对应。[2]无论监察监督还是法律监督，目的都是防止公权力肆意妄为，确保公权力依法、正确行使，都服务于依法治国、建设法治国家这一总体目标。

（二）监督对象的特殊性

检察机关的法律监督主要针对公权力的违法行使。对于涉嫌职务犯罪的，在监察体制改革之前，检察机关有关部门会将线索移交给反贪污贿赂局或者反渎职侵权局，而在监察体制改革后则将线索移交给监察委员会。因此在监督对象上，法律监督与监察监督具有一定的契合性，都共同指向了职务违法犯罪。此类犯罪相较于其他犯罪，具有以下特殊性：一是犯罪主体的特定性。此类犯罪主体中公职人员的身份决定了这类犯罪主体的文化水平一般不低，

---

[1] 樊崇义主编：《检察制度原理》，法律出版社2009年版，第154页。

[2] 中共中央宣传部：《习近平总书记系列重要讲话读本》（2016年版），学习出版社、人民出版社2016年版，第117页。

甚至有些人员具备一定的反侦查能力。"官商勾结"色彩明显，常常建立攻守同盟，"侥幸心理""抗审心理"严重。[1]二是犯罪手段的复杂性。随着打击腐败的力度不断加大以及科学技术的不断发展，腐败分子犯罪手段日趋智能化、多样化，犯罪形态更具隐蔽性、迷惑性，致使职务犯罪调查难度不断增大。例如，有的公职人员通过第三人代为收受贿赂并理财，有的公职人员以长期占有他人财物或者托人投资自己亲属的公司等方式间接获取利益，有的公职人员与他人约定离退休后收受财物，有的公职人员以"入干股"的形式进行敛财或者在婚丧嫁娶时收取礼金。三是犯罪证据的隐蔽性。由于此类犯罪的潜伏期较长，关键的书证、物证随着时间的推移往往会消失，即便还存在，由于此类犯罪主体反侦查能力较强，也早已将其销毁，而且此类犯罪往往没有犯罪现场和具体被害人、目击证人，由此加大了证据收集的难度。四是犯罪证据的稀缺性。职务犯罪案件的性质决定了该类犯罪的证据种类往往很少。职务犯罪案件很少有现场勘验检查笔录、被害人陈述、鉴定意见、辨认、侦查实验笔录、视听资料，有相当一部分案件甚至没有物证，即便有证据，也往往以间接证据居多，因此必须结合其他证据综合认定。

（三）监督优势的互补性

通过前文分析，可以看出，职务犯罪呈现出的新特点、新趋势对办案人员职务犯罪调查能力提出了更高要求，加之刑事诉讼目的的转型，惩罚犯罪与保障人权并重，公民法治意识日益提高，职务犯罪调查的难度大幅提升，专业化路径成为新时代职务犯罪调查的必然选择。新成立的监察委员会虽然具有权力位阶高等优势，但作为一个新成立的国家机关，其在监督经验、监督专业性、监督能力等方面还略显稚嫩。而检察机关法律监督主要以诉权为手段，这对监督的专业性要求较高，检察机关依托诉权进行法律监督，无论在人才储备、知识结构、专业化建设还是工作经验、素质能力等方面都具有较强的优势，因此可以在司法监督领域继续发挥作用，并有必要进一步做大做强。[2]与此同时，监察委员会也可以利用在监督力度、监督手段等方面的优势，在反腐败领域与法律监督优势互补、互相协作，实现监督效果最优化、最大化。

## 二、构建监察与检察协调衔接机制的核心要素

所谓构建监察与检察协调衔接机制的核心要素，是指构建该机制应当坚持的原则、体现的价值和达到的标准。

（一）原则

1. 权力独立行使原则

监督效果如何，很大程度上取决于监督权是否有足够的独立性。为此，我国《宪法》第127条、第136条分别确立了监察权、检察权依法独立行使原则。对此，笔者认为，该表述不仅在于鼓励监察机关、检察机关敢于监督、勇于监督，自觉抵制来自监督机关以外的不当干扰，同时也表明了监察权与检察权的关系，即二者并非绝对依附、服从的关系，而是应该在各自权力边界内相互尊重、平等协商，依法独立行使各自职权。

2. 合法性原则

合法性原则是指监督的主体、对象、范围、方式、程序等内容均应由法律作出明确规定，监督机关应严格依法监督。该原则旨在防止监督机关监督权的滥用而影响被监督对象职权的正常行使。社会生活的复杂性决定了职权行为介入的广泛性，如果监督机关滥用监督权，势必会打击包括行政机关在内的其他职权主体行使职权的积极性，最终也会影响社会生活的有序和稳定。监督机关只有依法监督，才能树立监督的权威性。"合法性"是监督机关行使监督权的底线思维。这就要求广大监察、检察干部要在法律框架内遵守法定程序，规范行使监督手段，不得在法律之外、法律之上行使权力，否则应当承担相应的行政责任和刑事责任。此外，合法性原则作为监察机关与检察机关都必须共同遵守和坚持的基本底线，而且监察法的部分内容也借鉴、吸收了刑事诉讼法，如证据裁判、非法证据排除等，无疑有利于监察检察协调衔接机制的专业化养成，有利于包括监察机关在内的法律职业共同体的形成。具体要求包括：一方面，监察机关和检察机关应当在遵守法律规定的程序和内容的基础上，就监察权和检察权的行使制定权力清单，划定权力边界，在边界内相互合作，在边界外相互尊重；另一方面，监察机关与检察机关应当

就双方的合作沟通设定具体规范的衔接方式、衔接内容、衔接程序，确保不会存在监督的"空白地带"和责任承担的"盲区"。

3. 合理性原则

"合理性思维既是法治的实质价值目标追求，也是法治思维和法治方式的必要约束条件。"[1]合理性原则就是要求监察权与检察权的行使应符合立法目的，应在合法基础上，以平等公平为价值导向，引导监察权与检察权在促进实现社会正义方面发挥更大作用。具体包括：一是当个案公正与普遍公正、客观性与合法性发生冲突时，监察机关与检察机关应及时协商沟通。二是当形式与实质、手段与目的、程序与实体发生冲突时，监察机关与检察机关应充分发挥集体协商、专家论证机制的作用，确保案件办理质量。三是建立监察与检察定期联络协调机制。针对监察与检察对接工作中出现的对法律规定认识上存在分歧、理解上不一致等问题，应定期召开监检联席会议交换意见，达成共识，保证协调衔接机制运转顺畅。四是建立监察与检察协作平台，通过信息共享、经验交流、典型案例评析、优秀做法推介等方式，推进协调衔接机制的常态化、长效化。

4. 合目的性原则

所有活动都是一定目的支配下的行为，法律活动同样如此。正如耶林所言，目的是全部法律的创造者，每条法律规则的产生都源于一个目的，即一种实际的动机。[2]根据耶林的观点，法律在某种程度上是国家为了有意识地达到某个目的而制定的。监察与检察活动分别依据《监察法》和《刑事诉讼法》，但由于两部法律的目的并不完全一致，就出现了目的的冲突和调和问题。合目的性原则要求构建监察与检察协调衔接机制时应以合法性原则为底线，以合理性原则为导向，保障立法目的、立法价值、立法意图不被曲解、误读和异化。这要求监察机关与检察机关在行使监察权与检察权时应当遵循立法目的、立法意图，不得以习惯规避法律、以政策代替法律，不得以形式合法掩盖实质不合法，而应当统筹兼顾两部法律的不同立法目的，以防止顾

---

〔1〕 史凤林："监察权与司法权的协调衔接机制研究"，载《中共山西省委党校学报》2018 年第 2 期。

〔2〕 ［美］E. 博登海默：《法理学：法律哲学与法律方法》，邓正来译，中国政法大学出版社 1999 年版，第 109 页。

此失彼所造成的对其中一方立法目的的损害。

（二）价值

笔者认为，构建监察与检察协调衔接机制应当体现公正和效率价值。公正价值包括程序公正和实体公正。国内有学者将程序公正要素概括为法官中立原则、当事人平等原则、程序参与原则、程序公开原则。[1]具体到构建监察与检察协调衔接机制，程序公正包括以下几点要求：一是监察机关工作人员在调查职务犯罪收集证据时，应遵循相应的程序规范，对于非法证据应当予以排除；二是检察官应履行全面、审慎、客观义务；三是平等适用法律和保护当事人合法权益，同样情况同样对待，不同情况不同对待；四是保障被告人和辩护人辩护权；五是必要的案件信息和诉讼流程进展情况应当适度公开；六是监察机关采取查封、扣押、冻结等涉及重大人身和财产处置措施时应遵守法定程序；等等。而实体公正通常包括实体一般公正和实体个别公正。前者侧重立法层面的首次分配，后者强调司法层面的二次分配。[2]本书讨论的是后一种实体个别公正。实体个别公正的判断标准主要包括事实认定准确和法律适用正确两方面。具体到监察与检察协调衔接机制的构建，就是要求监察机关工作人员应全面收集证据，包括违纪违法犯罪证据、有罪无罪证据、罪轻罪重证据；检察官应坚持证据全面审查原则，对于瑕疵证据，可以要求监察机关及时补正或作出合理解释，对于非法证据应当排除，但应通知监察机关，必要时可以行使自行补充侦查权；检察官应充分听取辩护人和被告人的辩护意见，准确认定案件事实和正确适用法律；等等。

对效率价值的追求基于司法资源的有限性。一般而言，诉讼活动中的成本包括了人力、物力、财力和时间成本。具体到构建监察与检察协调衔接机制，就是要求以最小的人力资源、最少的物质投入、最短的时间达到反腐败的最大效果。对效率价值的追求也是被告人获得迅速审判权利的要求。这要求监察机关应慎用留置措施；收集相关证据后，确定涉嫌职务犯罪的，监察机关应及时移送检察机关审查起诉；对于检察机关退回补充调查的，监察机关补充调查完毕后应及时移送检察机关；对于监察机关调查终结的案件，被

---

〔1〕 樊崇义主编：《诉讼原理》（第二版），法律出版社 2009 年版，第 162—168 页。

〔2〕 樊崇义主编：《诉讼原理》（第二版），法律出版社 2009 年版，第 169 页。

调查人违法犯罪事实清楚，若违法犯罪证据存在瑕疵问题，监察机关与检察机关协商后，可以将案件交由检察机关进一步补充侦查或者审查起诉；等等。在处理公正与效率价值关系时，应以公正优先兼顾效率，即在构建监察与检察协调衔接机制时，应当保障案件办理过程符合程序规范，案件办理结果符合实体法律，在此基础之上，提高办案效率，以达到反腐败特殊预防和一般预防的法律效果和社会效果。

（三）标准

笔者认为，构建监察与检察协调衔接机制的标准应包括以下几个方面：

1. 权责明晰

构建监察与检察协调衔接机制，首先应在现有政治框架内，按照监察体制和检察体制各自要求，在尊重监察工作和检察工作各自规律和特点的基础上，明确各自的权力边界和职责范围。具体而言，就是两种权力既不能出现职责范围的交叉重叠，也不能出现监督的"真空地带"，确保权力行使不越界、不缺位。职责合理分配是权责明晰的基础。这要求监察机关对于职务违法违纪行为可直接行使处分权、问责权，而对于事实清楚、证据确实充分的职务犯罪行为则必须移送检察机关审查起诉。

2. 运转顺畅

这要求整个反腐败诉讼流程不卡壳、不中断，监察程序与检察程序无缝衔接。目前实践中监察与检察的衔接主要存在以下几个问题：立案的时间节点不明、案件级别管辖不清、调查措施与刑事强制措施的转化不顺、对于被留置的被告人检察机关退回补充调查后羁押地点不清等，此外还包括是否需要换押、逮捕后监察委员会是否需要在24小时内讯问等其他技术性细节问题。运转顺畅的关键在于，监察与检察机关应将互相配合原则放在重要位置，防止实践中因对法律标准认知不一致导致监察、检察机能梗阻，甚至发生互不通气、各行其是、互相扯皮的现象。

3. 程序规范

这要求监察权和检察权在行使过程中应符合相应程序规定，约束权力行使方式和范围。一方面，监察机关进行强制处分时应严格遵守相关规定，如监察机关在对被调查人住处进行搜查时，应亮明身份、出示搜查证，且搜查证应载明具体搜查地点、搜查对象、搜查起始时间，对被调查人的财产进行查封、扣押、冻结时应限定于与犯罪有关的部分。此外，监察机关采取留置措施应严格遵守留置审批程序及相应期限规定，防止留置权滥用。另一方面，检察机关对于监察机关移送的案件，应按照《刑事诉讼法》的规定做好程序转化工作，如强制措施的转化等。对于决定不起诉的案件，应严格执行不起诉标准、范围及审批程序。

4. 权利保障

保障被调查人的基本权利，是构建监察与检察协调衔接机制不应忽视的基本问题，同时也是该机制正当化、法治化的根本所在。在监察环节因为辩护人无法介入留置环节，故监察机关应谨慎使用留置措施，坚持比例原则，即留置措施的采取与否应与被留置人员涉嫌犯罪的严重性，逃跑、毁灭、伪造证据的可能性成正比。对于已经被采取留置措施的，监察机关应及时将该情况通知其家属，并保障被留置人员必要饮食和休息的权利。在案件移送至检察机关后，检察机关应充分保障辩护律师的会见权、阅卷权及其他法定权利。

### 三、构建监察与检察协调衔接机制的具体内容

（一）立案方面

与国外对侦查（调查）行为进行司法审查、实行令状主义不同，立案在我国刑事诉讼法中不仅标志着刑事诉讼程序的正式开启，还意味着一切限制人身、财产自由的强制处分行为（包括技术侦查措施在内）在此时方可适用，即只有立案后的一系列侦查（调查）行为才能被纳入检察机关法律监督乃至法院审判的范围之内。从这个角度看，立案为侦查（调查）行为提供了合法化依据。

从目前监察权的运行现状来看，监察委员会调查行为的发起并不以刑事立案为前提。根据党的中央纪律检查委员会的内部办案规则[1]可以看出，监察立案应与纪检立案协调一致，此处的纪检立案是以存在严重违纪需要追究

---

[1] 2017年《中国共产党纪律检查机关监督执纪工作规则（试行）》第25条规定："经过初步核实，对存在严重违纪需要追究党纪责任的，应当立案审查。凡报请批准立案的，应当已经掌握部分违纪事实和证据，具备进行审查的条件。"

党政责任为前提条件。而通过对职务犯罪判决书的研判[1]可以发现，监察法中的监察立案[2]与刑事诉讼法中的立案存在明显不同，其包括违纪立案和违法犯罪立案两种立案模式。这种调查行为不以立案为前提条件，违法违纪立案与刑事立案"一体化"的做法，不仅造成国家刑事程序法制的不统一、未能适当兼顾部分关联案件的立案、刑事追诉时效制度的适用存在法理障碍、强制调查措施的区别适用存在困难等问题[3]，而且也容易导致检察机关法律监督对象的模糊化、监督时间节点的不确定化。

目前学界关于在监察委员会办理职务犯罪案件活动中确立刑事立案程序并无太大分歧，但对立案的主体以及时间节点存在不同观点。一种观点认为，对于监察机关移送审查起诉的案件，人民检察院应当依照《刑事诉讼法》和《监察法》有关规定立案并进行审查。理由主要是监察调查程序与刑事诉讼程序、调查与侦查存在本质区分，《刑事诉讼法》并没有对监察机关的权力行使进行任何赋权或者权力制约。即便监察机关有权对涉嫌职务犯罪的被调查人采取限制人身、财产自由的强制处分措施，这也并不意味着适用《刑事诉讼法》的有关规定。即《刑事诉讼法》对于监察调查程序而言，没有适用的空间和依据。还有一种观点认为应由监察委员会进行立案，但需适当区分立案标准，明确立案条件，如对于一般违法违纪行为可以不立案直接处理，而经过初核已确认犯罪嫌疑，需要追究刑事责任的，可以直接予以刑事立案。在这种情况下，监察立案与刑事立案一步完成。[4]笔者同意第二种观点。刑事立案是违法案件侦查向犯罪案件侦查过渡的转折点，是侦查机关实施限制公民人身、财产自由强制处分行为的前置程序。刑事立案决定由谁作出、在什么时间节点作出，关系着各种强制处分行为是否会被滥用，进而影响侦查对象的人

---

〔1〕　笔者利用"北大法宝"收集了国家监察体制改革以来的一些职务犯罪判决书，发现有些判决书写明了监察委员会立案时间，有些则没有。而写明的立案时间也与《刑事诉讼法》所确立的立案时间不同。参见山西省太原市中级人民法院 2018 晋 01 刑终 247 号刑事判决书、山西省阳泉市中级人民法院（2018）晋 03 刑终 13 号刑事判决书、浙江省杭州市中级人民法院（2017）浙 01 刑终 995 号刑事判决书、山西省运城市中级人民法院 2017 晋 08 刑终 400 号刑事判决书。

〔2〕　《监察法》第 39 条第 1 款规定："经过初步核实，对监察对象涉嫌职务违法犯罪，需要追究法律责任的，监察机关应当按照规定的权限和程序办理立案手续。"

〔3〕　参见龙宗智："监察与司法协调衔接的法规范分析"，载《政治与法律》2018 年第 1 期。

〔4〕　参见龙宗智："监察与司法协调衔接的法规范分析"，载《政治与法律》2018 年第 1 期。

权保障程度。虽然调查与侦查的名称不同，但在具体调查过程中同样有可能会限制公民的人身、财产自由。由监察委员会行使刑事立案决定权，不仅可以规范各种强制处分措施的适用，同时也明确了检察机关法律监督的对象和目标。

（二）管辖方面

我国《刑事诉讼法》第二章关于级别管辖的规定虽然是"审判管辖"[1]，对侦查管辖、起诉管辖没有直接约束力，但由于法律规定了同级移送，实践中侦查管辖、起诉管辖均以审判管辖为导向，都应按照刑事诉讼法关于级别管辖的规定移送案件。在检察机关职务犯罪侦查职能转隶之前，原有纪检监察机构监督力量的配置呈现出一种"倒三角"模式，即纪检监察机构级别越往上，监督力量越大，监督能力越强。虽然在监察委员会承担职务犯罪侦查职能后，监督力量有所下沉，但总体而言，"倒三角"模式现状仍未得到显著改观。原因在于，对于职务犯罪案件，哪些交由下级移送，哪些直接由本级移送，法律并未作出明确规定。[2]因此，各级监察机关的级别管辖范围可以参照《刑事诉讼法》关于审判管辖的规定，以便实现与检察机关、审判机关级别管辖的协调衔接。

（三）留置方面

作为"两规""两指"的替代性措施，留置被写入了《监察法》。而留置与逮捕等强制措施的衔接问题，《刑事诉讼法》也作出了回应。[3]留置措施的适用，不仅提高了查办贪腐案件的整体效能，同时也提升了监察委员会调查手段的法治化水平。通过分析《监察法》关于留置的相关规定[4]可以看出，

---

〔1〕《刑事诉讼法》第20条、第21条规定，一审普通刑事案件由基层人民法院管辖；危害国家安全、恐怖活动案件，可能判处无期徒刑、死刑的案件由中级人民法院管辖。

〔2〕《监察法》第三章虽然规定了监察事项的上级提管、下级送管和指定管辖，但并未明确级别管辖。

〔3〕《刑事诉讼法》第170条第2款规定："对于监察机关移送起诉的已采取留置措施的案件，人民检察院应当对犯罪嫌疑人先行拘留，留置措施自动解除。人民检察院应当在拘留后的十日以内作出是否逮捕、取保候审或者监视居住的决定。在特殊情况下，决定的时间可以延长一日至四日。人民检察院决定采取强制措施的期间不计入审查起诉期限。"

〔4〕《监察法》第43条第1款、第2款规定："监察机关采取留置措施，应当由监察机关领导人员集体研究决定。设区的市级以下监察机关采取留置措施，应当报上一级监察机关批准。省级监察机关采取留置措施，应当报国家监察委员会备案。留置时间不得超过三个月。在特殊情况下，可以延长一次，延长时间不得超过三个月。省级以下监察机关采取留置措施的，延长留置时间应当报上一级监察机关批准。监察机关发现采取留置措施不当的，应当及时解除。"

留置措施具有以下几个特点：其一，留置决定作出的单方性。虽然留置以及留置期限的延长需要报上一级监察委员会批准或备案，但整体而言，留置以及延长期限的决定仍由监察委员会单方面作出。其二，留置程序运行的封闭性。无论是留置决定的作出还是留置后的羁押状态，都不允许第三方审查或者介入。其三，留置期限延长审批程序的相对简单性。留置最长实施期限为6个月，而逮捕的期限可以到7个月，在期限基本相同的情况下，逮捕期限的延长受到严格的程序限制，如对于基层检察院逮捕案件期限延长，除需要本院批准外，还可能需要市级、省级检察机关的批准。而与逮捕相比，留置期限的延长所受到的规制则稍宽松一些。留置措施具有的以上特点，表明其法治化程度仍有进一步提升的空间。如果担心律师介入留置可能会有碍调查，那么监察委员会可以尝试让检察机关适当、有限地介入。这不仅与检察机关法律监督者角色定位相符，同时也有利于保障被留置人人权，强化留置的正当性并提升留置的公信力。

检察机关适当、有限介入留置，需明确以下三点：其一，介入目的。检察机关法律监督介入留置的主要目的在于规范留置行为，防范留置权滥用，在不干扰监察委员会正常开展调查工作的前提下保障被留置人的基本权利。其二，介入方式。检察机关既可以依通知也可以依职权主动介入留置。对于在本地区社会影响较大、媒体关注度较高的职务犯罪案件，监察委员会可以通知检察机关介入留置。对于被留置人家属向检察机关反映留置中存在侵犯被留置人基本权利情形的，检察机关通过与监察机关协商并征得监察机关同意后可以依职权主动介入。其三，介入结果。检察机关法律监督介入留置后，发现存在侵犯被留置人基本权利情形的，检察机关可以口头或者书面提出意见。

（四）其他技术性细节方面

法律监督权与监察监督权配合制约机制在某些技术性细节方面的不完善、不明确，导致实践中操作标准不统一，影响了该机制的正常、有效运行。具体而言，这些不完善、不明确的技术性细节问题，包括以下几点：其一，逮捕后的讯问问题。现行《刑事诉讼法》第86条确立了逮捕后24小时内讯问制度，然而《监察法》和《刑事诉讼法》对于监察委员会移送审查起诉检察机关决定逮捕后的讯问问题并未作出明确规定，导致两家对这一问题存在一定争议。笔者认为，逮捕后讯问是有关机关听取犯罪嫌疑人意见、了解案件事实、防范冤假错案的重要途径，且在检察机关职务犯罪侦查部门转隶前，该程序一直存在。[1]因此该程序所具有的人权保障独立价值不应该被抹掉。笔者建议，未来《监察法》以及《刑事诉讼法》修改时应明确，对于监察委员会移送审查起诉检察机关决定逮捕的，监察委员会应当在 24 小时内进行讯问。其二，换押问题。换押制度作为一项防止超期羁押的制度设计，旨在维护在押犯罪嫌疑人、被告人的合法权益。在以往的刑事诉讼活动中，公检法三机关之间实行严格的换押制度。[2]而目前实践中，由于法律并未对监察委员会移送检察机关以及检察机关退回监察委员会补充调查的换押问题作出明确规定，双方在这一问题的认识上存在一定分歧。由于未适用换押制度，检察机关退回补充调查后，犯罪嫌疑人仍处于检察羁押环节，犯罪嫌疑人超期羁押的情况不同程度地存在。此种情况下，检察机关只能向看守所出具情况说明，由看守所在案件系统中单独注明。笔者认为，换押作为一项明确刑事诉讼活动中各机关羁押审查职责、督促各机关遵守羁押期限规定的重要制度设计，可以有效预防和纠正超期留置、超期羁押等问题。因此，笔者建议，未来有关机关在制定出台有关职务犯罪案件办理程序的司法解释和相关规则时，应考虑引入该项制度。其三，线索移送问题。以行政权侵犯公共利益案件为例，由于目前立法层面缺乏关于案件线索相互移送方面的具体可操作性规范，实践中行政权侵犯公共利益的案件，要么只有检察机关简单提起行政公益诉讼，要么只是监察机关对其中可能涉及的职务犯罪单方面调查，"各扫门前雪""各自为战"的现象一定程度存在，弥补受损公共利益与查处个人职务犯罪的需求不能有效兼顾。笔者建议，可以借鉴"行政执法与刑事司法衔接机制"多年来探索的经验，在行政权侵犯公共利益案件方面建立检察与监察信息共享平台，进一步整合案件线索资源，提高案件线索发现能力。例如，

---

〔1〕 2012 年修订的《人民检察院刑事诉讼规则（试行）》第 337 条第 1 款规定："对被逮捕的犯罪嫌疑人，下级人民检察院侦查部门应当在逮捕后二十四小时以内进行讯问。"

〔2〕 最高人民法院、最高人民检察院、公安部联合出台的《关于羁押犯罪嫌疑人、被告人实行换押和羁押期限变更通知制度的通知》（公监管〔2014〕96 号）对换押范围和程序作出了明确规定，侦查机关侦查终结，移送人民检察院审查起诉；人民检察院退回侦查机关补充侦查、侦查机关补充侦查完毕后重新移送人民检察院审查起诉；人民检察院提起公诉，移送人民法院审理等情形，办案机关均应办理换押手续。

监察机关、检察机关在办理各自案件的过程中，发现有属于对方管辖的案件线索，如公益诉讼案件线索或者职务违法犯罪案件线索，双方应及时通知对方提前介入案件的审查工作，充分利用各自的业务、职能优势，实现法律监督与监察监督的有效衔接，以达到维护公共利益和惩治腐败犯罪的双重目的。

作为监察与司法协调衔接的内容之一，监察与检察的协调衔接有其独特的重要性和紧迫性。考虑到工作业务的紧密程度，较之监察与其他司法机关的协调衔接，监察与检察的协调衔接可能是当下监察体制改革最为关注和需要重点解决的问题。监察委员会与检察机关的工作协调衔接，在制度层面，本质上是监察制度与刑事诉讼制度的协调衔接；在立法层面，本质上是《监察法》与《刑事诉讼法》的协调衔接；在操作层面，本质上是监察职能与检察职能的协调衔接。归根结底，监察与检察的协调衔接离不开立法的完善。未来无论是《刑事诉讼法》的修改，还是与监察有关的一系列实施细则的出台，都应当科学、合理地回答监察权运行中所必然产生的与司法权，尤其与检察权协调衔接的一系列具体问题，否则势必会导致机制障碍与权力抵牾等实践难题，影响国家监察体制改革成效。

# 第三章

# 以审判为中心诉讼制度改革下的法律监督

推进以审判为中心的诉讼制度改革，对于完善诉讼制度、调整诉讼结构、推进严格司法、保证公正司法等具有重大意义，但同时也给检察机关的工作理念和工作模式带来了新挑战，提出了新要求。本章在辨析审判中心主义法理内涵的基础上，重点论述审判中心主义下新型诉侦、诉审、诉辩关系的重构以及检察机关的应对之道。

## 第一节　审判中心主义的法理辨析

以审判为中心的诉讼制度改革，是党中央在法治领域进行的一项重大改革。"以审判为中心"亦称"审判中心主义"。而何谓审判中心主义？审判中心主义与互相配合制约的"阶段论"是什么关系？审判中心主义是以审判权为中心还是以法官为中心？针对这些问题，目前学界尚未达成一致意见。本节将就审判中心主义的内涵、蕴含的价值、提出的要求作进一步研究。

### 一、审判中心主义的内涵

关于审判中心主义的内涵，目前理论界主要有四种观点。其一，有学者认为，审判中心主义含义有三：即审判是整个刑事诉讼程序的中心、一审是整个审判体系的中心、庭审是整个审判程序的中心。[1]其二，有学者认为，应从三个维度来解读审判中心主义的内涵：一是被告人最终是否构成犯罪应由法院决定，二是庭审在准确查明事实和正确适用法律方面发挥决定性作用，

---

[1]　参见樊崇义、张中："论以审判为中心的诉讼制度改革"，载《中州学刊》2015年第1期。

三是审判标准延伸至审前阶段。[1]其三，有学者认为，刑事诉讼中一切活动应当以审判为中心，包括强制措施的采取和刑事责任的认定等行为。[2]其四，还有学者认为，具备正当程序的审判不仅决定被告人是否承担刑事责任，同时还对审前诉讼活动发挥着主导作用。[3]

然而，笔者认为，应从以下几个角度把握审判中心主义的内涵：其一，横向上，以审判为中心建构强制措施制度、证据制度等诉讼制度，而庭审又是审判活动的中心。其二，纵向上，一审是整个审判体系的中心，应充分发挥一审法官在接触第一手案卷材料更直接、亲历性更强、距离事实真相更近的优势。其三，作用上，在整个刑事诉讼程序中，审判程序居于主导地位，侦查、起诉程序作为审判的准备程序，为审判服务，事实认定和法律适用的标准应向审判看齐，以审判为指引、制约侦查和起诉。其四，意义上，审判作为认定被告人是否有罪、是否需要负刑事责任的最后一环，具有防范冤假错案的"底线"意义。除此之外，准确理解审判中心主义的内涵，还需明确三个概念之间的关系。

（一）审判中心主义与侦查中心主义的关系

侦查中心主义强调侦查对起诉、审判的控制和影响。侦查中心主义作为一种畸形的诉讼构造，体现在证据审查模式方面就是案卷笔录中心主义，即侦查阶段形成的笔录、卷宗和侦查结论对案件的裁判结论发挥着决定性作用，起诉和审判基本上只是对侦查结论的一种确认活动。案卷笔录中心主义的危害是巨大的，"作为长期隐藏在中国刑事审判制度背后的'无形之手'，案卷笔录中心主义的裁判方式不仅造成现代刑事证据规则难以建立和实施，而且导致第一审案件开庭审理过程流于形式，诸多为规范法庭审判而建立的诉讼原则和程序规则形同虚设。"[4]以案卷笔录中心主义为主要内容的侦查中心主义，由于在侦查阶段已经形成了预判，庭审中控辩双方的对抗性减弱，直接

〔1〕　陈光中、步洋洋："审判中心与相关诉讼制度改革初探"，载《政法论坛》2015 年第 2 期。

〔2〕　闵春雷："以审判为中心：内涵解读及实现路径"，载《法律科学（西北政法大学学报）》2015 年第 3 期。

〔3〕　王敏远："以审判为中心的诉讼制度改革问题初步研究"，载《法律适用》2015 年第 6 期。

〔4〕　陈瑞华：《刑事诉讼的前沿问题》（第五版）（下册），中国人民大学出版社 2016 年版，第520 页。

言词原则无法贯彻，庭审虚化、走过场现象严重。近些年来纠正的一些冤假错案也反复证明，侦查权的过于强大架空了起诉和审判，起诉的"中间过滤"与审判的"最后把关"机制受到侵蚀，纠错和防错功能萎缩。以审判为中心诉讼制度改革理念的提出，目的就是要理顺以往不合理的侦、诉、审三者关系，革除侦查中心主义的弊端，充分发挥审判尤其庭审在准确认定事实、正确适用法律、严格公正司法方面的底线功能。

（二）审判中心主义与"分工负责，互相配合，互相制约"的关系

有人认为，审判中心主义的提出是对"分工负责，互相配合，互相制约"阶段论的否定。笔者却认为，"分工负责，互相配合，互相制约"是我国刑事诉讼法确立的一项旨在调整、重塑公检法三机关关系的重要原则。侦查与起诉作为审前阶段，是审判的必要准备活动。脱离了侦查、起诉等环节，审判就成了无本之木、无源之水。审判中心主义是阶段论基础之上的"中心论"，是对阶段论的补充和完善，是对以往公检法三机关过于强调配合而忽视制约做法的纠偏。

中心论与阶段论是辩证统一的关系，二者并不矛盾。[1]正确理解二者的关系，需明确以下几点内容：其一，以审判为中心不是以法院和法官为中心。以审判为中心是就侦查、起诉和审判三个阶段、三种职能的相互关系而言的，而不是就公安、检察、法院或者警察、检察官、法官之间的相互关系而言的，不能理解为法院比其他司法机关地位高或者法官比其他司法工作人员地位高。其二，审判中心主义并非淡化审前程序的功能，相反，是将审判标准和要求延伸扩展至审前阶段，从而为构建新型检警关系提供了契机。审判中心主义要求侦诉机关从侦查环节开始就必须加强协作，确保证据能力，提高侦诉质量，接受审判标准的指引和检验。构建检察引导侦查、侦诉一体的"大控诉"格局是审判中心主义的必然要求。建立"大控诉"格局，有利于形成打击犯罪的合力，规范证据收集、固定程序，加强法律监督，减少"程序倒流"，提高诉讼效率。其三，审判中心主义是对实践中关于"互相制约"原则错误理解的纠偏。实践中，互相制约往往被理解为平行制约、相互牵制。这

---

〔1〕 樊崇义："'以审判为中心'与'分工负责、互相配合、互相制约'关系论"，载《法学杂志》2015年第11期。

不仅使检察机关的法律监督显得有些无所适从，而且导致诉讼效率低下。就诉讼规律而言，公检法之间应是一种递进制约式的起伏关系，而非平行关系。[1]从诉讼流程来看，前一阶段的诉讼活动应接受后一阶段诉讼活动的检验，这才是正确和正常的诉讼关系。而通过梳理和总结冤假错案发生的原因，我们可以看出，公检法三机关关系的错位和扭曲是冤假错案发生的深层次体制原因。[2]从整体而言，无论互相配合还是互相制约，侦查、起诉都应以审判的标准和要求为指向，接受审判的检验和审查，最终都要服务和服从于审判。

（三）审判中心主义与庭审中心主义的关系

二者区别在于：①针对的对象不同。审判中心主义侧重于对以往畸形诉讼结构的纠偏，主要针对侦查中心主义而提出，其目的在于解决公检法三机关诉讼关系错位、侦查权过于强大、起诉审判纠错防错功能萎缩的问题。而庭审中心主义的提出是为了克服案卷笔录中心主义的弊端，旨在解决庭审虚化、空心化、离心化等问题，因此更侧重于对证据审查模式的重构。②关注点不同。审判中心主义旨在理顺和重塑外部公检法三机关和三种主体职能之间的关系，而庭审中心主义的提出意在突出庭审在审判机关内部审查、评价证据和激活证据裁判原则方面的作用和功能。庭审中心主义的适用范围较审判中心主义更为狭窄，或者说是狭义的审判中心主义。③适用的案件类型不同。庭审中心主义在适用普通程序的案件中体现得更为明显，而审判中心主义则体现在适用所有程序的刑事案件中，无论简易、速裁还是普通程序。二者同时也具有内在的、密切的联系。一方面，审判中心主义是庭审中心主义的基础和前提。只有当审判中心主义的理念真正树立起来，审判对案件裁判结果真正起到决定性作用时，庭审中心主义才具有实现的可能性。另一方面，庭审中心主义是审判中心主义的外在表现形式和主要落脚点。以审判为中心的核心就是以庭审为中心。庭审虚化、走过场的审判，很容易落入侦查中心主义的窠臼。在庭审实质化不够充分的情况下，非法证据排除规则、直接言词原则、辩论原则不能得到真正的贯彻落实，被告人的对质权无法得到充分

---

〔1〕　顾永忠："'以审判为中心'是对'分工负责，互相配合，互相制约'的重大创新和发展"，载《人民法院报》2015年9月2日，第5版。

〔2〕　以往公安局局长兼政法委书记的职权配置模式就是很好的例证。

保障，庭审沦为对案卷笔录的简单审查和确认，发挥审判对起诉和侦查的制约引导作用只能成为一句空话。只有充分发挥庭审所承载的保障功能，审判中心主义才有可能实现。

## 二、审判中心主义的价值

审判中心主义的价值包括微观和宏观两个层面。微观层面上有利于优化我国刑事诉讼结构，实现庭审实质化；宏观层面上有利于保障人权，实现司法公正。

### （一）有利于优化刑事诉讼结构，完善权力运行机制

控、辩、裁三方分立，控、辩双方既对立又统一，既配合又制约，是我国刑事诉讼构造的特点和特色。[1]然而，该原则在实践中侦查权过于强势，导致异化为配合有余、制约不足的现象。该异化现象的危害在于，一些办案人员在缺乏有力制约和约束的情况下，不重视证据收集工作，导致案件没有达到排除合理怀疑的证明标准就"带病"进入庭审，其中不乏一些重大的重刑甚至死刑案件。审判法官面对此类案件常常陷入两难境地。强行下判可能会造成冤假错案，不判又会面临巨大的社会压力和上级压力，最终疑罪从轻、"疑罪从挂"成了"潜规则"，冤假错案发生的隐患就此埋下。虽然配合制约原则强调公检法三机关处于平行、同等重要的地位，但不可否认，案件的全面、实质调查都在侦查阶段完成，侦查阶段中心论成了"潜规则"。[2]由于侦查权过于强势，审判对侦查、起诉的引导、制约功能很难发挥。审判中心主义就是在坚持配合制约原则的基础上，完善和优化我国刑事诉讼结构。其着眼点在于强化互相制约，尤其强化审判对侦查、起诉应有的制约、把关作用，倒逼办案人员强化证据意识，规范诉讼活动，遵守程序规范，提高办案质量。

### （二）有利于实现庭审实质化，激活审判最后防线功能

侦查中心主义下，刑事诉讼结构呈现出"流水线"式特征。审判只是对侦查阶段收集的案卷笔录等证据材料的简单确认，直接言词原则、非法证据

---

[1] 李心鉴：《刑事诉讼构造论》，中国政法大学出版社1992年版，第160页。
[2] 张建伟："审判中心主义的实质与表象"，载《人民法院报》2014年6月20日，第5版。

排除规则等重要原则和规则成为一纸空文。审判中，证人出庭率极低，法官根据事前接触案卷已形成预判结论，庭审只是对已形成的预判结论提供一个理由和形式，只是对原有侦查结论的再次确认和渲染，故而庭审虚化现象严重。审判中心主义改革要求加强庭审实质化，使举证、质证、辩论等诉讼行为具有实质意义，让直接言词原则、非法证据排除规则真正落地。实践证明，若能重视强化庭审实质的作用，落实直接言词原则、非法证据排除规则，提高证人出庭率，保障被告人的质证权，就可以激活审判防范冤假错案的最后防线功能。

（三）有利于保障人权，是尊重和保障人权宪法原则的体现

自"尊重和保障人权"入宪以来，我国人权保障事业突飞猛进，尤其司法保障力度不断加大。2012 年《刑事诉讼法》修改时将这一重要原则写入，目的就是要纠正以往过于强调打击犯罪的倾向，兼顾打击犯罪与保障人权。刑事司法人权保障是司法保障的核心内容，是衡量一国法治文明程度的基本标准。然而，长期以来，在侦查中心主义的影响下，侦查机关采取的限制公民人身自由和财产自由的行为，如拘留、取保候审、监视居住、搜查、查封、扣押、冻结等行为，基本上是由侦查机关自行决定、自行实施、自行变更的，程序运转具有高度的隐蔽性和封闭性，几乎不受外部监督和制约。"侦查过程缺乏社会力量的介入和监督，出现权力滥用的可能性很大，大量的非法取证行为不受任何制约，严重威胁当事人权益。"[1]从披露的重大冤假错案来看，几乎都存在侵犯公民基本人权的情形。因此，党中央明确提出要加强人权司法保障，途径之一就是要推进以审判为中心的诉讼制度改革。只有实现以审判为中心，将审判标准传导至起诉和侦查环节，发挥审判引导作用，才能及时制止和纠正违法行为，促使侦查机关依法、规范、文明取证，从源头防范冤假错案的发生，进而实现对公民，尤其对犯罪嫌疑人、被告人基本人权最大程度的保障。

（四）有利于实现司法公正，提升司法公信力

控辩平等对抗、法官居中裁判是现代民主法治国家诉讼程序的基本样态。正是这样一种"等腰三角形"的诉讼构造使得法官能够兼听两造，处于认定

---

〔1〕门金玲：《侦审关系研究》，中国社会科学出版社 2011 年版，第 112 页。

事实、适用法律的中心地位。我国在 1996 年《刑事诉讼法》修改时也尝试引入了对抗制的审判方式，对原有流水线式的诉讼结构进行了一定程度的优化和调整。无奈实践中侦查权过于强大，"重打击、轻保护"的刑事诉讼理念根深蒂固，案卷笔录中心主义对于起诉、审判的影响挥之不去，审判对于案卷笔录的依赖性仍较强，庭审虚化现象严重。这种现象引起的危害有三点：一是使检察官、法官的工作变得没有意义，司法资源被浪费。二是犯罪嫌疑人、被告人成为追诉犯罪的"工具"和"手段"，基本诉讼权利得不到保障，程序公正的缺失导致实体的公正性受到质疑。三是审判的纠错防错功能处于"沉睡"状态。庭审虚化导致侦查、起诉阶段的错误不可避免地在审判阶段重演并成为审判的"背书"，审判作为守护司法公正的最后一道防线基本处于"失守"状态，冤假错案的发生往往难以避免。以审判为中心的诉讼制度改革旨在强化庭审实质化，落实与庭审有关的相关原则和规则，虽然有些原则和规则在侦查、起诉阶段也有所适用，如非法证据排除规则，但受侦查、起诉阶段任务和工作特点所限，其适用也是有限的。这些原则和规则只有在庭审中才能体现和贯彻得最为集中和充分。审判中心主义要求裁判过程公开化、透明化，提倡正义以看得见的方式实现，强调裁判的说理性，由此提高裁判结果的说服力和可接受性。

## 三、审判中心主义的要求

### (一) 规范侦查行为，夯实审判基础

侦查作为诉讼的第一道程序，是起诉和审判的基础。刑事案件侦查过程中刑讯逼供、程序违法等侵犯人权现象仍较为严重。解决这些问题，唯有严格执法、规范执法，具体包括以下三点：一是规范讯问行为，严格执行讯问全程同步录音录像制度；二是转变侦查模式，由口供中心主义向客观性证据中心主义转变；三是规范取证行为，以审判关于证据的要求和标准为导向，树立程序公正理念。关于监察委员会的职务犯罪调查行为，笔者认为，同样应以审判为中心。虽然调查行为与侦查行为存在一定区别，但某些调查行为性质上与侦查行为相似，如搜查、查封、扣押、冻结、留置等措施都具有限制人身自由、财产自由的成分，因此应该接受司法审查或者准司法审查。作为对这一问题的回应，现行《监察法》的有关规定确立了以审判为导向的证据收集、固定、审查、

运用标准和要求。[1] 这表明，监察委员会的职务犯罪调查行为同样应受证据裁判原则和非法证据排除规则的规制。这要求监察委员会应切实转变观念，革新调查模式和方法，加快证据审查模式转型，弱化口供在案件调查中的决定性作用，更加重视客观性证据在案件侦破中的地位和作用，以适应审判中心主义的要求。与"由供到证"调查模式只需在封闭空间内讯问相比，"由证到供"模式对办案人员的调查取证能力、讯问能力、专业知识等综合素质提出了更高要求，因此在调查方面需要更多的人、财、物投入。监察委员会应当加强对办案人员取证理念和取证技术的培训，优化人员队伍的专业化结构，加大科学技术在办案中的运用，充分发挥大数据、人工智能等科技手段的协作支撑功能，摆脱对口供的过分依赖，如此才能实现监察机关的调查取证行为"与刑事审判关于证据的要求和标准相一致"的目标。

（二）提高公诉质量，严把证据关口

审查起诉作为连接侦查与审判的中间环节，承担着阻断错误诉讼活动继续推进的职能，发挥着防范冤假错案的过滤作用。因此推进以审判为中心的诉讼制度改革势必要求检察机关强化审查职责，切实防范冤假错案的发生。

1. 建立检察引导侦查制度

侦查，乃检察官为提起公诉或实行公诉而调查犯人及证据之程序。[2] 作为刑事诉讼的第一个阶段，侦查质量很大程度上决定了公诉质量。为了规范侦查行为、引导取证方向、保障侦查质量、保证诉讼顺利进行，履行公诉职能的检察官有必要介入、引导侦查工作。作为公诉职能向侦查阶段延伸与拓展的有益尝试，该做法在立法层面也有一定的规范依据。[3] 对于我国而言，确立检察引导侦查制度，应着力解决两个方面的问题：一方面是检察引导侦

---

〔1〕《监察法》第33条第2款规定："监察机关在收集、固定、审查、运用证据时，应当与刑事审判关于证据的要求和标准相一致。"第3款规定："以非法方法收集的证据应当依法予以排除，不得作为案件处置的依据。"

〔2〕 陈朴生：《刑事诉讼法实务》（增订版），1981年版，第267页。

〔3〕 如2012年修正的《刑事诉讼法》第132条规定："人民检察院审查案件的时候，对公安机关的勘验、检查，认为需要复验、复查时，可以要求公安机关复验、复查，并且可以派检察人员参加。"再如《中央政法委关于切实防止冤假错案的规定》第4条指出："人民检察院依法对侦查活动是否合法进行监督，及时提出收集、固定和完善证据的意见和建议，必要时指派检察官参加侦查机关对重大案件的讨论和对犯罪有关的场所、物品、人身、尸体的复验、复查。"

查与检察机关自行补充侦查的关系问题，另一方面是检察引导侦查的具体程序构建问题。

2. 强化侦查监督

纠正侦查中心主义，关键在于理顺侦查、起诉和审判的相互关系，分清三者主次关系。鉴于侦查权过于强势，加强对其法律监督的力度乃纠正侦查中心主义的有效途径。出于对实践中侦查机关滥用限制人身自由、财产自由的强制处分行为的反思，党的十八届四中全会通过的《中共中央关于全面推进依法治国若干重大问题的决定》提出完善行政强制措施司法监督制度。完善路径包括以下两个方面：一是监督前置，将监督触角延伸至包括技术侦查措施在内的有关强制措施作出之时。二是对审查批准逮捕程序进行诉讼化改造，引导犯罪嫌疑人、辩护人、被害人及社会力量充分参与，通过第三方力量强化对侦查行为的监督。

3. 重视证据审查工作

检察官应坚持客观义务，对证据进行全面、细致的审查。坚持非法证据排除规则。对于通过刑讯逼供或其他严重违法行为获得的言词证据应坚决排除，对于瑕疵书证、物证等客观性证据侦查机关不能补正或者作出合理解释的应予以排除。积极、正确行使检察机关自行补充侦查权，夯实庭审证据基础。

4. 提高出庭公诉能力

审判中心主义的核心是庭审实质化。庭审实质化对证据裁判原则的依赖和执行，尤其是审判要建立在当庭的陈述和辩论基础之上，这对检察官的出庭公诉能力提出了更高要求。检察官唯有不断加强专业知识学习，熟练掌握交叉询问技巧，提升语言表达与临场应变水平，提高庭审驾驭能力，庭审实质化改革方能应付自如。

（三）实现有效辩护，确保辩护充分

审判中心主义的核心是庭审实质化，而控辩充分对抗是庭审实质化的主要特征。因此，刑事辩护实质化就成了审判中心主义的必然要求。刑事辩护实质化对刑事辩护数量和质量都有一定要求。刑事辩护数量虽然随着值班律师制度以及"刑事辩护全覆盖"改革试点的展开有所提升，但距离人民群众的期望还很远，如死刑复核程序的刑事辩护仍然缺位。而有效辩护制度的缺失，导致刑事辩护质量参差不齐。有效辩护是指犯罪嫌疑人、被告人享有聘请合格辩护人为其辩护的权利，包括获得国家法律帮助的权利。[1]有效辩护制度对辩护律师的证据调查、审查、质证能力以及沟通、协商能力，包括责任心、职业伦理都提出了更高要求。这要求辩护律师在庭前应积极行使调查取证权，将收集的无罪证据及时提交给办案机关，以便办案机关作出正确的决定，而不应为了追求"一鸣惊人""出其不意"的效果待庭审时再出示。笔者认为这种做法虽然最终维护了当事人的合法权益，但也让当事人承担了不必要的诉累，因此这种做法不值得提倡。辩护律师在审前还应根据案件证据情况、被告人认罪情况选择不同的辩护策略，尤其在当下认罪认罚从宽制度改革背景下，辩护律师更应不断提高沟通协商能力，为当事人争取最大利益，让改革红利惠及当事人。辩护律师应充分利用参与庭前会议的机会，对案件程序性事项发表意见，及时提出非法证据排除，明确辩论焦点和重点，保障庭审活动的顺利进行。辩护律师在庭审中应熟练掌握包括证人证言、书证、物证、电子数据等不同证据类型的质证规则，提高法庭询问的针对性和质证的准确性，综合运用实体辩护、程序辩护、定罪辩护和量刑辩护多种思路和技巧，保证辩护充分性。

（四）解决庭审虚化，落实相关制度

解决庭审虚化问题，应从以下几个方面发力：其一，坚持证据裁判原则。证据是诉讼的基石，整个庭审活动都是围绕证据而展开。坚持证据裁判原则，需全面收集相关证据，证据收集不全面会导致在事实认定、法律适用方面出现偏差；需规范证据收集程序，防止证据被"污染"，保证其证据能力和证明力，严格执行非法证据排除相关规定。目前关于非法证据排除规定方面的"立法供给"已相当充分，当下主要问题是落实不到位、执行不彻底。其二，完善证人出庭作证制度。针对以往证人出庭率低的问题，2012年修正后的《刑事诉讼法》将提高证人出庭率作为亟待解决的核心议题之一，并作出了相关规定，如适当补助证人出庭费用、给予证人及其近亲属人身特别保护、强制证人出庭等。但改革成果不尽如人意，证人出庭率并未明显提高。笔者认为，其中既有立法缺陷原因，也有制度执行不到位原因。立法层面，2012年

---

[1] 宋英辉主编：《刑事诉讼原理》，法律出版社2003年版，第117页。

修正的《刑事诉讼法》第187条第1款的规定[1]，就证人是否有必要出庭的问题，实际上赋予了法官较大自由裁量权，而非强制出庭。与此同时，该法第190条又确立了证人出庭作证替代规则[2]，这就使得证人不出庭成为常态，出庭成为例外。执行层面，证人出庭作证经济补助标准较低且落实不到位，而证人及其近亲属人身特别保护制度的执行又受到基层警力不足问题的掣肘。笔者认为，解决上述问题唯有确立直接言词原则。当然，若要求法庭调查言词证据完全以口头方式呈现且全面禁止侦查卷宗适用，在当前法官、检察官、律师综合能力有待提高的现实背景下，显得有些不现实。因此现阶段可以适当探索建立有限的、相对的直接言词原则，即法律应当明确证人必须出庭的几种情形，如对于可能判处死刑的案件，应当强制证人出庭，即便辩护人对证人证言没有异议。其三，继续深入推进法官员额制改革。在法官员额制改革之前，科层式的院长、庭长审批案件制度，不仅挫伤了法官办案积极性，也削弱甚至架空了合议庭审批职权，严重违背了庭审直接原则，不符合审判中心主义让审理者裁判、让裁判者负责的要求。员额制改革一定程度上改变了原有的组织管理模式，打破了原有的权力配置格局，实现了科层式向扁平式管理模式的转型，赋予了员额法官较大权力和办案自主性。但目前改革成效较改革初衷仍有一定差距，改革有进一步深化的必要。例如，法官权力清单仍有待进一步完善，院长、庭长、员额法官、法官助理、审判委员会的职责权限仍有待进一步厘清，审判委员会运行机制改革仍有待进一步探索和尝试，等等。

## 第二节　审判中心主义下诉侦、诉审、诉辩关系重构

上文从本体论角度对审判中心主义的内涵、价值和要求作了详尽阐述。审判中心主义并非一个静态概念，而是需要以动态的眼光重新审视法院与其他机关、审判和其他职能之间的关系。审判中心主义的实现，不是任何一家

---

〔1〕　公诉人、当事人或者辩护人、诉讼代理人对证人证言有异议，且该证人证言对案件定罪量刑有重大影响，人民法院认为证人有必要出庭作证的，证人应当出庭作证。

〔2〕　公诉人、辩护人应当向法庭出示物证，让当事人辨认，对未到庭的证人的证言笔录、鉴定人的鉴定意见、勘验笔录和其他作为证据的文书，应当当庭宣读。

机关能够独立完成的，既需要突出审判的中心地位，也离不开其他机关的配合。以检察机关及其职能为视角，审判中心主义要求理顺诉侦、诉审、诉辩之间的关系。

## 一、构建引导与协作的新型诉侦关系

审判中心主义要求充分发挥庭审在查明事实、认定证据等方面的决定性作用。这意味着以往检法庭外沟通案件办案模式的终结，同时也意味着对检察机关指控犯罪能力，尤其证据审查能力提出了更高要求。而由于证据主要形成于侦查阶段，证据的质量主要取决于侦查的质量、取决于公诉能否把好证据关。而现有诉侦关系的最大问题在于公诉无法将审判对于证据质量的要求有效地传导给侦查，审查起诉自身所具有的排除非法证据、"净化"证据体系的功能被"虚置"。因此，构建新型诉侦关系就成了以审判为中心的诉讼制度改革的题中之义。

（一）诉侦关系现状

我国法律确立了公检配合制约以及侦查监督原则。刑事诉讼与社会中的生命有机体一样，无时无刻不处在动态的变化之中，偏离法律文本的情形时有发生。同样，规范层面理想的诉侦关系在实践中却往往异化为"重配合、轻制约""公安做饭、检察端饭、法院吃饭"的样态。[1]

1. 侦查程序相对封闭，公诉对侦查的引导较弱

审判中心主义改革的实质是将审判标准贯穿于包括侦查、起诉等在内的整个诉讼过程，用审判标准来约束和规范侦查、起诉行为。作为承上启下、连接侦查与审判的检察机关，本应发挥传导审判标准、引导侦查取证的中枢功能，但由于实践中侦查程序设置相对封闭，检察机关无法有效参与到侦查过程中，只是在侦查行为结束、证据收集完毕后对侦查和证据质量作事后评价，这无疑提高了因被判无罪进而放纵犯罪或者证据收集不全而不诉的风险。

---

[1] 卞建林、谢澍："'以审判为中心'视野下的诉讼关系"，载《国家检察官学院学报》2016年第1期。

2. 侦查公诉各行其是，公诉与侦查的衔接不畅

侦查和公诉作为"大控诉"格局的两大组成部分，在诉讼任务上具有一定的一致性，理应加强沟通和协作，但现实中的检警关系却基本处于各行其是的状态。[1]由于部分侦查人员认为，案件移送审查起诉后工作便已结束，往往不重视后续的补充侦查工作，对于公诉部门的补充侦查意见往往以一纸"情况说明"打发了事，对出庭作证更是非常抵触，加之证据标准不同，因此造成公诉与侦查的工作衔接机制不畅。

3. 侦查机关权力强势，公诉对侦查的制约不足

由于侦查机关在实践中权力过于强势，公诉对侦查并未发挥应有的制约作用。这种制约不足主要表现为四个方面：一是监督规定不完善。以立案监督为例，目前《刑事诉讼法》只对于应当立案而不立案情形进行法律监督作出了明确规定，而对于不应当立案而立案情形进行法律监督的规定却散见于相关规定和规则。[2]二是监督范围不全面。目前检察机关对侦查强制措施的监督主要是通过批准逮捕形式，而对于逮捕以外的其他强制措施以及搜查、查封、扣押、冻结、技术侦查等强制处分行为只能事后监督。同样以立案监督为例，完整的立案活动包含接处警、受案、初查、正式立案等环节，而目前的立案监督主要集中在对正式立案这一节点的监督，而非对整个立案活动的监督。三是监督意见不被重视。目前检察机关的监督手段主要有纠正违法通知书和检察建议，由于这两种监督手段并不具有强制力，并不会产生程序性制裁后果，侦查人员对监督意见不重视，缺乏执行力度。四是监督线索来源渠道不畅。对于公安机关侦查活动中的违法行为，检察机关的获悉途径非常有限。除当事人的申诉、控告外，检察机关往往较难发现侦查活动中的一些违法行为。由于侦查机关权力的过于强势，在对侦查制约不足的情况下，检察机关的审查起诉往往有些"形式主义"色彩，为冤假错案的发生埋下了隐患。

（二）未来关系愿景：引导与协作

控诉作为审判程序的发动者，对于防范冤假错案、确保庭审顺利进行具

---

〔1〕 参见卞建林："论我国侦查程序中检警关系的优化——以制度的功能分析为中心"，载《国家检察官学院学报》2005 年第 2 期。

〔2〕 如《公安机关办理刑事案件程序规定》《人民检察院刑事诉讼规则》。

有重要作用。而在控诉职能中，尤以侦查与起诉关系最为重要。侦查是公诉的准备活动，公诉占据主导地位。为了保证指控的准确性和起诉的质量，检察机关在侦查取证方面对于从事侦查活动的公安机关给予一定的引导与指导、公安机关积极配合与协作，具有一定的正当性与必要性。因此，笔者认为，审判中心主义下诉侦关系的理想状态应以引导与协作为主。

1. 完善检察介入、引导侦查机制

早在 2013 年，《最高人民检察院关于切实履行检察职能防止和纠正冤假错案的若干意见》第 18 条就规定，对命案等重大复杂案件、突发性恶性案件、争议较大的疑难案件、有重大社会影响的案件，应当与侦查机关协商，及时派员介入，通过介入现场勘查、参加案件讨论等方式，提出取证意见和适用法律的意见，引导侦查人员依法全面收集、固定和完善证据。在 2015 年曹建明所作《最高人民检察院工作报告》中提出的"推动建立重大、疑难案件侦查机关听取检察机关意见建议制度"再次明确了该机制。而当下正在进行的"捕诉一体"改革又为该机制的进一步深化提供了有利契机。当前，我国的检察介入、引导侦查机制尚处于尝试、探索阶段，介入、引导侦查的基本原则、案件范围、具体程序等问题需要进一步明确。

（1）明确检察介入、引导侦查基本原则

检察介入、引导侦查，应坚持依法介入原则，即检察机关应严格遵循法律规定的介入引导案件范围、介入引导时机、介入引导方式，坚守法律底线，不得干扰侦查机关的正常侦查活动。应坚持适度介入原则，即检察机关的介入、引导应讲究有限性、精准性、针对性、可行性，合理把握介入、引导的度和量，注重向侦查人员传导证据和证明标准，保持权力行使的谦抑性，不得越俎代庖充当执行者。应坚持协作原则，即完善检察介入、引导机制，必须在明确侦诉各自职责的基础上加强协作。一方面，侦诉机关作为"大控诉"格局的重要主体，在诉讼目标上具有一致性，侦诉机关在指控犯罪上要树立合作意识，形成控诉合力，共同完成指控犯罪任务；另一方面，"大控诉"格局强调公诉对侦查的引导和指导、侦查对公诉的配合与协作。应坚持以公诉为导向原则，即侦查作为公诉的准备活动，应认识到其收集的证据在主体、形式、程序、合法性等方面需要接受庭审控辩双方的检验，并按照庭审要求和标准收集固定证据。应坚持在监督中配合，在配合中监督原则，即检察机关介入、引导侦查应寓监督于配合之中，既不能逾越权限，也要防止监督缺位。应将侦查行为的合法性、规范性作为监督重点，实现静态监督、事后监督向动态监督、同步监督的转型，防止审查起诉为不合法、不规范的侦查行为"背书"。

（2）明确检察介入、引导侦查案件范围

因为检察机关本身存在案多人少的矛盾，故要求每起案件检察机关都派员介入、引导，显然不具有可行性。应当考虑介入成本与介入效果是否成比例，限定检察机关介入、引导侦查案件范围：①严重危害社会治安的重大恶性案件，如危害公共安全、故意杀人、抢劫、强奸等类型的案件[1]；②社会关注度高的案件[2]；③涉及被害人人数众多的案件[3]；④涉及重大社会民生的案件[4]；⑤重大、疑难、复杂的案件[5]；⑥检察机关认为应当介入的其他案件。

（3）明确检察介入、引导侦查的具体程序

首先，介入、引导的时机。一般在案发或犯罪嫌疑人被抓获后，检察机关侦查监督部门应当及时对侦查介入、引导，而在犯罪嫌疑人被批准逮捕后，可以由公诉部门继续介入、引导，以实现介入、引导的无缝衔接，防止因诉讼阶段的变化而导致介入、引导工作的缺失。[6]其次，介入、引导的内容。检察介入、引导侦查的内容包括以保障证据能力为导向对侦查行为的合法性进行引导和以保障证明力为导向对证据收集全面性进行引导两个方面，以客观公正的视角应对法庭的质疑和律师的挑战。[7]再其次，介入、引导的方式。根据实际需要，检察机关可以主动派员参加，也可以应邀参加侦查机关对重大案件的讨论，对侦查取证工作和在案证据情况发表意见。最后，介入、引

---

〔1〕 如在汕头芙蓉园纵火案、宁波北仑持刀驾车伤人案、杭州保姆纵火案、陕西米脂4·27故意杀人案等案件中，检察机关都及时提前介入、引导侦查，取得了良好的法律效果和社会效果。

〔2〕 如昆山反杀案、携程亲子园虐童案。

〔3〕 如e租宝集资诈骗案。

〔4〕 如长春长生问题疫苗案。

〔5〕 如华住集团数据泄露案。

〔6〕 当然，"捕诉合一"改革后，这项工作可以交由同一名检察官开展。

〔7〕 王守安："以审判为中心的诉讼制度改革带来深刻影响"，载《检察日报》2014年11月10日，第3版。

导的保障。应建立侦诉会商制度，围绕证据在收集、固定、提取、保管过程中的某些共性问题以及某类犯罪的侦查取证方式、证明标准来编写、完善侦查取证工作指引，将审判标准及时、准确地传导给侦查人员，确保证据的证据能力和证明力。

2. 强化侦查监督制约机制

对侦查的监督制约，包括对侦查活动中的各个环节，尤其对涉及公民人身、财产自由等基本权利的行为和决定的监督制约。

（1）强化对立案活动的监督制约

包括对公安机关受案、立案、撤案等决定及执行情况进行有针对性的监督。立案监督主要有两种情形，一种是应当立案侦查而不立案的，另一种是不应当立案侦查而立案的。立案监督的基本方式表现为人民检察院对公安机关不立案或者立案的理由进行评价，理由不成立的，发出纠正违法通知书，公安机关对此可以申请复议、复核。目前立案监督主要存在以下四个问题：一是监督理念不清。目前检察机关对侦查机关的立案监督具有单一性和片面性的特点。单一性体现在检察机关只是对立案活动中的某个节点进行监督，片面性体现在检察机关目前只是对侦查机关应立案而没有立案的情况进行监督，对于不应立案而立案的情况监督情形较少，并且这类情况往往存在利用刑事手段干预、插手民事纠纷的现象，会对民营经济的发展和民事活动的开展产生不利影响。二是监督依据不足。关于立案监督的案件范围、监督程序、监督手段等内容，尚缺乏明确的法律规定。三是监督效果不佳。公安机关对于检察机关的监督意见往往不够重视。归根结底是监督刚性不足。四是监督线索来源渠道不畅。对于公安机关违法立案或不立案情形，检察机关获取线索途径有限。

针对以上问题，检察机关应从以下四个方面着手进行完善：其一，在监督理念方面，应当树立全面监督理念。完整的立案活动包含接处警、受案、初查、正式立案等环节[1]，立案监督体现为对整个立案活动的监督，而非仅对某个具体节点的监督。此外，为了确保检察机关法律监督全面立体覆盖，需将不应立案而立案的情形纳入法律监督范围之内。其二，在监督依据方面，

---

[1]　参见雷鑫洪："刑事立案监督实证研究"，载《国家检察官学院学报》2016 年第 6 期。

应当强化对立案监督的顶层立法设计。明确立案监督的案件范围、证据标准、监督程序等[1]，《刑事诉讼法》应明确检察机关对不应立案而立案情形的监督权。其三，在监督刚性方面，应当赋予检察机关立案及撤销案件通知的强制执行力。公安机关应当执行，同时保留复议、复核权，但其对复核结果必须执行。其四，在监督线索来源上，可充分利用大数据和人工智能带来的便利[2]，建立公安机关受案、立案、撤案等信息共享制度。要以党的十八届四中全会要求"建立行政执法机关、公安机关、检察机关、审判机关信息共享、案情通报、案件移送制度"为契机，探索建立检察机关监督公安派出所刑事侦查活动的工作运行机制，努力实现立案信息的共享，使检察机关能够及时发现公安机关在立案活动中的违法问题，采取积极应对举措，变被动监督为主动监督、实时监督，逐步形成检察监督线索的统一管理，同步审查。

（2）强化对侦查活动的监督制约

审判中心主义对公安机关的侦查取证行为以及检察机关的侦查监督活动提出了更高的要求。侦查权在本质上是一种具有天然扩张性和侵略性的特殊行政权。[3]"重口供、轻证据"的倾向，加上"破案率"这根"指挥棒"的影响，使得侦查机关的侦查水平还不能满足审判中心主义的要求。目前在侦查监督方式上，检察机关主要以提出检察建议和纠正违法通知书为主。公安机关享有申请复查权，人民检察院仅能督促公安机关回复及落实纠正意见。纵观侦查监督现状，主要存在监督手段缺乏刚性、监督线索来源单一等问题，导致重办案、轻监督，重配合、轻制约的倾向，法律监督效果不明显。

针对以上问题，应当：其一，坚持非法证据排除规则。严格落实有关非法证据排除的相关规定，保证证据的合法性。加强对认罪认罚案件证据的审查，防止冤假错案的发生。其二，增强监督手段刚性。实践中，纠正违法通知书以及检察建议缺乏刚性，侦查机关对检察机关的一些意见不认真落实，究其原因在于检察机关对于侦查机关的绩效考核缺少话语权，监督意见对侦

---

[1] 参见林峰："论立案监督立法顶层设计之完善"，载《中国检察官》2015年第19期。

[2] 参见张静雯等："大数据助推刑事立案监督机制初探"，载《山西省政法管理干部学院学报》2017年第2期。

[3] 单民、林喜芬："实证视野下检察机关刑事法律监督权的改进与完善——以对500多位律师的调查问卷展开"，载《河北法学》2016年第9期。

查机关而言不痛不痒，监督效果自然不理想。要想解决这一问题，可以从两个方面入手：一方面要督促侦查机关建立科学合理的考核机制，改变以往过于重视破案率而忽视侦查质量的倾向，以审判标准倒逼侦查机关提高侦查质量；另一方面应将检察机关纳入侦查机关现有的考核评价主体当中，赋予检察机关惩戒权，保障检察机关审前主导地位。其三，完善退回补充侦查和自行补充侦查制度。完善退回补充侦查的目的在于使每一次补充侦查真正起到强化证据的作用而非流于形式。应细化退回补充侦查提纲的内容，包括按证明顺序列明未查清事实、用于证明该事实的证据有哪些缺失和瑕疵、预防非法证据和瑕疵证据的注意事项等，关键证据还应同时补充关于取证合法性证明材料。应加强退回补充侦查的说理，对要求补充侦查的事项应说明依据和理由及补正不力对起诉工作可能造成的影响，以此强化侦查机关的证据意识，增强侦查机关对退补工作的认同和理解。应加强对补充侦查活动的监督，及时与公安机关沟通和交流，对公安机关怠于补侦或补侦不力的情况及时督促，发现公安机关在补侦过程中存在违法行为应及时纠正。此外，在检察机关职务犯罪侦查权转隶的当下，完善检察机关自行补充侦查权显得尤为重要。检察机关自行补充侦查作为退回补充侦查的有益补充，能够提高审查起诉质量、保证起诉效果，能够在一定程度上提高诉讼效率、缩短审查期限，能够加强对侦查活动的有效监督。然而检察机关自行补充侦查在实践中也存在着立法尚不完善、人才队伍建设有短板、缺乏激励机制等问题。解决这些问题，需完善程序立法，构建侦诉联合取证制度；需完善人才培养机制，提升公诉人侦查取证能力，打造集侦查能力和审查起诉能力于一身的复合型公诉人才；需加大硬件投入力度，构建侦诉信息共享平台；需重新整合资源，加强部门间协作与配合，如整合法警与技术部门力量，为公诉人行使自行补充侦查权提供人员和技术支持，再如将派驻派出所的检察室打造成侦诉对接的窗口等；需完善激励机制，应将积极行使自行补充侦查权作为考核加分项，对于取得良好法律效果、社会效果的应提高加分比重。

（3）强化对行政强制措施的监督制约

行政强制措施的扩张性、干预性若不能受到有效的监督制约，很容易侵害行政相对人的合法权益。内部监督、审判监督、舆论监督等传统行政权力监督方式无法满足行政权力制约和公民权利救济的需要。党的十八届四中全会通过的《中共中央关于全面推进依法治国若干重大问题的决定》确立的行政强制措施法律监督制度，激活了检察机关这项长期"沉睡"的职能，为检察机关开展这项工作提供了政策依据。从制度生成原理角度而言，任何制度的发展和完善都是一个不断试错、不断调整的过程，任何制度改革都是一个"牵一发而动全身"的过程，尤其行政强制措施法律监督制度的建构又关乎行政权与检察权的权力配置与关系重塑问题，因此更应慎之又慎，科学谋划。

第一，拓展和畅通法律监督线索来源渠道。为解决案件线索来源问题，检察机关应综合利用各种手段和渠道，建立案件线索来源库。一方面，应不断延伸监督触角，充分利用各个派驻检察室以及网络媒体，培养发现案件线索的敏锐嗅觉，扩大职能宣传，以喜闻乐见的方式，让民众了解此项工作职能。另一方面，打通行政机关与检察机关之间的信息壁垒，建立行政执法信息共享和反馈机制，将检察机关法律监督提前至行政决定作出前和作出时。

第二，构建行政强制措施法律监督初步调查程序。检察机关对案件线索依法审查后，认为需要进行法律监督的，应当依法启动法律监督程序。初查只要求现有证据足以证明存在行政强制措施违法可能性、达到优势证明标准即可，而不要求达到排除合理怀疑的证明标准。同时应赋予检察机关调查取证权，并明确被调查对象的配合义务和就该行政强制措施合法性的举证责任。行政强制措施法律监督的审查内容应以合法性为重点。

第三，完善行政强制措施法律监督方式。党的十八届四中全会通过的《中共中央关于全面推进依法治国若干重大问题的决定》原则上赋予了检察机关对行政机关违法或者怠于实施行政强制措施的行为进行监督，却缺乏配套措施支撑。制约的效果取决于制约者的实力和法律地位。[1]只有当检察机关法律监督能够对被监督对象产生一些不利后果时，其才能对行政机关违法或者怠于实施行政强制措施的行为产生足够的威慑力。为保障法律监督效果，需完善以下三种监督方式：一是提起行政公益诉讼或者支持公民起诉。强调通过诉讼方式实现法律监督，本身也符合检察机关法律监督的程序性、中间性特点。二是职务犯罪侦查。对于行政人员违法或者涉嫌职务犯罪的，检察机关应启动"监检衔接"机制，及时将线索移送给监察委员会，必要时可赋

---

[1] 胡玉鸿："'以权利制约权力'辨"，载《法学》2000年第9期。

予检察机关一定的侦查权。三是向涉案单位制发刚性检察建议。对于涉案单位不认真履行检察建议的，检察机关应将有关情况向其上级单位或者本级人大及其常委会进行通报，由有关单位对涉案单位的工作绩效作出人事、财政等方面的否定性评价。

第四，构建统一规范的涉案财物管理模式。刑事诉讼涉案财物保管不仅关涉证据保存和案件办理，也关乎司法廉洁。规范涉案财物管理，一是集中管理。设立涉案财物集中管理中心，严禁个人私自保管。二是分类管理。对涉案财物应分门别类，如实登记，一一对应，妥善保管，定期检查。三是联动管理。建立侦查机关与检察机关以及检察机关内部涉案财物管理信息平台，实现提前监控、实时监控、处处监控的目标。

## 二、构建理性与和谐的新型诉审关系

以审判为中心诉讼制度改革作为司法改革的重要突破口，必然要求重新审视当下的诉审关系。构建新型诉审关系不仅是司法改革的需要，更是兼顾打击犯罪与保障人权价值目标的必然选择。检察机关应以证据为核心，以庭审为载体，通过构建良性的诉审互动关系来推动以审判为中心诉讼制度改革的继续深入。

（一）当前诉审关系存在的问题

1. 配合有余、制约不足

虽然《宪法》以及《刑事诉讼法》确立了检察机关与法院配合制约的关系，但这一关系在实践中却异化为配合有余、制约不足，具体表现为：一是庭审虚化。受案卷笔录中心主义的影响，法官往往在庭审前就已接触案卷，形成预判，加之侦查权过于强大，导致庭审控辩双方调查、辩论等程序走过场，案件事实认定主要依赖庭前移送的案卷笔录，即便庭审中供述和陈述与笔录不一致，也几乎不会采纳当庭供述和陈述。二是无罪判决率低。根据《刑事诉讼法》的规定，对于事实不清、证据不足的案件，法院应当判决无罪。[1]然而实践中，为了"照顾"检察机关的感受，遇到此类情况，法院往

---

[1]　《刑事诉讼法》第200条第3项规定："证据不足，不能认定被告人有罪的，应当作出证据不足、指控的犯罪不能成立的无罪判决。"

往建议检察机关撤回起诉，这种主动偏袒控诉一方的行为，有违审判的中立性和终局性。

2. 角色错位、职能弱化

侦查中心主义下，本应居中公正裁判、发挥防范冤假错案"最后防线"功能的法院，往往异化为公安机关、检察机关以外的第三追诉者，成为追诉犯罪"流水线"上的一名"操作员"，沦落为追诉犯罪的工具。这种角色错位使审判沦为侦查机关的"橡皮图章"，严重时甚至为侦查机关的违法侦查行为或者错误的侦查结论"背书"，导致无法形成应有的审判权威。在这种角色错位背景下，检察机关的庭审指控以及审判监督职能有所弱化。当裁判者与控诉者站在同一立场、处在同一"战壕"里时，由于裁判结果已成定局，控诉者往往不再关心自己的庭审表现，对如何提高庭审指控能力变得不再上心，控辩双方本应针锋相对、激烈交锋的庭审变成一场照本宣科、死气沉沉的"表演"。与此同时，在法院这一"盟友"协助下顺利完成指控任务的检察机关又怎么可能"忍心"反过来监督自己的"盟友"，即便"盟友"的审判行为存在这样或那样的问题。故检察机关审判监督职能的弱化也在"情理"之中。

（二）未来关系愿景：理性与和谐

审判中心主义下的诉审关系，要求检察机关和法院各司其职，扮演好各自的角色，履行好各自的职能。检察机关应严把证据关，发挥"中间过滤"功能，法院应坚持客观性和中立性原则，居中裁判，发挥"最后防线"功能。审判中心主义下重塑诉审关系，应以理性与和谐为价值导向。对于检察机关而言，应从以下四个方面着手完善：

1. 强化控方证明责任

为了落实尊重和保障人权原则，考虑到控方与辩方各自的举证能力，2018年修正后的《刑事诉讼法》第51条确立了被告人有罪的举证责任由检察机关承担的原则。然而，在侦查中心主义下，检察机关往往并没有履行好自己的证明责任：在证据收集方面，要么不注重无罪证据的收集，要么收集后不注重对无罪证据的审查；在证明标准方面，在没有排除合理怀疑、证据体系存在矛盾和冲突的情况下，往往"得过且过"贸然提起公诉；在举证质证方面，较为抵触证人出庭作证，当庭讯问、询问、质证、辩论能力较弱，对于瑕疵证据的补正、非法证据的排除，往往以庭审外与法官沟通协商方式了事。以庭审实质化为核心内容的审判中心主义改革，必然要求检察机关履行好证明责任。为此，检察机关应强化举证责任和说服责任，提高举证能力。

2. 发挥审前主导作用

公诉作为连接侦查与审判的桥梁，是刑事诉讼的枢纽，是保障案件审判质量的入口。检察机关把关不严，也是冤假错案发生的重要原因。检察机关必须坚持和完善介入侦查、引导取证等行之有效的做法，提高打击犯罪的准确性。在确保程序公正的前提下，对案件实行繁简分流。检察机关要以传导审判标准为导向，加强对侦查机关侦查取证的引导，引导侦查人员及时、全面、客观、依法收集证据。通过建立公开听证、邀请办案民警参与案件讨论、存疑不起诉案件说理等配套制度，以个案研究来引导侦查，从而增强打击犯罪的合力。

3. 提升庭审指控能力

庭审实质化必然要求检察机关加强对公诉人表达能力、写作能力、逻辑思维能力等综合素质的培养。公诉人日常应加强对刑法、刑事诉讼法以及相关部门法的学习，认真研究指导案例，夯实法律基础。同时公诉人应熟练掌握讯问、询问、质证和辩论规则与技巧，从容应对律师的实体性和程序性辩护。对辩护意见应进行针对性答辩，而不应以"坚持公诉意见"为由回避答辩。此外，公诉人应具有一定的专业知识和运用能力，尤其应加强对法医学、病理学、痕迹学等专业知识的储备和运用，以提升庭审效果，增强法官对鉴定意见的可接受性。

4. 加强刑事抗诉工作

审判中心主义下的审判监督工作，应当构建以抗诉为核心的刑事审判监督格局。加强刑事抗诉工作，并不是质疑和反对以审判为中心，相反，是对以审判为中心的充分尊重，本质上是审判中心主义的体现。刑事抗诉仅为二审或者审判监督程序的强制启动权，纠正的对象为一审或者原审判决裁定，纠正的方式是再次启动审判程序，以上级人民法院的判决裁定纠正一审或者原审判决裁定。刑事抗诉的产生，是为了防止法官因心证而不可避免产生的错漏，以纠偏救济。[1]加强刑事抗诉工作，首先应更新监督理念。以审判为

---

[1] 龙宗智："论建立以一审庭审为中心的事实认定机制"，载《中国法学》2010 年第 2 期。

中心诉讼制度改革要求突出庭审的中心地位，体现在司法实践中就是对证据的审查和证明标准的把握将更为严格，这就对检察机关的审查起诉质量提出了更高要求。检察机关面对法院这种转变，要主动调整，不断适应这种变化，而不能固守原有的司法惯性办案。要通过倒逼侦查不断提高证据收集的质量，并不断提高自身审查起诉水平和出庭公诉水平，切实提高起诉质量，为抗诉提供坚实的基础。对于因起诉质量不高而被法院改判的案件，除非补充到事实清楚、证据确实充分的标准，否则不应再提出抗诉。应正确处理诉讼风险与抗诉标准的关系。虽然检法两家采用的都是事实清楚、证据确实充分的证明标准，但具体到个案中，双方就是否达到这一标准往往存在分歧。检察机关不应以害怕承担败诉风险为由而不敢提起诉讼，否则就与其追诉机关的身份不符。与此同时，在讨论法院改变指控是否需要抗诉的问题时，检察机关应脱离追诉机关的立场，客观理性地分析法院判决是否符合情理与法理。出于维护判决既判力和法院权威的考量，检察机关应审慎、准确地行使抗诉权。其次应加大对审理程序违法的抗诉力度。目前检察机关的抗诉主要集中于事实认定错误和量刑明显不当，而对于审理程序严重违法的抗诉较少。笔者认为，检察机关应综合运用各种监督手段，以达到良好的监督效果。对于审判工作中存在的轻微违法或者程序瑕疵，检察机关可以通过检察建议、纠正审理违法意见书等较为缓和的监督方式进行监督，而对于严重的审判程序违法行为，检察机关应勇于抗诉、敢于抗诉，依法履行监督职责。最后应强化抗诉说理工作。向法院说理，说服法院采纳抗诉主张，是抗诉说理的目的，也是抗诉说理的核心。其一，加强抗诉书说理。无论是抗诉书还是支持抗诉书都应准确找到"抗点"，一针见血，直指要害。其二，加强审查报告说理。上级检察院审查抗诉案件，必须结合抗诉、上诉理由和一审判决的论证分析意见充分说理，详细评析案件事实认定、证据采用及法律适用情况，及时补充核实关键证据，有理有据地论证支持或者不支持抗诉的理由。其三，加强庭审说理。办案检察官应履行出庭职责，制作出庭预案。找准"抗点"，针对原审法院判决、裁定中的错误进行重点阐述和论证，有的放矢，实现精准打击。其四，加强列席审判委员会说理。将庭审说理延伸至列席审判委员会说理，完善检察长列席人民法院审判委员会工作机制。

### 三、构建尊重与平等的新型诉辩关系

审判中心主义改革强调了辩护制度在防范冤假错案、维护基本权利、保障司法公正方面的作用，进而对诉辩关系、检律关系提出了新的要求。有关部门对这两种关系也提出了自己的看法和期望。[1]因此，面对以审判为中心的诉讼制度改革，原有的诉辩关系需要进行一定改进和完善。

（一）诉辩关系现状

1. 检律互不信任

实践中，检察官与律师往往互不信任、心存抵触，诉辩之间呈现出一种紧张、对立的关系。具体表现为：律师一般很少将自己收集的证据在庭前交于检察官审查，而是待到开庭时"突袭"；律师认为检察官基于追诉犯罪的立场通常不会主动收集对被告人有利的证据，故径直向法院申请调取证据。一些检察官认为，犯罪嫌疑人翻供往往是在律师的引导下做出的，片面地认为是律师教坏了犯罪嫌疑人，甚至是律师从中作梗，阻碍诉讼顺利进行；更有少数检察官认为律师"专为坏人说好话"，"得人钱财，与人消灾"，甚至极端地认为律师是"讼棍"，通向权力的"掮客""与政府站在对立面"。[2]诉辩关系的紧张源于不信任，而不信任的原因在于缺乏真诚有效的沟通，对抗异化为敌视。这不但不利于保障被告人的合法权益，也有损刑事诉讼的目的和公平正义的实现。究其原因，在侦查中心主义下，公检法之间往往过于重视配合，而有些"抱团"排挤、抵触辩护的现象，这导致三机关有意或者无意忽视了辩护制度在防范冤假错案、维护公平正义方面的作用。实践中出现的一些极端案例也表明，部分检察官对诉辩关系缺乏正确、理性的认识。[3]

---

[1] 《最高人民检察院关于加强出庭公诉工作的意见》中强调，公诉人应强化理性平和文明规范的出庭理念，与辩护人理性平和抗辩，做到"对抗而不对立、交锋而不交恶"。

[2] 樊崇义："刑事辩护的障碍与困惑透视"，载《河南省政法管理干部学院学报》2001年第3期。

[3] 最典型的莫过于长沙市雨花区人民检察院函告长沙市司法局事件。2017年5月16日，在长沙市雨花区人民检察院提起公诉的李某某等人涉嫌容留卖淫一案的庭审过程中，在庭审辩论环节，辩护律师发表了卖淫嫖娼有利于减少强奸等恶性犯罪的案发，有利于维护社会稳定的辩护意见。检察机关认为此辩护意见有违法律规定和公序良俗，其作为法律监督机关，为此向长沙市司法局发出函告并要求函复。此事件所折射出的部分检察官对于法律监督职能、律师地位、辩护作用及诉辩关系的理解和认识，不得不引起我们的深思。

而有些律师为了博取眼球、提高个人知名度，在一些社会关注度高的案件中，以个人利益为主，全然不顾案件事实和被告人权益。

2. 缺少价值认同

检察官与律师作为法律职业共同体的两大主要角色，在价值追求方面具有一定的契合性，他们都将防范冤假错案、维护公平正义作为自己所追求的价值目标之一。然而实践中，检律之间都多少有些回避这些共同的价值准则，而更强调二者之间的差异，由此导致二者之间的关系呈现更多的是对立和紧张。究其原因在于，部分检察官往往认为自己是打击犯罪的"急先锋"，而忽视了自己本应承担的客观义务，不尊重、不理解辩护律师的工作，片面认为律师介入刑事诉讼是徒增障碍，故不认真执行有关保障律师执业的规定。与此同时，这种环境催生了律师"弱势角色"心理。一些律师在这种心理支配下，往往会采取一些过激的"死磕"行为，揪住一些轻微的程序问题大做文章，这无疑导致本来就不和谐的诉辩关系更加雪上加霜。不少律师认为，检察官不具有刑事诉讼的终局作用，故不屑甚至不愿与检察官沟通、联系。而侦查中心主义下的法官往往对检方照顾有加，对辩方不冷不热，甚至当庭变相打压辩方，限制辩方辩论权的情形也时有发生，这无疑更加剧了检律之间的紧张关系。价值理念的背反，不仅使得律师不能积极、主动、正确地履行法律赋予的各项权利，而且导致检察官在保障律师权利方面缺乏动力，进而不利于法律职业共同体的养成。

3. 沟通机制不畅

正如前文所言，不信任源于缺乏真诚有效的沟通。信息不对称只会产生矛盾，增加误会。庭外有效沟通交流渠道的匮乏，导致庭上剑拔弩张，经常纠结于一些细枝末节的问题，影响诉讼效率，浪费司法资源。庭前会议并未发挥其应有的制度功效，双方在庭前会议中争论的问题在庭审中又会被提起。诉讼过程尽管充满对抗性，但结果却并不尽如人意，"双输"的情形并不少见。[1]正式沟通渠道的梗塞、制度化沟通机制的缺失，导致"线下"非正式沟通一定程度地存在，这为利益输送、权力寻租等"潜规则"的产生提供了"温床"。例如，受利益诱惑，有的律师大部分精力都用来攀附关系，通过违

---

〔1〕 冀祥德、张文秀："从对抗转向合作：中国控辩关系新发展"，载《中国司法》2011 年第 12 期。

反职业道德甚至采用行贿等违法犯罪手段来获取案源或者换取犯罪嫌疑人、被告人的从轻、减轻处罚。

4. 权利保障不足

权利保障不足突出表现在检察机关对律师依法执业的权利保障不够。最直接的体现就是对律师阅卷权、调查取证权等权利的限制，具体表现为：在审查起诉阶段，故意为律师阅卷设置障碍，或不让其查阅关键证据，或者故意拖延安排阅卷时间；对于律师提出的调取证据或者取保候审的申请，要么不闻不问，要么敷衍塞责；对于律师提出的无罪意见往往重视不够，少有回应；等等。加之实践中对于检察机关侵犯律师上述执业权利的行为进行追责缺少法律规定，律师投诉后，相关部门的追责往往只停留在批评教育和整改纠正阶段，缺乏足够的震慑力[1]，一定程度上损害了检律、诉辩关系的良性互动。

总之，虽然律师法、刑事诉讼法进一步强化了辩护权，并对检察权作了一些限制，但诉辩关系不和谐现象仍然客观存在。这种现象可以概括为：心理上相互戒备、情感上相互排斥、舆论上相互贬低、工作上互设障碍。攻防对抗角色的庸俗化导致诉讼信息封锁、诉讼证据偷袭、浪费司法资源、增加诉讼成本、公正司法难度加大。[2]要切实改变目前诉辩关系不正常的现状，除律师要深化对自身职责的认识、规范执业行为外，还需要检察机关转变观念，认真领会以审判为中心诉讼制度改革对诉辩关系提出的新要求，为律师行使辩护权创造便利条件，营造和谐的辩护环境。

（二）审判中心主义改革对诉辩关系的可能影响

以审判为中心的诉讼制度改革对当下诉辩关系的影响包括两个方面。

1. 诉讼结果更加不确定

侦查中心主义下的传统刑事诉讼构造，呈现的是一种"流水作业式"的结构，案件结果实际上在侦查阶段就基本确定，之后的审查起诉和审判只是

---

〔1〕　张思东、赵宇峰："以审判为中心的诉讼制度改革背景下的检律关系透视"，载《行政与法》2017 年第 4 期。

〔2〕　秦国文、董邦俊："论'以审判为中心'视野下新型检律关系之构建"，载《浙江工商大学学报》2015 年第 3 期。

对先前内心预判的再确认。[1]诉讼结果在侦查阶段的过早确认，使得审判结果变得毫无悬念，降低了庭审控辩双方的对抗性，辩护律师对辩护工作自然就失去了积极性和主动性，庭审变成了控方的"独角戏"。而审判中心主义要求切断侦查与审判的直接关系，降低侦查对审判的不当干扰，由此诉讼结果变得不可预测，这无疑为律师辩护工作提供了动力。

2. 各种证据规则被充分"激活"

侦查中心主义下的各项证据规则基本处于"沉睡"状态：证人不到庭使得证人出庭作证制度的初衷基本落空，非法证据排除规则在实践中也面临着不愿排、不敢排、不会排和选择性排除的尴尬境遇。以审判为中心的诉讼制度改革，必然要求贯彻直接言词原则，要求裁判建立在言词辩论的基础之上，充分发挥庭审准确认定事实、正确适用法律、保障诉讼权利的应有功能。让法官的心证建立在充分的庭审实质化基础之上，最大程度降低庭审之外的证据，尤其是案件笔录对法官心证的不当影响。同时以审判为中心的诉讼制度改革对证据裁判原则的强调和重申，意在加强对违法取证行为在证据采信方面不利后果的"制裁"。这些规则的"激活"，无疑会增强庭审的对抗性，提高律师辩护的积极性。

(三) 未来关系愿景：尊重与平等

鉴于以审判为中心诉讼制度改革对诉辩关系的可能影响以及当前的诉辩关系已不能完全满足改革的要求，笔者认为，审判中心主义下的新型诉辩关系应以尊重和平等为价值导向，具体包括三个方面的内容。

1. 转变理念

首先，检察机关应改变以往过于追求打击犯罪、片面追求胜诉结果的倾向。检察机关除应承担追诉犯罪的任务外，还应履行客观义务。在我国，检察机关是宪法规定的法律监督机关，是国家和社会公共利益的代表，同时也是公平正义的守护者，这决定了检察机关在诉讼中并非案件的当事人，而是准司法官，这要求检察官在办案过程中应基于客观公正立场，忠于事实和法律，准确认定案件事实，正确适用法律规定，认真听取辩护意见，切实保障

---

〔1〕 陈瑞华："从'流水作业'走向'以裁判为中心'——对中国刑事司法改革的一种思考"，载《法学》2000 年第 3 期。

律师权利。就律师而言，同样应在事实和法律基础上，配合做好庭前会议工作，与控方理性抗辩，以理服人，而不应过分推崇"死磕式"辩护，更不应抓住一些轻微程序瑕疵问题就恶意炒作。其次，检律双方应树立二者同属法律职业共同体的理念。二者虽然分工不同，但都承担着维护公平正义的历史使命和社会责任。二者工作具有兼容性，虽然对个案存在认识上的分歧，但并无原则上的矛盾。最后，检察机关应重视辩护律师在刑事诉讼中的作用。在最近几年披露的一些冤假错案中，辩护律师虽然提出了被告人遭受刑讯逼供、不排除非法证据的意见，但并未引起办案机关足够重视，究其原因，在于检察机关对于律师在防范冤假错案、维护公平正义方面的作用缺乏正确认识。

2. 保障权利

与拥有强大诉讼资源、掌握国家公权力的检察机关相比，受到人力、财力和时间限制的律师明显处于弱势地位。基于诉讼构造对抗而产生的一定利益冲突，往往导致检察机关较少主动维护律师权利，鲜有为律师维权的积极性。对于律师提出的各种意见和诉求，不是置之不理，就是尽量回避，不予接受，造成检律关系的紧张和冲突。客观而言，检律关系不和谐的最大因素是对律师权利保障不足。因此构建良性的诉辩关系，需要检察机关和检察官摒弃权力本位主义，积极保障律师在刑事诉讼活动中的调查取证权、会见权、阅卷权、知情权、控告申诉权等权利，细化、实化保障措施。例如：对于律师提出的法律意见和请求，应规定一个具体的回复期限；对于案件的诉讼流程，应尽可能公开化，尤其对于一些关键节点如退回补充侦查、提起公诉等，应当及时通知律师；对于律师针对办案人员的控告申诉，纪检监察部门应作出书面回复，并告知其救济途径。

3. 构建机制

首先，应建立、完善沟通机制。检律之间的交流除了法庭上的"你来我往"，还应当在开庭之外的工作环境中切磋沟通。检察机关、律师协会、司法行政机关应为检律的交流沟通积极创造条件、提供平台。例如：律协在召开一些学术研讨会时，可以邀请检察机关的业务骨干到现场交流经验；而检察机关在办理一些疑难案件时，既可以邀请一些资深律师参加研讨，也可以定期召开座谈会，就案件办理过程中双方存在的实体和程序问题交换意见。在构建交流沟通机制方面，检察机关应体现出足够的诚意，打消律师的顾虑。同时也要建立律师违规定期通报制度。其次，完善听取律师意见机制。检察机关在决定逮捕和决定起诉前都应全面听取律师意见，并作出有针对性的回复，提高对律师法律意见的重视程度，对意见内容进行重点分析和研判，提高办案质量。最后，完善违法违规惩戒机制。检察官与律师应加强自我约束和彼此约束，遵守职业道德与执业规范。检察机关对于受理的妨碍律师依法执业的违法行为，要积极核查，保障律师无障碍执业，并将惩戒结果通报律师协会并告知相关律师。对于故意炒作、妨害作证的律师，也应根据情节轻重，依法追究责任。只有建立严厉的违法违规惩戒机制，才能促进检律关系的良性发展。

## 第三节　庭审实质化的检察应对[1]

党的十八届四中全会通过的《中共中央关于全面推进依法治国若干重大问题的决定》明确提出"推进以审判为中心的诉讼制度改革"，核心就是要加强庭审实质化。而何谓庭审实质化，庭审实质化对公诉工作有着怎样的影响以及面对这一历史潮流检察机关该如何应对，下文将着重予以论述。

### 一、庭审实质化的内涵

所谓庭审实质化，又称庭审中心主义。最高人民法院在 2013 年召开的第六次全国刑事审判工作会议上首次提出"审判案件以庭审为中心"。庭审中心主义与审判中心主义的内在关系表现为：庭审中心主义是审判中心主义实现的主要途径，没有以庭审为基础的审判活动，审判中心主义的诉讼地位不可能确立，审判的正当性和权威性也无以产生和存在。[2]庭审是包括非法证据排除规则、公开审理原则、辩护原则等在内的重要价值原则得以适用的重要载体。没有庭审的审判，很容易滑入侦查中心主义。庭审实质化的提出，目的就是通过贯彻直接言词原则，解决司法实践中长期存在的庭审流于形式的问题，克服案卷笔录中心主义下辩护权受到削弱、控辩双方不平等的局限，使得庭审活动真正成为揭示事实真相和保障人权的场域。此外，庭审实质化

---

〔1〕 该节内容参见哈腾："庭审实质化的检察应对"，载《西部学刊》2018 年第 8 期。

〔2〕 顾永忠："'庭审中心主义'之我见"，载《人民法院报》2014 年 5 月 16 日，第 5 版。

还突出了审判终局裁判地位，加强了审判对侦查行为、起诉行为的反向制约和引导，以此完成对"流水作业式"的线型诉讼结构的改造，实现刑事诉讼"等腰三角形"诉讼结构的均衡。

## 二、庭审实质化对公诉工作的影响

### （一）对公诉办案理念的影响

审查起诉作为连接侦查与审判的中间环节，对于侦查环节的错误本应起到有效的把关和过滤作用，但由于我国检察机关有着强烈的追诉犯罪倾向，"重打击、轻保护""重配合、轻制约"的陈旧思想仍然存在，实践中过于注重与公安机关的配合，检察官的客观义务一再缺失，审查起诉把关不严。从披露的冤假错案可以看出，侦查机关侦查终结的案件移送给检察机关后，在审查起诉过程中存在讯问犯罪嫌疑人走过场、对辩护人的意见不够重视、轻信侦查机关的证据以及侦查结论、对于不具备起诉条件的案件坚持起诉等现象。以上种种行为都是侦查中心主义的诉讼理念在公诉工作中的具体体现。审查起诉是以审判为中心的诉讼制度改革的中间环节，也是防范冤假错案的重要屏障，因此改革要求检察机关全面履行客观义务，做好法律守护人，防范冤假错案的发生。

### （二）对证据审查模式的影响

在以往传统的以侦查为中心背景下，将口供作为认定案件事实的主要依据一直以来是检察机关采信证据的主要方式，主要表现为：围绕口供来构建证据体系、以其他证据来印证口供、将口供作为定罪量刑的主要依据。犯罪嫌疑人、被告人供述和辩解（口供）作为一个证据种类，对于侦破案件、查明案件事实乃至对被告人定罪量刑都起着至关重要的作用。但由于口供这类证据具有主观性强、不稳定的特点，加之侦查机关可能存在刑讯逼供的情形，口供的真实性无法保证。通过梳理和分析以往刑事错案产生的原因，我们不难发现，对口供的过度依赖是促成刑事错案的重要因素。尽管司法实践中刑事错案的发生与发展过程不尽相同，但口供中心主义的影子在各个诉讼阶段却随处可见。以赵作海案为例，侦查机关通过刑讯逼供获取了赵作海的有罪供述，并以此口供为核心构筑了有罪证据体系，然而该证据体系却与案件事实存在明显的矛盾。检察机关最初也以"事实不清、证据不足"退回补充侦查两次，但是在政法委的协调下，最终接受了侦查机关构筑的以口供为中心的证据体系，并主要以被告人的供述来审查案件事实，忽视了口供证据与案件事实之间的矛盾，在没有达到排除合理怀疑证明标准的情况下将案件起诉至法院。尽管该案的发生与政法委的不当干预有关，但是以口供为中心，忽视对物证、书证等客观性证据进行审查的证据审查模式，对于该起错案的"铸就"起到了推动作用。

（三）对出庭公诉方式的影响

庭审实质化不仅对公诉人的证据审查能力提出了更高的要求，给公诉人的询问、举证、质证、辩论等出庭公诉能力亦带来了新的挑战。公诉人通过审查证据，将非法证据排除在庭审"大门"之外，防止案件"带病起诉"，为之后的出庭公诉打下了坚实的证据基础，而将这些审查后的证据以一种怎样的方式呈现在法官面前并对此加以分析说理以达到预期的指控效果，则考验着公诉人的出庭智慧。庭审活动是法官运用自由心证、形成内心确信的重要渠道，包括证人、鉴定人出庭作证制度在内的庭审实质化改革举措的主要目的，就是要增强法官审理案件的直接性和亲历性，而证人出庭必然导致庭审过程中举证、质证环节的结构发生重大变化，这从根本上改变了以往对书面证言和鉴定意见进行举证、质证的传统做法。如何对出庭证人进行交叉询问就成了摆在公诉人面前最现实且重大的问题。交叉询问作为"舶来品"，是对抗制审判中一种典型的人证调查方式，强调控辩双方对证人进行交替询问，这是直接言词原则的具体体现，也是庭审实质化的重要表现。在案卷笔录中心主义下，法官往往不通知证人出庭作证而由公诉人"照本宣科"直接宣读言词证据，这虽然大幅度提高了庭审效率，但也使得公诉人缺乏交叉询问的经验，询问能力不足已成为公诉人出庭公诉能力中的主要短板。此外，从之前媒体曝光的一些为社会公众所瞩目的重大刑事案件中，我们不难发现，程序性辩护逐渐成为辩护人主要的辩护方式，甚至部分案件中的个别辩护人不对案件的实体问题发表辩护意见，整个庭审都在围绕司法机关诉讼程序是否合法进行交锋。在程序性辩护的案件中，辩护人经常采用以程序辩护、证据辩护为主的方式，质疑公安机关、检察机关侦查取证甚至出庭公诉行为的合法性，试图将侦查人员、公诉人员置于一种被控告和受审判的诉讼境地。通过这种"以攻为守"的辩护策略，将被告人是否承担刑事责任的问题暂时搁置，让侦查人员、公诉人员的诉讼行为合法性问题成为庭审的核心问题，以达到转移庭审焦点、掩人耳目的目的。[1]面对律师的程序性辩护，部分公诉人并未做好充分的思想准备和知识储备：有的公诉人证据把关不严，一些瑕疵证据成为"漏网之鱼"，如提取、收集、固定证据过程中出现不规范问题应该补正而没有补正的、应该作出说明而没有说明的，给辩护律师的程序性辩护留下了"把柄"；有的公诉人程序法学习不够深入，骨子里认为庭审只是走过场，举证、质证的"形式化"特征严重，一旦遇到高强度对抗的辩护团队就变得手忙脚乱、不知所措。因此公诉人打破既有的陈旧认识、加强包括交叉询问技巧在内的庭审实务技能的学习和训练、提升庭审的应变能力迫在眉睫。

### 三、检察机关应对庭审实质化的路径与方法

通过前文的分析，检察机关应对庭审实质化的路径已清晰可见，以树立以审判为中心的诉讼理念为主体，以提高证据审查能力和出庭公诉能力为两翼，积极打造"一体两翼"的公诉实战技能，将成为检察机关应对庭审实质化的必然选择。[2]诉讼结构以审判为中心，必然要求检察机关积极打造和锤炼公诉人的证据审查和出庭公诉两项核心技能，且两项技能的培养和提高都需要紧紧围绕以审判为中心诉讼理念这条主线展开，提高证据审查能力和出庭公诉能力是贯彻以审判为中心诉讼理念的具体体现，是庭审实质化的根本要求。只有理念先行，并辅以能力之"翼"，真正做到"理念与能力齐飞"，检察机关在面对庭审实质化的改革大潮时，在履行自己的法律监督职能时，才能有足够的底气。

（一）提高证据审查能力的具体方法

1. 坚持排除合理怀疑的证明标准

"排除合理怀疑"是我国《刑事诉讼法》所确立的证明标准。"排除合理怀疑"在《布莱克法律词典》中的解释为"全面的证实、完全的确信或者一种道德上的确定性"，"'排除合理怀疑'的证明，并不排除轻微可能的或者想象的怀疑，而是排除每一个合理的假设，除非这种假设已经有了根据"。[3]

---

[1]　陈瑞华："程序性辩护之初步考察"，载《燕山大学学报（哲学社会科学版）》2005 年第 1 期。

[2]　参见哈腾："庭审实质化的检察应对"，载《西部学刊》2018 年第 8 期。

[3]　参见樊崇义主编：《证据法学》（第五版），法律出版社 2012 年版，第 347 页。

"排除合理怀疑"应当是建立在全案证据基础之上所得出的结论,是对全案证据总的要求。在经过对证据的真实性和合法性进行审查之后,全案证据之间必须没有矛盾,共同指向案件的唯一结论,也就形成了排除合理怀疑的内心确信。最高人民法院在有关文件中对排除合理怀疑证明标准进行了强调和重申。[1] 司法实践中存在的证据运用的种种乱象,其本质偏离了刑事诉讼法所确立的证明标准,以实际办案的需要来人为降低有罪的证明标准,践行着有罪推定的理念,造成了"疑罪从轻"等司法怪象,也造成了刑事错案的频发。因此为了防止刑事错案,保障人权,让全社会都感受到公平正义,检察机关必须严守"排除合理怀疑"这一证明标准。

2. 严格执行非法证据排除规则

检察机关在审查批准逮捕以及审查起诉时的重要任务是审查证据是否系合法取得,有无应当排除非法证据的情形。检察机关审查非法证据,可以采用公开审查的方式,提高审查程序的透明度。具体程序包括:①讯问犯罪嫌疑人或者询问被害人,让其陈述被非法取证的具体细节;②听取辩护人或者诉讼代理人对非法取证行为的意见;③如果犯罪嫌疑人被羁押,审查讯问过程的录音录像以及讯问笔录;④审查看守所的体检记录并询问相关人员;⑤听取涉嫌非法取证的侦查人员的意见;⑥审查其他能够证明非法取证行为存在与否的证据。司法实践中,侦查人员通常会对犯罪嫌疑人进行多次讯问,每次讯问都会制作相应的讯问笔录,对于犯罪嫌疑人在其他时间、地点所作的与非法方法取得的供述内容一致的供述,应该区别对待。犯罪嫌疑人在遭受刑讯逼供等非法取证方法之前的供述,如果确属自愿作出,可以作为指控证据使用。犯罪嫌疑人在遭受刑讯逼供等非法取证行为之后的多次有罪供述,通常应加以排除。原因是刑讯逼供等非法取证行为会给被讯问人造成心理恐惧,这种心理恐惧会一直存在于非法刑讯之后的每一次讯问中,尽管之后的讯问没有再进行刑讯,但是之前刑讯等非法取证的效果仍然发挥着作用,故

---

[1] 最高人民法院在《关于建立健全防范刑事冤假错案工作机制的意见》中特别指出,犯罪现场遗留的可能与犯罪有关的指纹、血迹、精斑、毛发等证据,未通过指纹鉴定、DNA 鉴定等方式与被告人、被害人的相应样本作同一认定的,不得作为定案的根据。涉案物品、作案工具等未通过辨认、鉴定等方式确定来源的,不得作为定案的根据。对于命案,应当审查是否通过被害人近亲属辨认、指纹鉴定、DNA 鉴定等方式确定被害人身份。

很难保证犯罪嫌疑人的供述是自愿真实的。因此,除非能够证明犯罪嫌疑人是自愿供述,否则犯罪嫌疑人自被刑讯逼供之后作出的有罪供述都不应当作为指控犯罪的证据。

3. 确立客观性证据的审查模式

客观性证据审查模式是以客观性证据为主的证据印证模式。[1]客观性证据审查模式的优势集中在对冤假错案的防范和纠正上。该模式要求突出、强化对客观性证据的深度挖掘和综合运用,通过对物证、书证等客观性证据的科学检验和鉴定分析,建立犯罪事实和犯罪嫌疑人之间的联系,并通过提取笔录、现场勘验笔录等证据来审查客观性证据的来源,进而结合言词证据和现场重建,对整个证据的收集工作进行"复盘",发现可能被遗漏、忽视的其他证据,以补充完善整个证据链条。[2]

(二)提高出庭公诉能力的具体方法

1. 重视庭前准备工作

公诉人要做到依法、规范、科学和有效出庭支持公诉就必须对庭前准备工作有足够的重视。庭前准备工作主要是强化对证据的审查,审查证据是否客观、合法,证据之间是否相互印证,能否组成完整、统一的证据链条,能否排除合理怀疑,程序方面是否存在重大瑕疵。对于发现的可能影响起诉的重大程序和实体问题应及时进行补救,充分发挥庭前会议作用,认真听取诉讼参与人特别是辩护律师的法律意见和建议,充分预测庭上被告人供述和辩解的基本内容、被害人和证人言词证据的基本证明状况、辩护人尤其是律师和诉讼代理人的辩护意见重点和诉讼代理倾向、可能出示的证据以及围绕证据"三性"进行的质疑,防止证据突袭。针对被告人可能翻供或者辩护人作无罪辩护的情形,应及时做好应急预案,对于庭审中可能出现的关于案件事实认定、定罪量刑、证据运用和法律适用等方面的问题和难点,应做好充分的心理准备和案件材料方面的准备。

2. 优化、改进举证、质证方式

随着庭审的实质化,证人、鉴定人出庭作证次数增多,传统的罗列证据

---

〔1〕 具体含义参见樊崇义、赵培显:"论客观性证据审查模式",载《中国刑事法杂志》2014年第1期。

〔2〕 参见樊崇义、赵培显:"论客观性证据审查模式",载《中国刑事法杂志》2014年第1期。

的举证、质证方式已略显滞后。公诉人举证时按照一定逻辑关系，如案件发生的前后顺序、各被告人作用大小等对证据进行一定排列组合是增强证据论证直观性的前提。出示证据原则上要选择最重要、最有证明力和最能支持公诉观点的证据，科学合理地布局示证体系，做到条理清楚、层次分明。为了增强示证的直观性，可以增加多媒体示证等新型方式。对案件的举证，应区分不同情况，采取不同应对策略。对认罪认罚的被告人，举证应简明扼要，必要时可以省略（如适用速裁程序的案件）；对拒不认罪的被告人，要把举证重点放在证明犯罪的构成要件上，对罪与非罪、此罪与彼罪的论证应充分有力。对社会影响大、舆论关注度高的案件，应将举证重点放在作案手段、主观恶性以及犯罪后果上。公诉人答辩应及时，防止因答辩不及时给合议庭以及旁听人员造成回避质疑的不良印象。同时针对辩护人的质疑，公诉人应针对性地进行答辩，并采用不同的答辩技巧，例如：当辩护人对证据取得的真实性质疑时，公诉人应当从证据来源、取证程序合法性方面作出说明；当辩护人对证据的关联性质疑时，公诉人应结合其他间接证据以及证据之间的印证、吻合程度就证据的关联性、证据链条的完整性作出回应。

3. 提高交叉询问的能力

由于证人害怕被打击报复，在我国传统的司法实践中证人出庭作证的情形并不多见，即使出庭作证，证人由于顾虑重重加之受自身文化程度和知识结构的影响，证人证言的真实性也会受到影响。随着庭审实质化的加强，证人出庭作证的情形逐渐增多，交叉询问成为公诉人必备的技能之一。具体而言，提高交叉询问的能力应当从三个方面着手：首先，公诉人在庭前应对案件基本事实、争议焦点、法律适用难点以及交叉询问规则等内容熟稔于心，并有针对性地拟定询问提纲。其次，在庭审过程中，公诉人应照顾、引导好证人情绪，注重询问的方式、语气和态度。发问要有针对性，直指要害。当证人答非所问或者陈述与案件无关的内容时，应及时予以提醒并引导其回到所要回答的问题上，以提高询问效率，掌控庭审节奏，防止被证人带偏。最后，在庭审过程中，要恰当运用异议权对辩方的不当询问进行干预和制止，以防止对合议庭的事实判断产生错误引导。[1]

---

〔1〕 范群："证人出庭对公诉人举证质证的影响及对策"，载《人民检察》2016 年第 2 期。

4. 积极应对律师的程序性辩护

随着《刑事诉讼法》的修改，司法实践中"重实体、轻程序"的传统观念得到了一定程度的纠正，辩护律师的程序意识不断增强，个别律师的"死磕式"辩护策略，给公诉人出庭带来极大的挑战，公诉人的出庭思维、出庭理念应当进行适当调整。这就要求公诉人一方面在案件审理过程中，对于非法证据和瑕疵证据要尽量在庭前程序中解决掉，该排除排除，该补正补正，认真核实犯罪嫌疑人的辩解，虚心听取辩护律师的意见，认真排查案件可能存在的各种程序隐患，最大程度降低诉讼风险。对于证据、程序方面确实存在难以补救的问题的案件，要敢于坚持原则，绝不"带病"起诉。另一方面，公诉人不仅要加强对《刑事诉讼法》及相关司法解释的学习，同时还要了解和掌握具体某类犯罪的相关程序性规定〔1〕。在平时的岗位练兵中，应适当增加关于应对程序性辩护的实战演练；在公诉观摩庭的考评细则中，也应当加强对公诉人程序性辩护应对能力的考察。

## 第四节　庭前会议中的法律监督〔2〕

为实现司法证明实质化、控辩对抗实质化、依法裁判实质化，在听取试点法院意见、观摩庭审并征求专家意见的基础上，最高人民法院于 2017 年 11 月印发了"三项规程"〔3〕，自 2018 年 1 月 1 日起在全国试行，全面助力以审判为中心的刑事诉讼制度改革。而作为庭审准备程序的庭前会议，一方面为非法证据的排除提供了程序场域，另一方面作为整理证据、明确争点的程序载体，为之后进行的法庭调查有的放矢、确保庭审实质化的实现奠定了基础。因此《人民法院办理刑事案件庭前会议规程（试行）》（以下简称《庭前会议规程》）在该"三项规程"中的重要地位不应被忽视。下文就《庭前会议

---

〔1〕　如 2016 年 7 月 1 日正式施行的最高人民法院、最高人民检察院、公安部发布的《办理毒品犯罪案件毒品提取、扣押、称量、取样和送检程序若干问题的规定》。

〔2〕　该节内容参见哈腾："论庭前会议制度完善与检察职能实现——以《庭前会议规程》为视角"，载《江西警察学院学报》2018 年第 4 期。

〔3〕　即《人民法院办理刑事案件庭前会议规程（试行）》《人民法院办理刑事案件排除非法证据规程（试行）》和《人民法院办理刑事案件第一审普通程序法庭调查规程（试行）》。

规程》出台背景及特点作一述评，并在此基础上探讨检察机关参与庭前会议的价值定位及程序完善路径。

## 一、《庭前会议规程》出台的背景

### （一）制度层面

#### 1. 规定粗疏

2018 年修正前的《刑事诉讼法》第 182 条第 2 款在规范层面初步构建了具有中国特色的刑事庭前会议制度[1]。由于只是原则性规定，其宣示性、象征性色彩较浓。虽然之后"两高"的解释对该规定进行了一定程度的细化，但某些细节性问题仍未明确，指导性、可操作性仍显不足。如庭前会议的启动方式、被告人应当参加庭前会议的情形、控辩双方在庭前会议中的权利、非法证据在庭前会议中如何排除、庭前会议中达成合意事项的法律效力如何、正式庭审中程序如何处理、是否可以反悔以及什么情形下可以反悔等，都未明确规定，这也是导致庭前会议制度司法实践运行状况与立法预期形成巨大落差的主要原因。

#### 2. 功能有限

制度预期功能的充分发挥主要取决于制度主体权利配置的合理性与科学性。具体到庭前会议制度，《刑事诉讼法》仅规定审判人员参加庭前会议的目的是"了解情况，听取意见"，而未赋予审判人员对于争议事项的实质处分权。"'了解情况，听取意见'束缚住了法官的手脚，导致庭前会议并不能确保非法证据的排除通过像庭审似的科学、完备的调查机制加以解决。"[2]影响正式庭审顺利、集中进行的障碍仍然存在，导致庭前会议实践终沦为"过场会"，这无疑从根本上限制了庭前会议制度功能的充分、有效发挥。

#### 3. 衔接不畅

实践中，个别地方已经开始尝试对于庭前会议中就某些达成一致意见的证据在正式庭审中简要出示、对在庭前会议中确定为非法证据的庭审中不再出

---

〔1〕 该条款规定，在开庭以前，审判人员可以召集公诉人、当事人和辩护人、诉讼代理人，对回避、出庭证人名单、非法证据排除等与审判相关的问题，了解情况，听取意见。

〔2〕 陈卫东、杜磊："庭前会议制度的规范建构与制度适用——兼评《刑事诉讼法》第 182 条第 2 款之规定"，载《浙江社会科学》2012 年第 11 期。

示的做法。这一做法本身契合了立法关于庭前会议制度的功能定位，符合立法的初衷，但在具体操作时，由于正式庭审的主审法官在法庭调查开始前，并未宣布庭前会议的调查情况以及关于控辩双方达成的一致意见和存在异议的处理意见，尤其未对控方撤回某些证据以及驳回辩方提出的非法证据排除申请作出解释说明，控辩审三方以外的其他人，特别是旁听的民众以及观看庭审直播的观众不明所以，进而产生"暗箱操作、裁判不公"的怀疑。宣布和确认环节的缺失，割裂了庭前会议与法庭调查程序之间的联系，不利于消除控辩双方对庭前会议处理结果的争议，同时对整个庭审效果也造成了一定的消极影响。[1]

（二）实践层面

1. 不够重视

有学者曾对我国庭前会议在司法实践中的适用情况做过实证研究[2]，总体来看，该项制度存在适用率较低的问题。究其根源，一方面是法官、检察官和律师"不愿用"庭前会议，召开和参与主体有各自的顾虑。在员额制法官改革尚未彻底完成、办案资源有限、"案多人少"矛盾未得到根本缓解的情况下，无法"抽身"于行政事务的法官无暇召开庭前会议。在庭前会议记录效力未明确的情况下，检察机关认为"多一事不如少一事"，因为尽管控辩双方在庭前会议中就某些事项达成了一致意见，但由于该意见缺乏法律约束力，正式庭审中对方仍可以就同一事项提出异议，检察机关参与庭前会议积极性不高、动力不足。律师除和检察机关有着同样的顾虑外，出于对庭审效果的考虑，也不愿过早透露自己的辩护策略，亮出自己的"底牌"。另一方面是法官、检察官和律师"不会用"庭前会议。受困于制度设计的粗疏，现行法律关于庭前会议的规定过于原则化而缺乏具体可操作性，如庭前会议召开的时间、地点、方式，控辩双方可以就哪些事项进行讨论，非法证据在庭前会议中如何排除等，现行法律对此都未给出明确的答案，由此造成相关主体"想

---

〔1〕　参见哈腾："论庭前会议制度完善与检察职能实现——以《庭前会议规程》为视角"，载《江西警察学院学报》2018年第4期。

〔2〕　截至2016年12月1日，该学者在中国裁判文书网共收集到适用庭前会议程序的刑事案件裁判文书532份。在532个案件中，2012年审理的仅2件，2013年审理86件，2014年审理203件，2015年审理169件，2016年审理72件。参见赵学军、明叶青："实证分析视角下的刑事庭前会议程序规制"，载《天津法学》2017年第2期。

用而不会用"庭前会议的尴尬局面。

2. 做法多样

规范层面的粗疏，导致了实践中的做法混乱多样。例如：其一，关于庭前会议由谁主持的问题。《刑事诉讼法》将庭前会议主持人限定为"审判人员"，而审判人员包括的人员类型较多，实践中就出现了审判长、合议庭成员中指定一名审判人员、案件承办法官以及合议庭外法官担任主持人的不同情形。其二，关于是否公开进行的问题。实践中存在公开和非公开两种形式。关于能否在庭前会议中排除非法证据的问题，有的地方在庭前会议中会对证据的合法性进行审查，对认定为非法证据的直接予以排除，有的则只是对非法证据排除问题"了解情况、听取意见"，待到正式庭审时才处理，还有的采取折中方案，对控辩双方达成合意的证据作出是否排除的决定，争议较大的则留待正式庭审解决。[1]

3. 效果不彰

规定的粗疏、观念上的不够重视、做法的混乱多样，导致庭前会议制度实践效果不彰，这种不彰主要体现在庭审效率提高有限以及被告人权利保障形式化两个方面。《刑事诉讼法》以及相关司法解释对庭前会议中法官所作决定的具体效力问题语焉不详，导致辩方在庭前会议中提出的异议还会在正式庭审中被重复提出，在适用庭前会议为数不多的案件中，庭前会议非但没有为正式庭审扫除障碍，反而无意中成了影响庭审效率提高的障碍，这无疑阻碍了庭前会议确保法庭集中审理、提高庭审质量和效率预期功能的实现，违背了立法初衷。而被告人权利保障形式化主要体现在对于未聘请律师的被告人参与庭前会议表达意见的权利保障不到位，对于被告人和辩护人提出的非法证据排除请求，法官也只是"了解情况，听取意见"，无法作出实质性决定。[2]

（三）认识层面

1. 认识不一

由于法律规定的粗疏，学界关于庭前会议中某些问题的认识存在较大的

---

〔1〕 参见哈腾："论庭前会议制度完善与检察职能实现——以《庭前会议规程》为视角"，载《江西警察学院学报》2018 年第 4 期。

〔2〕 参见哈腾："论庭前会议制度完善与检察职能实现——以《庭前会议规程》为视角"，载《江西警察学院学报》2018 年第 4 期。

分歧。例如，《刑事诉讼法》规定由审判人员主持庭前会议。如何界定"审判人员"，学界存在不同的认识：有人认为审判人员是指审案法官，在案多人少的现实背景下，由审案法官以外的其他审判人员主持庭前会议是不现实的，因为庭前会议以解决程序性事项为主，审案法官即使产生预断也是有限的，况且对控辩双方意见的听取反而有利于抑制法官偏见的形成[1]；有人认为此处的审判人员应指立案庭法官，理由是这样既不会增加更多的人员投入，又能防止法官预断[2]；有人认为庭前会议应由法官助理主持，这不仅有利于防止法官预断，同时也可避免案件在不同部门之间的流转导致的成本增加。[3]关于庭前会议中控辩双方能否进行辩论，学者间也有不同见解：有人认为控辩双方在庭前会议中的主要任务应是就一些程序性事项展开辩论，而不仅是简单的信息沟通[4]；有人认为，就证明力异议而言，庭前会议中的控辩双方只需就证明力的有无进行表态，而不可深入质证与辩论，否则有取代庭审质证的风险。[5]除此之外，关于庭前会议的启动方式以及处理事项范围等问题，学者之间也存在不同的看法。

2. 定位模糊

《刑事诉讼法》以及最高人民法院司法解释规定，在开庭之前，审判人员可以就与审判相关的问题，了解情况，听取意见，但"与审判相关的问题"仅指程序性问题还是包括被告人是否构成犯罪、是否可以进行认罪协商等在内的某些实体性问题并不明确。如果包括实体性问题，那么如何避免先定后审、庭审虚化的现象，法律以及相关司法解释并未给出明确答案，这反映了立法层面关于庭前会议程序根本属性的认识仍比较模糊。如果认为庭前会议由审案法官主持，并主要致力于解决程序性事项，则庭前会议从属性上讲更多的是附庸于庭审程序，是审判程序的一部分；如果庭前会议由合议庭成员以外的法官主持，并兼具实体性犯罪构成要件审查功能，那么此时的庭前会

---

〔1〕　钟毅："庭前会议程序该解决哪些问题"，载《检察日报》2013年9月27日，第3版。

〔2〕　陈卫东、杜磊："庭前会议制度的规范建构与制度适用——兼评《刑事诉讼法》第182条第2款之规定"，载《浙江社会科学》2012年第11期。

〔3〕　牟军、张青："法院审前准备与刑事庭审程序的运行"，载《西南民族大学学报（人文社会科学版）》2012年第5期。

〔4〕　施鹏鹏、陈真楠："刑事庭前会议制度之检讨"，载《江苏社会科学》2014年第1期。

〔5〕　莫湘益："庭前会议：从法理到实证的考察"，载《法学研究》2014年第3期。

议已经具有明显的准司法行为性质和相对独立的程序价值。

3. 价值偏离

从现有法律以及司法解释的相关规定可以看出，制度设计者更多的是关注庭前会议所承载的提高庭审效率和质量的价值，而多多少少忽视了程序主体尤其是辩护人、被告人权利的保障。如法律以及司法解释对辩护人是否享有召开庭前会议建议权、是否有权要求控方开示全部证据语焉不详，虽然规定了可以通知被告人参加，但该条规定的司法实践样态却异化为不通知是常态，通知是例外，并且即使通知了被告人参加庭前会议，对于那些没有聘请律师的被告人，法律并未规定为其提供法律援助，导致缺乏法律专业知识的被告人由于无法发表实质性的法律意见，参加庭前会议也就沦为了"走过场"。效率的提高不应以牺牲公正为代价，对程序主体表达权、参与权等权利的忽视，一定程度上损害了庭前会议程序的公正性。

## 二、《庭前会议规程》的特点

### （一）回应争议、统一认识

针对理论界关于庭前会议的某些重要问题存在较大分歧并进而导致实践中做法混乱多样的现状，此次最高人民法院制定的《庭前会议规程》就某些争论已久的问题终于给出了明确的答复。例如：关于庭前会议解决问题的范围，该规程规定仅限程序性事项，不处理涉及定罪量刑的实体性问题，同时也肯定了控辩双方均享有召开庭前会议的建议权；关于庭前会议由谁主持的问题，该规程规定庭前会议由承办法官或者其他合议庭组成人员主持，根据案件情况，合议庭其他成员可以参加庭前会议；关于庭前会议次数以及是否公开的问题，该规程规定可以多次召开，一般不公开进行；等等。《庭前会议规程》的出台，一定程度上消弭了认识上的分歧，平息了理论上的争论，规范了实践中的做法，彰显了庭前会议程序的严肃性和权威性。[1]

### （二）规定周全、内容详细

针对立法粗疏的问题，《庭前会议规程》充分考虑了庭前会议中的某些技

---

[1] 参见哈腾："论庭前会议制度完善与检察职能实现——以《庭前会议规程》为视角"，载《江西警察学院学报》2018年第4期。

术性细节，具有较强的可操作性，这主要体现在以下三点：一是，明确了应当召开庭前会议的情形。该规程除规定人民法院可以召开庭前会议的情形外，还明确了人民法院应当召开庭前会议的情形，即被告人及其辩护人在开庭审理前申请排除非法证据，并依照法律规定提供相关线索或者材料的。对于不召开庭前会议的，该规程还增加了释明义务，法官对此应说明理由，体现规程对非法证据排除的重视，避免了实践中庭前会议召开不区分具体情形的"一刀切"式做法。二是，兼顾了被告人参与庭前会议的诉求。该规程规定被告人申请参加庭前会议或者申请排除非法证据的，人民法院应当通知被告人到场，如果参加庭前会议的被告人处于羁押状态，可以在看守所办案场所召开。为了防止意外情况的发生，该规程还规定被告人参加庭前会议时应有法警在场，而多名被告人参加庭前会议的，应当采取必要措施防止串供。三是，细化了法院召开庭前会议的操作流程。该规程对庭前会议召开的地点、通知参会人员的时间、参会人员提出的异议如何处理、庭前会议与法庭调查程序之间的有效衔接都作出了具体的规定。[1]

（三）定位明确、关照现实

《庭前会议规程》对庭前会议的根本属性以及承载的价值目标做出了明确定位，即庭审准备程序不能弱化庭审，更不能取代庭审。[2]对于司法实践中庭前会议的实际运行状态与立法预期目标存在一定差距的现实问题，《庭前会议规程》给予了充分的关注并提出了多项应对措施：一是拓展了法官在庭前会议中的职能。《庭前会议规程》就法官在庭前会议中的职能已经不仅仅局限于"了解情况，听取意见"，还赋予了法官庭前会议中可以依法处理可能导致庭审中断程序性事项的实质性权力，以解决庭前会议"走过场"的问题，增强了庭前会议的实质化。二是加强了对程序主体权利的保障。《庭前会议规程》第 3 条第 4 款规定："庭前会议中进行附带民事调解的，人民法院应当通知附带民事诉讼当事人到场。"针对没有聘请辩护人而又申请排除非法证据的被告人，该规程规定，人民法院应当通知法律援助机构指派律师为被告提供

---

〔1〕　参见哈腾："论庭前会议制度完善与检察职能实现——以《庭前会议规程》为视角"，载《江西警察学院学报》2018 年第 4 期。

〔2〕　戴长林、刘静坤："让以审判为中心的刑事诉讼制度改革落地见效——对'三项规程'重点内容的解读"，载《人民法院报》2017 年 6 月 28 日，第 6 版。

帮助。以上举措无疑有效保证了法官在庭前会议中所作决定的客观性与公正性。三是赋予了庭前会议中法官决定以及控辩双方合意事项的法律效力。《庭前会议规程》第 10 条第 2 款规定："对于前款规定中可能导致庭审中断的事项，人民法院应当依法作出处理……控辩双方没有新的理由，在庭审中再次提出有关申请或者异议的，法庭应当依法予以驳回。"同时该规程又规定，对于控辩双方在庭前会议中就有关事项已经达成一致意见，而在庭审中又提出异议的，除非有正当理由，否则法庭一般不再对有关事项进行处理。以上规定无疑是有效消除庭审过于拖沓、确保庭审集中高效审理的"釜底抽薪"之举。四是丰富了庭前会议的功能。《庭前会议规程》还关注最新的司法改革成果，对接认罪认罚从宽制度，使得庭前会议兼具程序转换的前置功能，具有一定的时代性和前瞻性。

### 三、检察职能在庭前会议中的实现

通过梳理与庭前会议有关的理论文章和法律法规等相关文件，不难看出，无论理论界还是实务界、立法层面还是司法层面，更多的是关注法官、辩护人在庭前会议中权力（利）如何有效行使，而疏于对检察机关参与庭前会议价值的研究。笔者认为，庭前会议的参与主体是控辩审三方，庭前会议功能的发挥离不开控辩审三方积极、有效的参与。因此，不应忽视检察机关参与庭前会议的意义和作用。

（一）检察机关参与庭前会议的价值定位

1. 有利于保障庭前会议价值的实现

检察机关参与庭前会议的价值定位一定程度上依附于庭前会议自身的价值目标。设立庭前会议的初衷是保证法庭集中持续审理，真正实现庭审实质化。质言之，目的就是提高诉讼效益。诉讼效益是诉讼收益与诉讼成本之比。诉讼效益包括诉讼收益与诉讼成本两个基本要素，其中时间成本是诉讼成本中的一项重要指标。一般时间越长，诉讼耗费的人、财、物等资源就越多，诉讼效率可能会降低。因此时间本身就是一个宝贵的司法资源。[1]诉讼周期过长造成当事人诉讼成本的增加，进而打击当事人通过诉讼维护合法权利的

---

〔1〕 樊崇义主编：《诉讼原理》（第二版），法律出版社 2009 年版，第 176 页。

积极性，长此以往，将有损法律的权威和民众对司法程序的信心。[1]从人权保障的角度看，提高诉讼效益的实质是保障被告人获得迅速审判的权利，这符合联合国《公民权利和政治权利国际公约》第9条规定的精神。[2]但检察机关自身的宪法定位决定了检察机关参与庭前会议的价值不应完全成为庭前会议效益价值的附庸。虽然庭前会议程序的目标是追求效益价值，但不能因仅仅追求效益而失去程序正义。作为法律守护人，检察机关的任务之一就是要保护被告人免于警察的恣意和法官的擅断，检察机关参与庭前会议也有利于保证庭前会议程序的公平与公正。[3]

2. 有利于保障被追诉者的诉讼权利

在刑事诉讼中，被追诉者诉讼权利行使的有效性，往往依赖于办案机关对相应义务的履行。具体到庭前会议中，检察机关保障被追诉者的诉讼权利主要体现在，当被追诉者因受到刑讯逼供等违法取证行为而提出排除非法证据意见时，检察机关有义务提供证据证明证据收集的合法性，如入所体检报告、讯问同步录音录像、情况说明、同监室人员的证言等，必要时，可以与侦查人员提前沟通，要求其出庭说明情况。此外，实践中也不排除会发生庭前会议前被追诉者拒不认罪认罚而在庭前会议中又认罪认罚的情形，针对此种情形，检察机关在庭前会议中也完全可以在确认被追诉者认罪认罚自愿性及明智性的前提下，告知其认罪认罚所带来的程序上及实体上的法律后果，尊重和保障其程序选择权，充分发挥程序分流的功能。

3. 有利于保障庭审指控的质量

通过参与庭前会议，听取辩护人关于案件事实、证据以及罪名、刑期方面的意见，尤其是排除非法证据、无罪辩护意见，对于检察机关而言，是在正式开庭审理前检视起诉质量、确保起诉定性准确、量刑适当的最后一次机会。检察机关可以借此机会重新审视案件的证据体系，反思指控思路，完善指控策略，将主要精力用于解决辩护人有异议的、与案件定罪量刑有关的重

---

〔1〕　樊崇义主编：《诉讼原理》（第二版），法律出版社2009年版，第187页。

〔2〕　即任何因刑事指控被逮捕或拘禁的人，应被迅速带见审判官或其他经法律授权行使司法权力的官员，并有权在合理的时间内受审判或被释放。

〔3〕　参见哈腾：“论庭前会议制度完善与检察职能实现——以《庭前会议规程》为视角”，载《江西警察学院学报》2018年第4期。

大事实认定及法律适用问题上，扫除庭审指控时可能面临的证据采信、法律理解方面的障碍，降低指控风险，保障庭审指控的顺利进行。

（二）完善检察机关参与庭前会议程序的具体路径

1. 明确检察机关在庭前会议中的角色

如同辩护人、被告人一样，检察机关在庭前会议中首先扮演了一个平等的程序参与者的角色。这就要求检察机关应遵守《庭前会议规程》的相关规定，服从法官的指挥。对于庭前会议，检察机关应积极派员参加，对于某些证据材料较多、案情复杂、社会影响恶劣、舆论关注度较高或者控辩双方对事实、证据、罪名以及量刑存在较大分歧的案件，检察机关应积极主动行使召开庭前会议的建议权，对庭前会议的重要性在观念上应给予重视。对于被告人、辩护人提出非法证据排除申请的，检察机关应出示有关证据材料，对证据收集的合法性进行有针对性的说明，全面协助庭前会议主持法官整理证据、明确争点工作的顺利开展，确保庭前会议所要解决事项预期目标的实现。但基于检察机关的宪法定位，检察机关在庭前会议中的角色不应仅仅局限于程序参与者，还应兼具法律监督者的身份。对于庭前会议中法官的不当裁决，辩护人、被告人违法行使辩护权的情形，检察机关应及时予以制止并纠正，正确履行法律监督职能。因此，检察机关在庭前会议中应兼具参与者与监督者双重身份。[1]

2. 框定检察机关在庭前会议中的职责

身份决定职责。检察机关在庭前会议中的"二元化"身份，决定了其在庭前会议中职责内容的复杂性。概括起来，检察机关在庭前会议中的职责主要有以下几点：①了解辩方意见。这是检察机关参与庭前会议的首要职责。检察官应根据辩护律师的辩护策略，制定出庭预案，补强证据效力，夯实证据基础，审视指控思路，调整并明确指控重心，为成功指控犯罪做好充分的庭前准备。②开示全部证据。检察机关在庭前会议中应开示与指控犯罪有关的全部证据，包括有利于被告人的证据。检察官开示全部证据的职责是由检察官客观义务决定的，检察官是客观公正的"官署"，而不是盲目追求打击犯罪的"狂热分子"。③排除非法证据。对于被告人、辩护人提出排除非法证

---

〔1〕 参见哈腾："论庭前会议制度完善与检察职能实现——以《庭前会议规程》为视角"，载《江西警察学院学报》2018 年第 4 期。

据的申请，检察机关应及时收集相关证据材料并对证据收集的合法性进行核实。若经核实该证据确系通过非法手段获取，则该排除的排除、该撤回的撤回。若证据经排除、撤回后，导致案件不能达到定罪证明标准，应及时主动撤案。这是检察官履行客观义务的重要体现。④监督违法情形。这是法律监督的题中之义，是检察机关法律监督身份的象征。例如：对被告人应当参与庭前会议的情形，法官由于疏忽没有通知被告人参加，检察机关应及时提醒法官履行通知义务；对于有多名被告人参加庭前会议的，一旦出现被告人串供情形，检察机关应提醒法官予以制止，必要时应分开进行；等等。〔1〕

3. 健全检察机关参与庭前会议的机制

关于检察机关参与庭前会议的机制，虽然《庭前会议规程》已经作出了一些规定，但有些内容仍略显粗疏，有进一步细化的空间。如关于法院通知检察机关参加庭前会议的方式、检察机关参加庭前会议的人员身份、证据撤回程序、法律监督的方式及时间点、法院建议撤诉的应对等问题，该规程均未作出明确规定。为了充分发挥庭前会议的制度功效，统一检察机关参与庭前会议的具体做法，规范检察官在庭前会议中的行为，指导检察官在庭前会议中依法、正确履行职责，笔者建议，应着手从以下五个方面完善该规程：

第一，明确法院应以书面方式通知检察机关参加庭前会议，或者检察机关以书面方式建议法院召开庭前会议。虽然用电话、网络等方式通知更加便捷，但庭前会议作为一项重要的庭审准备程序，口头通知有失程序的严肃性和权威性，同时庭前会议中还可能涉及非法证据排除、证据撤回等问题，书面通知便于以后留档查询。

第二，规定参与庭前会议的人员身份应为承办案件的员额检察官。随着员额检察官改革的不断推进，员额检察官、检察官助理、书记员各自的分工和权限已逐渐明晰。虽然检察官助理、书记员对案件证据情况有所了解，但对案件整体事实的分析和对法律适用的理解，与员额检察官相比还稍有逊色，况且庭前会议涉及证据的排除和撤回，对于没有实质处分权的检察官助理、书记员来讲，这明显已超出了其权限范围。

---

〔1〕 参见哈腾："论庭前会议制度完善与检察职能实现——以《庭前会议规程》为视角"，载《江西警察学院学报》2018 年第 4 期。

第三，细化证据撤回程序。《庭前会议规程》第14条第2款规定："人民检察院可以撤回有关证据，撤回的证据，没有新的理由，不得在庭审中出示……"由于实践中适用庭前会议的往往是一些证据繁多、事实复杂或者有重大社会影响的案件，庭前会议中证据的撤回可能会影响案件的定罪量刑，检察机关应谨慎对待证据的撤回。对于需要撤回证据的，办案检察官应及时向主管领导汇报，必要时，可以提交检察委员会，对证据撤回后案件的未来走向进行研判，并制定应急预案。

第四，明确庭前会议中法律监督的方式及时间点。针对上文提到的庭前会议中的法官、辩护人、被告人可能存在的违法情形，出于效率考虑，检察官可以当场提出口头建议，对于拒不纠正违法行为的，检察官可以会后以检察机关的名义对其进行书面监督。

第五，审慎对待法官建议检察机关撤诉问题。《庭前会议规程》第22条规定："人民法院在庭前会议中听取控辩双方对案件事实证据的意见后，对于明显事实不清、证据不足的案件，可以建议人民检察院补充材料或者撤回起诉……"虽然笔者对法官在时间以及解决事项极其有限的庭前会议中，能否对证据繁多、案情复杂的案件作出"事实不清、证据不足"这样如此精准的判断不无怀疑，但法官的建议还是应引起检察机关的高度重视。办案检察官除应及时将该情况向主管领导汇报外，还应及时与上级检察机关主管部门进行会商，共同研究应对之道，充分发挥检察一体化优势。

为了让以审判为中心的诉讼制度改革落地见效，《庭前会议规程》的出台为庭前会议如何召开提供了具有可操作性的指引，解决了庭前会议在认识层面和实践层面长期存在的问题，一定程度上有利于破解庭审虚化难题。庭前会议制度功效的发挥离不开控、辩、审三方的有效参与和共同努力，尤其检察机关的监督更不应缺席。这不仅是检察机关的职责天性使然，更是保障被追诉人诉讼权利、确保庭审顺利进行的现实需要。在《庭前会议规程》的指引下，检察机关应明确自身参与庭前会议的价值定位，并在实践中不断探索和完善参与庭前会议的具体路径。[1]

---

〔1〕 参见哈腾："论庭前会议制度完善与检察职能实现——以《庭前会议规程》为视角"，载《江西警察学院学报》2018年第4期。

在历时两年的改革试点后，认罪认罚从宽制度于 2018 年 10 月 26 日正式写入《刑事诉讼法》。[1]虽然认罪认罚从宽制度已正式写入法律，但关于认罪认罚从宽制度的理论探讨还远没有结束，尤其认罪认罚制度改革中检察机关的角色转型、职能定位、量刑协商机制构建等重大理论问题仍值得进一步研究。

## 第一节　认罪认罚从宽制度的理论审视

研究认罪认罚从宽制度改革下的法律监督，首先需要对认罪认罚从宽制度的背景、内涵、价值做一全面的理论审视，为探讨认罪认罚从宽制度中检察机关的角色和职能做一必要的理论铺垫。

### 一、认罪认罚从宽的制度背景

（一）审前程序分流功能不显

审前程序的目的之一在于实现案件的有效分流。从世界范围来看，这一功能的发挥主要依赖审查起诉和起诉后审判前这两个环节，尤以审查起诉环节最为重要。无论英美法系国家还是大陆法系国家，立法或判例均赋予了检察机关审前程序中一定的起诉裁量权，以控制进入审判程序的案件总量，减

---

〔1〕　修正后的《刑事诉讼法》第 15 条规定："犯罪嫌疑人、被告人自愿如实供述自己的罪行，承认指控的犯罪事实，愿意接受处罚的，可以依法从宽处理。"

轻审判压力和负担。〔1〕在我国,随着醉酒驾车、虚假诉讼、使用虚假身份证件、考试作弊等行为的入刑,我国刑法的立法观开始转向积极主义和功能主义,尤其某些预备行为、帮助行为的实行化,将打击犯罪时间前移,更是体现了立法者将犯罪消灭在萌芽状态的决心。与此同时,劳动教养等行政性管控措施的废除,使得原本由其规制的行为也纳入了刑罚调整的范畴。在实体罪名增加和程序分流措施减少双重压力的叠加下,刑事案件的数量持续增长。"1995年法院刑事一审收案数为495 741件,2014年这一数字已达104万件,2015年则达到1 126 748件,增幅约127.29%。"〔2〕除了案件数量的增长,案件类型也呈现出"轻罪化"趋势。"1995年,判处5年以上有期徒刑、无期徒刑、死刑(包括死缓)的重刑犯占63.19%,到2013年就只有约11%……量刑在3年有期徒刑以下的案件所占的比例到2013年已超过80%。"〔3〕进入审判阶段的案件之所以如此之多,除刑事案件自身不像民事案件那样存在多元的纠纷解决方式外,最主要的原因还是审前程序,尤其是审查起诉程序的分流、消化功能不显,对于认罪认罚案件在实体和程序上的处理未能体现出与不认罪认罚案件的差异性,在司法资源的配置上存在"大材小用"的问题。

(二)宽严相济政策精神不彰

自中华人民共和国成立以来,我国刑事政策的发展较为曲折。中华人民共和国成立初期,为了维护新生的革命政权,提出了"镇压与宽大相结合"的刑事政策。〔4〕待社会矛盾转型后,我国刑事政策的导向也发生了转变,开始突出

---

〔1〕 在美国,联邦最高法院指出,"只要检察官有合理根据相信被告人实施了成文法规定的犯罪,是否起诉的决定,以及在大陪审团面前提出什么样的指控,一般完全属于检察官的裁量范围。"在英国,根据《皇家检察官规则》,检察官在决定是否起诉时应当考虑两个标准,即证据标准和公共利益标准。即便具备充分的起诉证据,检察官仍可以基于公共利益的考虑作不起诉处理。日本刑事诉讼法第248条规定:"根据犯人的性格、年龄及境遇、犯罪的轻重及情节和犯罪后的情况,没有必要追诉时,可以不提起公诉。"德国刑事诉讼法第152条规定了起诉法定原则,但德国立法机关于1975年增设了两个例外,即第153条检察官轻微案件无条件不起诉权和第153a条检察官附条件不起诉权。参见魏晓娜:"完善认罪认罚从宽制度:中国语境下的关键词展开",载《法学研究》2016年第4期。

〔2〕 魏晓娜:"完善认罪认罚从宽制度:中国语境下的关键词展开",载《法学研究》2016年第4期。

〔3〕 魏晓娜:"完善认罪认罚从宽制度:中国语境下的关键词展开",载《法学研究》2016年第4期。

〔4〕 马克昌:"论宽严相济刑事政策的定位",载《中国法学》2007年第4期。

"惩办与宽大相结合"。然而在之后的"文革"时期，该政策的运作处于"失灵"状态。党的十一届三中全会之后，特别是1979年《中华人民共和国刑法》颁布后，该政策得以恢复并被赋予具体的时代内涵。进入21世纪后，随着社会治安的改善、对刑罚功能认识的深化以及人权保障理念的普及，我国刑事政策呈现出"宽缓化"的趋势。"应当说'宽严相济'刑事政策的提出，是一种科学、理性的回归，是我们正视社会稳定与犯罪增长关系后的理性回应。"[1]

宽严相济刑事政策的核心要义在于"该宽则宽，当严则严，宽严相济，罚当其罪"，该政策所提倡的人文精神和理性关怀是人本主义在刑事司法领域的具体体现。宽严相济刑事政策不仅体现在实体刑罚上的轻缓，还体现在诉讼程序上的简化和及时终结性上，减少被追诉人诉累。然而该政策在实践中贯彻得并不理想，尤其在审查起诉环节，该政策精神体现得还不够明显。在审查起诉环节，最能体现该政策精神的莫过于相对不起诉制度。然而，综合近几年的数据可以看出[2]，相对不起诉制度总体适用率较低。究其原因，除检察机关长期以来存在的较为强烈的追诉倾向外，相对不起诉程序的烦琐和复杂一定程度上也影响了检察官适用该制度的积极性。为了防止相对不起诉权的滥用，在检察机关内部，拟作相对不起诉案件需上级检察委员会讨论且报上级检察院备案。这种行政化的内部控制模式，在损害检察官办案自主性的同时，也阻碍了相对不起诉制度宽严相济功能的实现。

（三）案多人少矛盾日益突出

与审查起诉案件数量的井喷式增长相比，检察官数量增长幅度则小得多。[3]而以办案检察官"精英化"为目标之一的员额制改革，使得案多人少的办案压力在一定程度上有增无减。在现有检察官数量的基础上，如何提高

---

〔1〕 黄京平："宽严相济刑事政策的时代含义及实现方式"，载《法学杂志》2006年第4期。

〔2〕 2013年相对不起诉51 393人，起诉1 324 404人，公诉部门受理案件人数1 612 251人，相对不起诉率约为3.19%；2014年相对不起诉52 218人，起诉1 437 899人，公诉部门受理案件人数1 626 404人，相对不起诉率约为3.21%；2015年相对不起诉50 787人，起诉1 390 933人，不构成犯罪和证据不足不起诉25 778人，相对不起诉率约为3.46%。数据来源于《中国法律年鉴》（2014—2016年）。虽然这三年相对不起诉率有所增长，但与起诉人数及起诉率相比，差距仍较为悬殊。

〔3〕 1986—2013年，全国检察机关起诉案件的数量由257 219件增长到958 727件，净增倍数为3.73倍，而同期检察机关人数由140 246人增加到250 879人，净增倍数仅为1.79倍。参见陈永生、白冰："法官、检察官员额制改革的限度"，载《比较法研究》2016年第2期。

诉讼效率，减轻办案负担，缓解办案压力，是员额制改革能否取得实效的关键。其中的路径之一在于对我国传统的刑事诉讼模式进行局部改造，通过诉讼程序上的繁简分化，鼓励被追诉人认罪认罚，进而提高简易程序、速裁程序的适用率。通过建立这种程序激励机制，降低检察官办理认罪认罚案件投入的成本，引导办案资源流向不认罪以及重大、疑难、复杂案件，促进办案资源的合理、优化配置，减轻检察官办案压力。

## 二、认罪认罚从宽的制度内涵

认罪认罚从宽制度虽然写入法律不久，但是体现其精神的法律规定在我国实体法和程序法中早已有之。[1]然而这项改革的提出，与当前相关法律规定分散化和缺乏统一完整、内涵周延、逻辑自洽的概念体系有很大关系，即便是现行规定也依然呈现出"重实体、轻程序"的偏向，尤其在认罪认罚自愿性保障方面缺乏相应程序机制。对此，有学者提出，应对认罪认罚从宽制度建构一个高度概括性且能达成共识的基本概念。其提出："认罪认罚从宽制度是一项旨在鼓励、引导、保障确实有罪的犯罪嫌疑人、被告人自愿认罪认罚，因而获得从宽处理和处罚的法律制度"。[2]

笔者认为，对于认罪认罚从宽制度内涵的理解，应拆分成何谓认罪、何谓认罚、何谓从宽三个方面来把握。所谓认罪，根据有关法律以及司法解释的精神[3]，可以理解为被追诉人自愿承认被指控的行为构成犯罪，包括坦白和自首以及其他可能情形。所谓认罚，是指被追诉人自愿接受其认罪所导致的实体和程序上的不利后果。实体上，自愿认罚就是表示愿意接受刑罚以及

---

〔1〕 如《中华人民共和国刑法》（2011 年修正）第 67 条第 2 款规定："被采取强制措施的犯罪嫌疑人、被告人和正在服刑的罪犯，如实供述司法机关还未掌握的本人其他罪行的，以自首论。"第 3 款规定："犯罪嫌疑人虽不具有前两款规定的自首情节，但是如实供述自己罪行的，可以从轻处罚；因其如实供述自己罪行，避免特别严重后果发生的，可以减轻处罚。"《刑事诉讼法》（2012 年修正）规定，适用简易程序需要被告人承认所犯罪行，对指控的犯罪事实没有异议；适用当事人和解程序，要求犯罪嫌疑人、被告人真诚悔罪，通过向被害人赔偿损失、赔礼道歉等方式获得被害人谅解。

〔2〕 顾永忠："关于'完善认罪认罚从宽制度'的几个理论问题"，载《当代法学》2016 年第 6 期。

〔3〕 如《中华人民共和国刑法》第 67 条第 2 款规定，"如实供述司法机关还未掌握的本人其他罪行"是构成自首的基本条件。2003 年发布的《最高人民法院、最高人民检察院、司法部关于适用普通程序审理"被告人认罪案件"的若干意见（试行）》第 1 条第 1 款规定："被告人对被指控的基本犯罪事实无异议，并自愿认罪的第一审公诉案件，一般适用本意见审理。"

其他形式的处罚。自愿认罚的表现包括退赔退赃、赔礼道歉等形式。程序上，认罚包括对程序适当简化以及由此带来的权利上适当克减的认可和接受，如法庭调查和法庭辩论环节的简化等。所谓从宽，包括实体从宽和程序从宽。实体从宽体现在检察机关的量刑建议以及法院最终裁判结果上的从轻处罚。程序从宽则主要体现在强制措施适用上的宽缓以及诉讼程序上的简化。诉讼程序上简化的目的不仅是节约司法资源，也是保障被追诉人获得迅速审判的权利，减少被追诉人诉累和成本。

### 三、认罪认罚从宽的制度价值

（一）有利于提高诉讼效率

以耗费大量司法资源、牺牲效率为手段所获取的公正，从根本上讲，并不是真正意义上的程序公正，而是对程序公正的背离。在公正与效率之间保持适当平衡也是衡量程序公正的一项重要标准。[1]因此，认罪认罚从宽的制度正当性来源之一，在于其对诉讼效率的追求和强调。这也与刑罚所追求的快速修复被破坏社会关系的目的相契合。

（二）有利于优化资源配置

面对案件数量日益增加、案多人少矛盾仍然存在的现实情况，认罪认罚从宽制度改革有利于促进案件繁简分流。通过简化程序、降低成本，发挥审前程序的分流功能，将优势资源引导到重大疑难复杂案件的处理，做到"简案速办、难案精办"，从而达到司法资源配置效果最优化的目的。

（三）有利于增强判决可接受度

传统对抗式的诉讼格局虽然有利于被告人的权利保障，但在这种格局下，被告人对判决的接受度往往不高，一定程度上会加剧被告人与国家、社会和被害人的对立，不利于迅速修复被破坏的社会关系。而认罪认罚从宽制度的实体和程序从宽激励机制，通过鼓励被告人自愿认罪认罚，缓解了被告人与他人、社会和国家的紧张对立关系，进而对判决的接受就从他律的外在强制转化为自律的内在服从，从而提高了被告人对判决的接受度，有利于犯罪人

---

〔1〕　陈卫东："公正和效率——我国刑事审判程序改革的两个目标"，载《中国人民大学学报》2001年第5期。

改过自新、回归社会。

（四）有利于侦查方式转型

在现有侦查技术条件下，口供仍然是最重要的证据形式之一，实务部门对口供的依赖性仍然很强，尤其在职务犯罪案件中体现得更为明显。然而随着有关非法证据排除规则方面的司法解释正式出台，侦查取证方式受到的规制越来越严格，以往通过身体或者心理强制获取口供的方式已被立法否定。在现有侦查技术无法短期提高且侦查取证方式越来越规范的背景下，如何合法取得口供就成了必须要解决的问题。而认罪认罚从宽制度中的量刑激励机制以及不同阶段的从宽阶梯模式，使得被告人认罪认罚的自愿性具有了可能性，从而有利于减少违法取证手段的适用，有利于侦查取证理念的转型升级，有利于侦查取证方式的规范和文明。

## 四、理性认识认罪认罚从宽制度改革

虽然认罪认罚从宽制度改革是以审判为中心诉讼制度改革的重要配套举措，但此项改革的意义和价值已经远远超出了诉讼制度改革这一狭隘领域，具有了独立地位，其重要性值得我们认真和理性对待。

（一）提高政治站位

认罪认罚从宽制度不仅体现了宽严相济的刑事政策，同时也是应对"诉讼爆炸"、合理配置司法资源、快速修复被破坏的社会关系的创新之举。因此，从更高的角度来看，认罪认罚从宽制度是党和国家探索社会治理体系和治理能力现代化的一次有益尝试。

（二）强化司法改革意识

认罪认罚从宽制度改革绝不是诉讼制度改革领域的一次小修小补，其对于实现庭审实质化，落实审判中心主义改革要求具有重大积极意义，尤其对诉讼结构的调整、证明方式的转变、司法资源的整合产生了革命性影响。

（三）加快对诉讼模式认识的转型

认罪认罚从宽制度体现了传统的对抗型诉讼模式向协商型、合作型诉讼模式的转型。诉讼模式的转型必然带来诉讼认识的转型，而目前部分实务部门的人士对于这一模式转型还缺乏足够的敏感性，认识思维仍然停留在传统对抗型诉讼模式控辩二元对立的理论窠臼中，并未清醒地认识到诉讼模式转型给控辩双方，尤其给检察官角色转型带来的深刻影响。在传统诉讼模式中，检察机关在审查起诉阶段主要从事的是审查工作，而在认罪认罚从宽制度中，检察官在审查工作之外还需承担一些体现该制度独特优势的技术性工作，如向被告人解释认罪认罚的法律后果，向被告人提供可供选择的多种"程序选项"，与被告人、辩护人就量刑展开平等协商等，正是这些技术性工作突出了检察机关在此项改革中的主体地位和主导作用，检察官"站席司法官"这一角色属性在此项改革中体现得最为明显。因此，检察机关应准确把握和深刻理解此项改革对于我国的法治改革，尤其对于我国检察制度改革的重要意义。

## 第二节　认罪认罚从宽制度中的检察官

### 一、检察官在认罪认罚从宽制度中的角色

在现代刑事诉讼中，起诉作为连接侦查与审判的中间环节，对刑事司法办案进程发挥着枢纽的作用。无论是在英美法系国家还是在大陆法系国家，这种功能的发挥很大程度上根植于检察官的检察裁量权。以美国和德国为例，在美国，"美国检察官统治着美国的刑事司法体系。他决定是否接受或拒绝一个案件，决定指控的罪名和罪状数量。他决定是否参与答辩谈判并设置谈判所达成的协议的条款……他本质上制定和执行着法律，决定受刑事诉讼程序追诉的人的罪行和刑罚"。[1]而在德国，被称为最客观官署的检察官，在法定起诉原则束缚下，正为"井喷"的案件量焦头烂额。"超负荷案件量和体制资源不足的现实继续威胁着刑事司法体系中深层次的价值和教义上的假设。"[2]随着刑事处罚令、量刑协商制度改革的全面推开，法定起诉原则开始松动，起诉便宜原则的适用范围进一步扩张，检察裁量权开始对案件的走向以及处理结果产生实质性影响。国外相关制度的实践表明，日益增长的案件量使得检察官在刑事诉讼进程中的角色变得越来越积极和主动，这无疑为我国正在进行的认罪认

---

〔1〕　〔美〕艾瑞克·卢拉、玛丽安·L.韦德主编：《跨国视角下的检察官》，杨先德译，法律出版社2016年版，第1页。

〔2〕　〔美〕艾瑞克·卢拉、玛丽安·L.韦德主编：《跨国视角下的检察官》，杨先德译，法律出版社2016年版，第74页。

罚从宽制度改革，尤其是检察官在其中的角色定位带来了一些启发和思考。

(一) 程序主导者

在认罪认罚从宽制度中，检察官程序主导者的角色主要体现在程序分流和对程序正义的维护两个方面。在程序分流方面，结合被告人认罪认罚情况，检察官通过行使起诉裁量权、量刑建议权和程序选择建议权，对刑事案件进行繁简分流。《刑事诉讼法》以及其他法律文件对此都作出了明确规定。[1] 主导程序分流、实现案件繁简分化，是检察官行使检察裁量权的重要体现和必然结果。在程序正义维护方面，检察官通过规范侦查行为、履行诉讼关照义务，主导认罪认罚案件的程序启动，加强对侦查权的法律控制，是现代刑事司法的基本规律。由于我国法院不介入审前程序，对侦查权的控制主要通过检察机关行使立案监督权、审查批准逮捕权、审查起诉权来实现，如关于公安机关撤销案件程序的规定，就很好地体现了这一点。[2] 此外，为了确保被告人认罪认罚的自愿性和真实性，检察官需履行被告人认罪认罚法律后果、被告人有权获得法律帮助等事项告知义务，真正做到"程序从简、权利不减"，确保程序正义。

然而，实践中对于检察官程序主导者角色定位的认识还不够充分。一方面，新闻媒体的宣传报道绝大多数集中于认罪认罚从宽制度试行后，程序如何从简、办案时间缩短了多少、效率提高了多少、量刑建议采纳了多少，而对于检察官在程序分流方面所发挥的主导作用的介绍却少之又少[3]；另一方

---

[1] 《刑事诉讼法》第214条第2款规定："人民检察院在提起公诉的时候，可以建议人民法院适用简易程序。"第290条规定："对于达成和解协议的案件……人民检察院可以向人民法院提出从宽处罚的建议；对于犯罪情节轻微，不需要判处刑罚的，可以作出不起诉的决定……"《最高人民法院、最高人民检察院、公安部、司法部关于在部分地区开展刑事案件速裁程序试点工作的办法》第6条规定："人民检察院经审查认为案件事实清楚、证据充分的，应当拟定量刑建议并讯问犯罪嫌疑人……人民检察院可以建议人民法院适用速裁程序审理。"

[2] 《最高人民法院、最高人民检察院、公安部、国家安全部、司法部关于在部分地区开展刑事案件认罪认罚从宽制度试点工作的办法》第9条规定："犯罪嫌疑人自愿如实供述涉嫌犯罪的事实，有重大立功或者案件涉及国家重大利益，需要撤销案件的，办理案件的公安机关应当层报公安部，由公安部提请最高人民检察院批准。"

[3] 例如：从2016年9月4日至2017年2月25日，北京检察机关共办理适用认罪认罚从宽制度的案件2792件3119人，占同期刑事案件办理量的27.7%，其中86.9%的案件适用速裁程序，5.1%的案件适用简易程序。参见"认罪认罚从快从宽"，载《人民日报》2017年5月17日，第18版；上海市奉贤区检察院适用认罪认罚从宽制度办理的案件，平均审查起诉时间比其他案件节约近三分之二，量刑建议与法院判决结果符合率达95.6%，无一例上诉。参见林中明："上海：认罪认罚从宽制度全面铺开成效初显——试点3个月95%以上量刑建议被采纳"，载《检察日报》2017年4月25日，第1版。

面，试点地区的一些检察机关认为，在认罪认罚案件中检察官的主要职能就是向法院提出具体的量刑建议，忽略了检察官所承担的程序分流职能，甚至一些地方的检察机关对每年的不起诉案件作了内部规定，这在一定程度上限制了该项职能的发挥。

（二）协商参与者

协商通常属于民事领域的范畴，是指双方当事人在完全平等、自愿的基础上，通过沟通和商量达成合意，进而处分自己的实体权利和程序权利。传统的刑事诉讼，尤其是普通程序，以激烈对抗为主要特色。在这样的状态下，虽然事实真相可能会调查得越来越清楚、权利保障也越来越充分，但付出的成本也是巨大的，这种成本不仅包括经济成本（耗费了一定的司法资源），也包括道德成本（加剧了被追诉人与他人的紧张对立关系，不利于社会和谐稳定）。如今协商性司法已经突破传统法系的壁垒，成为刑事司法的国际潮流，就连将法定起诉原则奉为圭臬的大陆法系国家也开始探索和尝试。而我国的认罪认罚从宽制度无疑借鉴和吸收了这一改革成果。认罪认罚从宽制度的重心不是对既有刑事政策和法律规定的简单重申，而是检察官通过改变以往"居高临下"的姿态，"俯下身来"与被告人就量刑展开平等协商，倾听并回应被告人的诉求。在认罪认罚从宽制度中，被告人通过与检察官签订具结书，"让渡"自己的部分程序性权利，从而与检察官达成合意以求获得从轻处罚，这种带有浓重协商性色彩的程序设计，关照了被告人渴望通过认罪获得从轻处罚的利益需求，强化了被追诉人的主体地位，体现了控辩双方的平等，增强了裁判结果的可接受性，缓和了被追诉人与国家的对立和冲突，彰显了人本主义"以人为本"的精神内核。

目前，实践中检察官参与量刑协商程序主要存在以下三个方面的问题：

1. 控辩协商存在"形式化"现象

控辩协商效果如何，取决于值班律师能否提供实质性帮助。实践中，某些地方基于效率和方便的考量，检察机关与被告人达成具结书之后才通知值班律师到场在具结书上签字"见证"。值班律师在未阅卷、未确认被告人认罪认罚自愿且明智、未参与整个协商过程的情况下就贸然签字，这一做法轻则是律师严重不负责任的表现，重则可能会为办案机关的违法行为"背书"，甚至未来还可能因被告人被迫违心认罪或者替人顶罪而承担"连带责任"。"协商"异化为"见证",反映了部分检察机关对认罪认罚从宽制度内核的认识不准确,对控辩协商精神的理解不到位。

2. 控辩协商在普通程序中的适用率不高

《最高人民法院、最高人民检察院关于在部分地区开展刑事案件认罪认罚从宽制度试点工作情况的中期报告》在总结认罪认罚从宽制度试点中存在的问题时提到,试点案件类型和适用程序过于集中,对普通程序中的适用问题探索不够。之所以会出现这样的情况,可能与适用普通程序的案件类型、复杂程度、社会影响以及被害人的要求有一定的关系。例如,在可能判处无期徒刑、死刑的故意杀人案件中,检察官在与被告人量刑协商时就会存在一定的顾虑和心理负担。

3. 被告人参与量刑协商的积极性不高

造成此种现象的主要原因在于缺乏一个具体的量刑减让指引,导致实践中产生了两个极端做法:一是检察官不区分被告人认罪认罚的时间节点以及具体认罪认罚行为表现,"一刀切"式的从宽处罚且从宽幅度缺少差异性和梯次性,无法对被告人参与协商形成有效激励。二是从宽处罚以及从宽幅度过于随意,缺乏统一性,使得协商结果缺乏可预期性,从而影响了被告人参与协商的积极性。

(三)法律监督者

美国的辩诉交易和欧陆的协商性刑事司法均是在较为成熟的法治环境下,对矫枉过正的现代刑事司法制度进行的"纠偏"运动,中国的协商性刑事司法则是在法治现代化尚未完成的情况下,在政治环境、司法传统和各种现实问题交相感应下出台的权宜之计。[1]协商性司法突破了传统正当法律程序的概念界限,而诉讼过程中被追诉人的诉讼权利又会被适当"克减",加之我国认罪认罚从宽制度还处于摸索阶段,相关制度设计尚不完善,因此会存在诸多的法律风险点。这些风险点概括起来主要有以下三个方面:

1. 侦查惰性

因为两高三部《关于在部分地区开展刑事案件认罪认罚从宽制度试点工作的办法》肯定了侦查阶段的认罪认罚协商,所以,侦查机关相较以前,更

---

〔1〕 魏晓娜:《背叛程序正义:协商性刑事司法研究》,法律出版社 2014 年版,第 159 页。

容易获得犯罪嫌疑人的口供。但是在传统口供中心主义以及有些侦查人员对认罪认罚案件证明标准误读的影响下，侦查人员误以为此类案件证明标准有所降低，侦查机关的侦查工作很可能因此暂停、宣告终结，并没有充分利用犯罪嫌疑人的有罪供述继续深挖背后可能隐藏的客观性证据。而这些证据一旦毁损灭失，侦查机关就错失了收集的最佳时机，从而贻误战机，增加了下一阶段定罪指控的难度。在口供中心主义的影响尚未彻底肃清的情况下，认罪认罚从宽制度在一定程度上加剧了这种侦查惰性。

2. 以钱买刑

认罪认罚从宽制度赋予了检察官较大的自由裁量权，而协商程序的封闭性、协商内容的非公开性，为滋生腐败提供了温床。此外，被害人在获得高额经济赔偿后出具谅解书，继而对被追诉人从宽处罚，这种做法貌似实现了个案公平，实则是对那些无力支付高额赔偿款但又存在其他真心认罪认罚情节的被追诉人的不公平待遇，而且很容易使民众产生"以钱买刑""谁有钱谁判得少"的"既视感"。对此问题，顶层设计者在有关报告中已经有所提及。[1]

3. 强迫认罪

对于一些事实不清、证据不足的案件，侦查机关急于结案，可能会以认罪认罚量刑减让为由，变相引诱、强迫被追诉人认罪，造成被追诉人违背自己意愿"假认罪"。在审查起诉环节，同样可能会存在这样的风险，"即当检方提供了远比审判中获得的可能结果要有利的指控交易要约时，无辜的被告可能会感受到接受有罪答辩的胁迫"。[2]

检察机关的宪法定位为其行使法律监督提供了法律依据，使得检察机关对属于刑事诉讼范畴的认罪认罚从宽制度所进行的法律监督具备了主体适格性，而认罪认罚从宽制度自身存在的以上法律风险，又为检察机关的法律监督提供了正当化事由，加之检察官自身所具备的客观义务以及防范警察恣意

---

〔1〕 2017 年，最高人民法院院长周强在中期报告总结试点暴露的问题时指出，有的试点地区对改革的意义、改革的内容、改革的要求认识不清、领会不透，如将"认罚"与赔偿被害人经济损失简单等同起来，或将"从宽"绝对化、简单化，对案件具体情节区分不够。

〔2〕 ［美］艾瑞克·卢拉、玛丽安·L. 韦德主编：《跨国视角下的检察官》，杨先德译，法律出版社 2016 年版，第 93 页。

和法官擅断的职能定位，使得检察官在认罪认罚从宽制度中扮演着极为重要的法律监督者角色。

## 二、保障检察官发挥主导作用的具体路径

### （一）提高认识，准确领会改革精神内核

1. 全面理解改革目的

《全国人民代表大会常务委员会关于授权最高人民法院、最高人民检察院在部分地区开展刑事案件认罪认罚从宽制度试点工作的决定》明确了此次改革的目的。[1]由此可以看出，有效落实对被追诉人的实体权利和程序权利供给是完善认罪认罚从宽制度的首要目标和潜在需求，程序的效率化并不是认罪认罚从宽制度的基本内核，而只是这一制度的附随效果，至多是一个从属性目标[2]。因此，检察官在办案过程中不应将自身简单定位为"案件传输机"，认为只需向法官提出具体的量刑建议，一味地讲究从快、从简，而应作为宽严相济刑事政策的执行者，充分发挥主观能动性，履行客观义务，全面收集证据，夯实案件事实基础，规范侦查行为，维护被追诉人的正当权利，尊重辩护意见，确保认罪认罚自愿性、明智性，积极、平等地参与到控辩协商之中。

2. 正确对待认罪认罚与赔偿、认罪认罚与从宽的关系

就认罪认罚与赔偿、认罪认罚与从宽的关系，两高三部《关于在部分地区开展刑事案件认罪认罚从宽制度试点工作的办法》作了明确回应。[3]很明显，赔偿损失只是作为量刑的重要考量因素之一，而非唯一。因为如果唯一化，对于那些无力支付赔偿金的被追诉人而言，显然有失公平。况且认罚的表现形式有很多，在某些场合，赔偿并非最佳认罚方式。例如，在某些给被

---

〔1〕 即为进一步落实宽严相济刑事政策，完善刑事诉讼程序，合理配置司法资源，提高办理刑事案件的质量和效率，确保无罪的人不受刑事追究，有罪的人受到公正惩罚，维护当事人的合法权益，促进司法公正。

〔2〕 参见左卫民："认罪认罚何以从宽：误区与正解——反思效率优先的改革主张"，载《法学研究》2017 年第 3 期。

〔3〕 该办法第 7 条规定："办理认罪认罚案件，应当听取被害人及其代理人意见，并将犯罪嫌疑人、被告人是否与被害人达成和解协议或者赔偿被害人损失，取得被害人谅解，作为量刑的重要考虑因素。"

害人造成精神损害的案件中，当面或者在媒体上赔礼道歉可能要比单纯的金钱弥补效果好得多。此外，将赔偿与认罚简单等同起来，很容易给民众造成"以钱买刑"的错误印象。在对待认罪认罚与从宽的关系时，同样不能绝对化、简单化。检察官在决定是否从宽时，应综合考虑案件的社会影响、被追诉人主观恶性、手段恶劣程度等因素。对于一些表面认罪认罚而私下打击报复、威胁被害人、证人的被追诉人，应谨慎从宽。

（二）完善机制，保障检察裁量权的行使

1. 确保检察官办案的相对自主性

认罪认罚从宽制度改革的成功与否，关键在于能否激发检察官办案的积极性。一方面应认真落实《最高人民检察院关于完善检察官权力清单的指导意见》，科学制定权力清单，正确处理检察一体化与检察官依法独立办案、检察委员会与检察官的关系，取消对不起诉案件数量的人为限制，减少对检察官办案自主权的不当干预，解放思想，放开手脚，打消"放权怕滥权"的顾虑；另一方面应细化相关规定，进一步明确检察官在认罪认罚从宽制度中的权力、义务和职责，为控辩协商的方式、内容和尺度提供依据，保证检察官在法律框架内依法行使自由裁量权。

2. 完善不起诉程序

出于对不起诉权滥用的防范和警惕，检察机关内部对不起诉权的控制主要采取了上报检察委员会和向上级备案的行政化管理模式，由此造成了不起诉程序的烦琐和复杂，一定程度上影响了检察官自由裁量权的正常行使。调动检察官办理认罪认罚案件的积极性，一方面应适当简化不起诉程序，激活不起诉制度所承载的宽严相济、程序分流的功能；另一方面应提高不起诉程序的透明度，对不起诉程序进行诉讼化改造，引入听证制度，让公正、公平、公开的"阳光"照进不起诉程序，避免暗箱操作。

3. 制定量刑减让指引

控辩协商不是毫无根据的"漫天要价"，而是控辩双方在具体的量刑减让规则的指引下，依法依规谈判和商议。制定量刑减让指引时应做好三个"明确"：其一，明确认罪认罚具体情形及不同的量刑优惠和幅度，将认罪认罚设置为独立的量刑情节；其二，明确认罪认罚不同时间节点所对应的不同量刑从宽幅度，赋予量刑从宽幅度递进性和层次化，向被追诉人释放"越早认罪认罚，从宽幅度越大"的信号，以激发认罪认罚从宽制度"合理配置司法资源、提高办案质量和效率"的功能；其三，明确认罪认罚与从宽的对应关系，除在一些社会影响大、犯罪手段恶劣、犯罪情节严重、被追诉人并非真心认罪认罚的案件中应谨慎从宽外，在一般案件中，应给予被追诉人从宽处罚，即从宽是原则，不从宽是例外。提高被追诉人对认罪认罚后果的可预期性，提高认罪认罚从宽制度的适用率，一定程度上可以减少包括刑讯逼供在内的违法取证行为的发生。

（三）强化监督，有效管控潜在法律风险

1. 对认罪认罚自愿性、明智性的监督

防范认罪认罚从宽案件中出现冤假错案，关键在于对被追诉人认罪认罚自愿性、明智性的审查，排除被追诉人是在受到外力强制、非自愿情况下所作的有罪供述。对于侦查阶段被追诉人认罪认罚自愿性、明智性的审查，检察官应充分利用讯问同步录音录像，着重核实侦查机关在录音录像中有无告知被追诉人认罪认罚的法律后果，包括适用简易、速裁程序以及值班律师为其提供法律帮助的权利，认真比对录音录像内容与书面有罪供述是否一致。对于通过非法手段获取的有罪供述，应坚决予以排除。对于审查起诉阶段被追诉人认罪认罚自愿性、明智性的审查，检察官除需履行上述权利告知义务外，还需确保值班律师实质性参与到认罪协商当中，充分听取和尊重律师意见。此外，检察官应履行客观义务，全面收集证据，确保认罪认罚建立在扎实的事实基础之上。

2. 对侦查惰性的监督

认罪认罚案件中可能出现的侦查惰性，轻则造成案件中的关键性证据收集不及时，人为增加案件定罪量刑的难度，重则导致案件转化为治安处罚案件降格处理。保障检察官对侦查惰性的有效监督，首先应延伸监督触角，将监督前移，在侦查机关内部建立统一监督平台，对侦查人员录入的案件信息和证据，检察官需进行远程审查和跟踪，及时提醒侦查人员需继续补充收集相关证据。对于立案或者不立案决定不当的，检察官应及时发出预警，实现过去立案监督事后监督、被动监督向事前监督、主动监督的转型。其次，针对立案后以及案件退回补充侦查后侦查机关怠于履行证据收集义务的情况，检察官应充分行使法律所赋予的调查核实权，以降低侦查权"失灵"所带来的证据收集不力的风险。最后，对于侦查人员的侦查惰性，检察官应适时发出检察建议、纠正违法通知书，必要时可以建议侦查机关更换办案人员，对于有关人员涉嫌渎职、权钱交易的，检察官应及时将犯罪线索移交监察委员会进一步查处。

### 三、检察官在认罪认罚从宽制度中的权力边界

权力的行使应有其边界。没有边界的权力，犹如脱缰的野马，不仅会破坏法治秩序，还容易滋生腐败。具体到认罪认罚从宽制度中，一方面要给检察官"松绑"，减少不必要的限制和干预，适当扩权，另一方面还要应用法律划定权力行使的边界，防止因权力的恣意而出现侵犯当事人诉讼权利，甚至冤假错案的情况。

（一）起诉裁量权

《联合国关于检察官作用的准则》就赋予检察官起诉裁量权的目的作了说明。[1]因此，赋予检察官起诉裁量权，不仅是化解诉讼案件数量"井喷"与司法资源有限之间矛盾的现实需要，同时也是保障被追诉人人权的有力举措。在传统的刑罚观由"报应刑主义"向"目的刑主义"转变后，检察官在决定是否提起公诉时，除需要考虑犯罪是否成立外，还需要考虑犯罪行为对社会秩序的破坏程度、提起公诉是否有利于改造和矫正犯罪人以及包括监禁犯罪人在内的国家可能为此付出的成本，即还需要考虑有无提起公诉的必要。

赋予检察官起诉裁量权，对于构建协商性司法固然重要，但该权力的行使亦应有其边界。以美国为例，对个人权利的极度推崇、对民选检察官的相对信任以及监狱人满为患的现实，共同促成了检察官在辩诉交易中享有较大的起诉裁量权，包括对罪名、罪数的"交易"。起初，辩诉交易在提高诉讼效率方面的确不负众望，但之后"无辜者运动"所披露的一系列冤假错案[2]，却让

---

〔1〕　第18条明确指出："根据国家法律，检察官应在充分尊重嫌疑者和受害者的人权的基础上适当考虑免于起诉、有条件或无条件地中止诉讼程序或使某些刑事案件从正规的司法系统转由其他办法处理。为此目的，各国应充分探讨改用非刑事办法的可能性，目的不仅是减轻过重的法院负担而且也可避免受到审前拘留、起诉和定罪的污名以及避免监禁可能带来的不利后果。"

〔2〕　在一项无罪研究中，有学者发现，他们研究的大约6%的无罪被告曾经作出有罪答辩。15个无辜的谋杀罪被告和4个无辜的强奸罪被告，曾作有罪答辩换取长期监禁刑，以避免被判处终身监禁或死刑的危险。参见［美］艾瑞克·卢拉、玛丽安·L.韦德主编：《跨国视角下的检察官》，杨先德译，法律出版社2016年版，第94页。

人们对辩诉交易中检察官是否合理行使了起诉裁量权产生了怀疑。对此，有的学者进行了批判，将检察官在辩诉交易中起诉裁量权的滥用形容为"专横的正义"，并指出，在辩诉交易中，检察官常常存在过度指控的问题。[1]有的学者则进行了深刻的反思，提出应防止非基于事实的辩诉交易，以及防止为了获得有罪答辩向无辜被告施加无法接受的强迫。而不受限制的自由裁量权之所以会产生专断甚至带有偏见的决策，很大程度上是因为自由裁量权不被公开监督以及审查的隐蔽性。[2]虽然我国的认罪认罚从宽制度与美国的辩诉交易制度存在诸多不同，但为了实现制度预设的目标，都要求适当扩张检察官的起诉裁量权。因此，学者对辩诉交易中检察官起诉裁量权滥用的批判和反思，对我们正在进行的改革有启示和借鉴意义。笔者认为，划定认罪认罚从宽制度中起诉裁量权的边界，防止起诉裁量权的滥用，应做好以下两点：其一，实体上应坚持罪刑法定以及罪责刑相适应原则。不构成犯罪的，应坚决不起诉；构成犯罪的，应综合考虑犯罪情节、主观恶性、起诉的社会效果及诉讼成本等因素再决定是否起诉。其二，程序上应夯实案件事实基础，防止案件"带病"起诉，杜绝将应作法定不起诉、存疑不起诉的案件"折中"以相对不起诉结案。坚持犯罪事实清楚、证据确实充分的证明标准，不得以证明方法的简化为由变相降低证明标准。检察官应履行证据开示义务，保障律师的阅卷权和调查取证权。针对不起诉程序的封闭性弊端，检察官可以对部分裁量事项举行公开听证，召集侦查人员、犯罪嫌疑人、被害人、律师、人民监督员、人大代表等参与听证并听取相关人员意见，公开不起诉决定书和不起诉理由说明书，提高不起诉程序的透明度。应保障被告人的上诉权，被告人以无罪为由提出上诉的，先前为了获得从宽处罚所作的认罪供述不能直接作为证据使用。

（二）量刑建议权

从宽处罚是认罪认罚从宽制度的最终落脚点，也是被追诉人最主要的关切点。出于对辩诉交易忽视客观真相弊端的警惕以及对"交易"罪名、罪数

---

〔1〕　［美］安吉娜·J. 戴维斯：《专横的正义：美国检察官的权力》，李昌林、陈川陵译，中国法制出版社 2012 年版，第 32 页。

〔2〕　参见［美］艾瑞克·卢拉、玛丽安·L. 韦德主编：《跨国视角下的检察官》，杨先德译，法律出版社 2016 年版，第 105 页、第 3 页。

的反感，根植于"发现实质真实"职权主义传统的大陆法系国家，更多地将改革的注意力集中在了量刑协商环节。

德国于 2009 年确立了量刑协商制度。《德国刑事诉讼法典》就量刑协商的程序、范围、后果等内容作出了规定。[1] 2004 年法国创设了庭前认罪答辩程序，在量刑建议方面，赋予了检察官较大的裁量权，同时也规定了法官对量刑协商结果的审查义务，包括审查犯罪是否成立、量刑建议是否妥当、协商程序是否规范等内容，此外还对量刑建议被采纳或者拒绝的后果，尤其是先前认罪笔录的效力问题作了明确规定。[2] 由此可以发现，德、法两国在检察官量刑建议权的规制方面存在一些共同点，例如：都制定了较为明确的量刑减让指引；都强调法官对量刑建议的实质审查；都注重确保量刑建议程序的正当性，如保障律师提供有效的法律帮助、程序的公开性以及被告人的上诉权。

作为重要的参照物，德、法等大陆法系国家在规制认罪答辩程序中检察官量刑建议权方面的做法，对同样拥有职权主义"血统"的我国刑事司法制度的改革具有重要的借鉴意义。规制认罪认罚从宽制度中检察官的量刑建议权，同样应从实体和程序两个方面入手：实体上，应注意建议的刑期与被追诉人的主观恶性、犯罪行为的严重性的"符合性"，将从宽幅度控制在合理范围之内，"过多地考虑认罪认罚在降低案件复杂程度和节约司法资源方面的价值，给予认罪认罚过大的量刑折扣刺激，将使裁判结果背离罪刑相适应的基本原则。简而言之，政策性的考量不应逾越刑事法治的基本原则，进而动摇刑罚正当性的根基。"[3] 程序上，其一，量刑建议的提出应建立在认罪认罚自愿、真实的基础之上，即量刑优惠不得作为引诱有罪答辩的"杠杆"被轻易

---

〔1〕《德国刑事诉讼法典》第 257b 条、第 257c 条规定：如果有利于推进诉讼程序，庭审中法庭可以与程序参加人就诉讼程序的进程进行讨论；法庭可以与诉讼参加人就程序的发展和结果进行协商，并综合案件情况和量刑考量，给出刑罚的区间；如果被告人和检察院同意法院提出的建议，则协议成立。为了保证量刑协商的公正性和透明性，审判长有义务向公众宣布是否进行了量刑协商，如果达成了协议，还有义务披露协议的内容，同时在判决书上载明协商情况，尽管存在量刑协商，但判决仍然可以被上诉。参见岳礼玲、林静译：《德国刑事诉讼法典》，中国检察出版社 2015 年版，第 13—15 页。

〔2〕 参见施鹏鹏：《法律改革，走向新的程序平衡？》，中国政法大学出版社 2013 年版，第 156—158 页。

〔3〕 熊秋红："认罪认罚从宽的理论审视与制度完善"，载《法学》2016 年第 10 期。

提出；其二，制定详细、具体的量刑减让指引，明确不同情节所对应的量刑优惠种类和幅度；其三，强化法官对量刑建议的审查责任，加强判决书对采纳或者不采纳量刑建议的说理，防止法官的审查沦为"橡皮图章"；其四，保证量刑协商时律师在场并提供有效法律帮助；其五，公示量刑协商结果和协商过程不仅是监督协商程序是否公正的现实需要，同时也使得案件参与人及民众对影响协商结果的因素有了更清晰的认识和把握，有利于提升认罪认罚从宽制度的公信力。

根据制度学原理，制度功能的发挥除了需要考虑价值目标、运行程序、配套措施等客体因素，还需要考虑制度参与人的角色定位、权利义务等主体因素。该部分所探讨的正是认罪认罚从宽制度当中的一个重要参与主体——检察官角色的应然定位以及实然状态。认罪认罚从宽制度改革的目标指向与检察官"天生"所具有的法律品格，共同决定了检察官在认罪认罚从宽制度中扮演着程序主导者、协商参与者、法律监督者的角色。保障检察官在认罪认罚从宽制度中发挥主导作用，需提高认识，准确领会改革的精神内核，完善相关机制，保障检察裁量权的行使，同时强化监督，有效管控潜在的法律风险。为了防范检察裁量权适度扩张后出现滥用的情况，可以从实体和程序两个方面进行规范和把控，确保其在法律框架内正常行使，最大程度激发认罪认罚从宽的制度活力。

## 第三节　认罪认罚从宽制度中的量刑建议

检察机关量刑建议权有其自身存在的理论基础。一般认为，量刑建议权派生于公诉权，是公诉权的衍生物，其功能属性在于限制法官自由裁量权，实现量刑公平公正以及提高诉讼效率。关于量刑建议制度的各种学说和观点为实践中该制度的确立和发展提供了理论支撑。

### 一、量刑建议制度的历史发展脉络

实践中，检察机关量刑建议制度的发展经历了以下三个阶段：

第一阶段为初步探索阶段。一般认为 1999 年 8 月北京市东城区检察院当庭发表的量刑意见是量刑建议制度的初次尝试。2003 年，江苏省姜堰市人民法院出台了《规范量刑指导意见》，被视为量刑规范化改革的起点。

第二阶段为个别试点阶段。2005 年 7 月和 9 月最高人民检察院出台了一系列文件[1]，正式开始量刑建议制度的试点工作。2008 年，最高人民法院选择了一些法院作为量刑规范化试点单位。

第三阶段为全面试行阶段。2010 年 9 月，最高人民法院发布的《人民法院量刑指导意见（试行）》标志着量刑建议制度的正式确立。2014 年 1 月 1 日，量刑规范化在全国正式实施。由此可以看出，量刑建议制度具有较为扎实的实践基础。

### 二、量刑建议之于认罪认罚从宽制度的特殊意义

（一）量刑建议是认罪认罚从宽制度的直接载体

认罪认罚唯有通过量刑建议才能体现从宽，而从宽的程度和幅度也只能通过量刑建议体现出来。作为一种具有司法公信力性质的承诺，量刑建议是控辩协商成果的直接载体，对于控辩双方具有法律约束力。量刑建议是否规范、准确，关系到能否调动控辩双方参与制度建设的积极性，关系到控辩协商能否真正实现，因而，检察机关量刑建议在认罪认罚从宽制度中具有重要地位。

（二）量刑建议是认罪认罚从宽制度的关键环节

认罪认罚从宽制度中量刑协商环节的设置，为检察机关与被告人、辩护人之间的沟通搭建了桥梁，为检察机关全面、准确了解和掌握犯罪嫌疑人、被告人量刑情节提供了机制保障。规范、准确的量刑建议一定程度上减少了法官的工作量，提高了法官的工作效率，另一方面也减少了当事人诉累，节约了司法资源。

（三）量刑建议是认罪认罚从宽制度的重要内容

在认罪认罚从宽制度中，量刑建议能否被法官采纳以及采纳程度如何，关系到控辩双方参与该制度的积极性，进而关涉该制度的长远发展。相对被追诉人而言，量刑建议是一种具有法律约束力的"承诺"。"承诺"的质量如

---

〔1〕 即《人民检察院量刑建议试点工作实施意见》和《最高人民检察院关于进一步深化检察改革的三年实施意见》。

何，有无瑕疵，取决于量刑建议的规范化和准确性。从这个角度而言，量刑建议是认罪认罚从宽制度的重要内容且具有更高要求。在此制度背景下，量刑建议规范化与准确性是认罪认罚从宽制度的基本要求和主要发展方向。

### 三、量刑建议在认罪认罚从宽制度中存在的问题

#### （一）量刑建议准确性有待提高

量刑建议的准确性是维护被告人合法权益的必然要求，是保证量刑建议制度正当性的根本所在，同时也关系着认罪认罚从宽制度的适用效果。因为一旦量刑建议不够准确，势必会影响被告人认罪认罚的积极性和主动性。无论是修改后的《刑事诉讼法》还是之前的两高三部《关于在部分地区开展刑事案件认罪认罚从宽制度试点工作的办法》，都明确规定了诸如主刑、附加刑、刑罚执行方式等量刑建议的具体内容。因此，精准量刑建议是认罪认罚从宽制度的基本要求和发展趋势。然而，目前实践中存在量刑建议过宽的问题。究其原因在于部分检察官对量刑建议的认识存在误区：有的检察官认为，由于最终量刑决定权在法院，如果量刑建议过于精确，一旦不能被法官采纳，就会影响量刑建议采纳率和认罪认罚率；有的检察官认为，认罪认罚量刑协商是一种辩诉交易，与控方代表国家的地位不相符，有自我矮化之嫌，同时与大陆法系的职权主义传统也不兼容；有的检察官反映，由于没有系统学习相关量刑指导意见，缺乏精准量刑经验，加之量刑指导意见就某些罪名给出的量刑意见幅度过大、过宽，检察官在作出最终的量刑建议时拿捏不准。

#### （二）量刑建议规范化有待加强

虽然修正后的《刑事诉讼法》进一步明确和完善了认罪认罚从宽制度，但距离统一的量刑建议立法还有一定差距。最高人民法院先后制定了一些量刑指导意见，对检察机关开展量刑建议工作提供了一定的借鉴和参考，但检察机关的量刑建议权与法院的司法裁判权在属性、规律和要求等方面存在诸多不同。尽管在检察层面也就如何开展量刑建议工作出台过一些文件，但这些文件的层级往往不高，适用范围较窄。

#### （三）认罪认罚协商性因素缺失

根据学者的调查研究发现，审查起诉阶段犯罪嫌疑人当前的主要依靠是值班律师，而非法律援助律师，但值班律师提供的法律帮助对于实质性控辩

协商作用微乎其微。[1]原因有四个方面：其一，较少有犯罪嫌疑人申请法律帮助。大部分被告人文化水平较低，法律意识不强，几乎都不清楚自己享有哪些诉讼权利，对于申请法律帮助的权利更是知之甚少且身在看守所缺乏信息沟通渠道，加之部分办案人员有意或无意未告知被告人享有此项权利，导致被告人申请法律帮助比例较低，影响了法律帮助制度的实际效果。其二，法律帮助水平有待提高。目前法律对于值班律师的执业资格、年限、经验、专业等方面的要求没有明确规定，从事该项工作的门槛较低，加之值班律师也都是律所律师，平日都有自己的业务，导致其对法律帮助案件投入的精力和时间相对较少，在案件的分析研究和维护被告人权利方面并未尽心尽力。其三，值班律师权力有限。从《全国人民代表大会常务委员会关于修改〈中华人民共和国刑事诉讼法〉的决定》将值班律师"提供辩护"到最终正式通过的《刑事诉讼法》将"提供辩护"修改为"提供法律帮助"，可以明显看出立法层面对值班律师地位和身份的定位。由于值班律师仅是"法律帮助者"，而非"辩护人"，值班律师无法享有辩护人应享有的阅卷、调查取证等权利，无法全面掌握和了解案件事实情况和量刑情节，自然无法全面深入地与控方进行量刑协商。其四，值班律师经费保障不足。目前财政给予值班律师的补贴和报酬与值班律师的工作强度和案件数量明显不成正比，导致值班律师参与量刑协商的积极性不高，这也是值班律师投入法律帮助案件时间和精力不多的主要原因。

控辩协商缺位最终给认罪认罚从宽制度改革带来了负面影响。一方面，控辩协商因素的缺失降低了诉讼参与人适用认罪认罚从宽制度的积极性。"一项制度从顶层设计到生根落地，必须产生内在动力，使改革参与者从中感受到实实在在的正向激励，否则随着外在推动力减弱，制度将逐渐被废止。"[2]

---

　　〔1〕　该学者对 A 市 Y 区认罪认罚协商情况进行调研发现，虽然该区检察院建立了驻检察院值班律师工作站，但在被问及如何协助被追诉人进行量刑协商时，值班律师表示他们也不清楚规范化量刑的要求，实践中多是配合检察院做被追诉人的工作。虽然该区法院会为依职权启动速裁程序的案件的被告人在庭前安排驻法院值班律师集中会见，但值班律师表示，会见每位被告人 5 分钟左右的时间只能泛泛了解案情、介绍程序、告知权利。并且，这类案件无指定辩护人参与庭审，公诉人当庭补提量刑建议后，未委托辩护人的被告人只能当庭自行决定是否接受量刑建议。参见王飞："论认罪认罚协商机制的构建——对认罪认罚从宽制度试点中的问题的检讨与反思"，载《政治与法律》2018 年第 9 期。

　　〔2〕　参见王飞："论认罪认罚协商机制的构建——对认罪认罚从宽制度试点中的问题的检讨与反思"，载《政治与法律》2018 年第 9 期。

改革的内生动力主要来源于改革参与主体的参与积极性。具体到认罪认罚从宽制度，保证此项制度改革的长远发展离不开检察官、法官、辩护人、被告人的参与热情。而目前实践中，一边是检察官对工作量的增加有所抱怨，另一边是值班律师抱怨权利受限、意见得不到尊重、工作强度与补贴不成正比，而被告人虽然享受到了实体从宽与程序从简的改革红利，但在程序选择方面却没有太多的主动权，只能被动等待检察官的"施舍恩惠"。另一方面，控辩协商因素的缺失减损了制度正当性和权威性。认罪认罚从宽制度导致的程序从简自制度实施之日起其正当性就遭受质疑，尤其被告人在量刑协商中话语权的缺失，更是该制度正当性不足的一个重要体现。与尊重、鼓励被告人自主选择以及控辩处在平等地位的控辩协商模式相比，检察官主导下的"居高临下"式的不对等模式容易降低被告人参与此项改革的积极性，从而减弱了此项改革的内生动力。因此，提升认罪认罚从宽制度正当性的重要途径就是建构控辩协商机制，提高被告人对量刑建议的接受度和认可度，以弥补程序从简所造成的制度正当性不足，实现控辩博弈双赢。

## 四、认罪认罚从宽制度中量刑建议工作完善路径

正如前文所言，在认罪认罚从宽制度中，检察机关扮演着与被告人、辩护人就量刑进行协商的重要角色。量刑建议，本质上是一种承诺，承诺实现不了，只会失信于人。量刑建议的结果能否实现，决定了诉讼参与人的参与程度，更关涉检察机关的司法公信力。因此，完善认罪认罚从宽制度，应当以加强控辩协商实质化、提高量刑建议的规范化为主要抓手。

（一）总结认罪认罚从宽制度量刑建议工作经验

一方面，应充分利用大数据等技术手段，分析影响量刑的各种事实情节，完善检察指导性案例制度，为量刑建议工作提供具体参考。另一方面，对于试点中出现的问题和障碍，要类型化总结。对于一些优秀做法，深入研究，探索总结可复制、可推广的经验做法，不断提升量刑建议精准化。[1]

---

[1] 如上海某检察院汇总近三年法院刑事案件判决内容，梳理盗窃、危险驾驶、容留他人吸毒等常见案件量刑标准，尝试建立数据平台，设置关键词抓取功能，提高量刑建议精准化。另一检察院以危险驾驶罪为试点，通过汇总历年来适用速裁程序办理的该类案件，构建包含20余项指标的数据库，形成量刑建议模型，通过模型比照案件证据等，规范案件证据收集。这些都是提高量刑建议准确性的有益尝试。

（二）制定统一的量刑指引

目前认罪认罚从宽制度量刑建议工作开展得不尽如人意，主要原因在于缺少统一的量刑指引。虽然有关量刑指导意见是量刑规范化改革的成果，但其在指导量刑协商方面存在适用罪名范围过窄、量刑幅度过宽等缺陷。对此，应从以下三个方面进行完善：其一，制定规范化的量刑标准。结合先前试点经验，认罪认罚从宽规范化量刑指引的统一立法应提上日程，以统一检法两家的认识。实践中已有个别试点地区制定了本地认罪认罚规范化指引。[1]其二，探索认罪认罚量刑激励机制，即被追诉人的量刑从宽幅度应与诉讼阶段相匹配。原则上，认罪认罚越早，从宽幅度越大。其三，组织认罪认罚案件量刑培训。量刑建议制度在拓展检察机关法律监督职能的同时，量刑建议的规范化和精准化无疑对公诉人的业务能力提出了更高要求。除对案件罪名要做到准确定性之外，还要依据罪责刑相适应原则，分析案件量刑情节，提出有针对性的量刑建议。为此，首先，公诉人应转变过去重定罪、轻量刑的思想。充分认识量刑建议作为制约审判的一种重要方式，在实现检察机关法律监督职能方面具有重要价值。其次，公诉人应充分认识到量刑建议权是公诉权的重要组成部分。实际工作中应坚持定罪与量刑并重的公诉理念，二者不可偏废。最后，应加强对公诉人量刑方面的业务培训。对公诉人开展量刑规范化统一培训，通过业务竞赛、案例研讨等方式，深化公诉人对认罪认罚协商程序以及量刑规范化要求的了解和认识，提升公诉人量刑建议业务素养。

（三）建立量刑建议准确性保障机制

1. 建立科学的量刑建议考核机制

首先，针对量刑建议区间过大的问题，应完善现有的量刑建议采纳率的计算方式，进一步细化区间过大和区间较小所对应的不同考评分值，越精确，考评分值则越高。为了鼓励量刑协商，对于经过协商且并未违反罪责刑相适应原则但因客观原因，如由于两家的认识不一致协商结果未被法官采纳的，应在考评中得分。其次，为了提高认罪认罚从宽制度的适用率、鼓励检察官

---

〔1〕 2018 年 6 月，西安市法院、市检察院、市公安局会签了《关于印发〈西安市刑事案件认罪认罚从宽制度试点工作常见犯罪量刑建议指引（试行）〉的通知》。该通知将为西安市政法机关在试点工作中的量刑建议相关工作及问题提供参考和指引。参见杨扬、贾少勋、杨铭："西安政法机关以科技助推刑事案件认罪认罚从宽制度试点工作"，载《西部法制报》2018 年 6 月 5 日，第 1 版。

积极适用该项制度，应建立正向、反向激励机制。对于主动适用的，应作为个人绩效考核的加分项。对于应当启动而没有启动的，应当要求办案人说明原因。最后，对于部分检察官存在的担心法院不采纳量刑建议的顾虑，笔者认为，法官不采纳检察官量刑建议的，应当说明理由并附卷存档。

2. 扩大社会调查报告适用范围

社会调查报告最早应用于未成年人刑事案件。社会调查报告的最大特色在于综合考量导致被告人犯罪的社会因素、家庭因素等，进而为实现刑罚的个别化、差异化的特殊预防功能奠定基础，以此取得良好的法律效果和社会效果。在证据层面，社会调查报告已然成了重要的量刑证据。社会调查报告是批准逮捕阶段、起诉阶段、判决阶段作出决定时非常重要的参考依据。[1]以深挖犯罪背后成因为主要内容的社会调查报告，无疑为检察官准确评估被追诉人的人身危险性、再犯可能性以及改造难易程度提供了一个重要的决策辅助工具。对此，有些地区针对社会调查报告在认罪认罚从宽制度中的运用进行了有益尝试。[2]

3. 加强侦诉协作

为了避免审查起诉阶段犯罪嫌疑人认罪态度改变导致检察人员做无用功、浪费司法资源，检察机关有必要提前介入侦查阶段，及时了解犯罪嫌疑人认罪意愿。首先，在捕诉合一的改革背景下，应充分整合捕诉、控诉职能，构建侦诉一体的"大控诉"格局，继续完善检察介入、引导侦查机制。其次，可以借鉴某些地区的试点经验，将检察机关提出量刑建议的时间节点前移至侦查阶段，使认罚与程序从宽同步进行。最后，在侦检协作基础上，适当延长审查起诉阶段认罪认罚从宽案件的审查期限，可以考虑借鉴国外给予被追诉人一定思考期限的做法[3]，以便被追诉人能够有足够的时间听取辩护人的

---

〔1〕 关仕新："社会调查：在少年司法中当如何运行"，载《检察日报》2011年1月23日，第3版。

〔2〕 上海市高级人民法院和上海市人民检察院联合印发的《刑事案件认罪认罚从宽制度试点工作实施细则（试行）》规定，人民检察院建议适用非监禁刑罚的案件，应当随案移送社区矫正机关的调查评估报告。对人民检察院已经委托调查评估，但书面结果尚未反馈的，人民检察院可以通知司法行政机关在一审庭审前将书面调查评估报告直接送人民法院。

〔3〕 在法国，由法官主持的庭前协商程序中，对于检察官的量刑建议，被告人有10天的思考期限，其必须在该期限内决定是否接受量刑建议。检察官有告知被告人思考期限的义务，但在思考期限内被告人不得申请解除相关的人身强制措施。10天期限届满，被告人应对检察官的量刑建议作出答复：

意见，进而作出理性决策，降低协商后反悔概率，同时也可避免由审查期限的压缩导致的检察官和律师参与协商积极性的降低。

4. 强化控辩协商

强化控辩协商的路径包括以下两个方面：其一，保障被追诉人的诉讼权利。实现控辩协商实质化的核心在于调动被追诉人参与认罪认罚协商的积极性，而调动积极性的关键在于保障被追诉人的诉讼权利。这要求检察官积极履行告知义务，提示被追诉人享有的程序选择权，保障被追诉人获得迅速审判的权利。具体而言，检察官在收到被追诉人《请求适用认罪认罚从宽制度申请书》之后，符合简易程序、速裁程序启动条件的，应当立即启动，不同意申请的，应当说明理由并附卷。同时应建立速裁程序、简易程序启动率考核机制，对于应当启动而未启动的，应当说明理由，理由不成立的，应追究办案人员责任。其二，完善值班律师制度。当下值班律师存在提供法律帮助及时性不足、诉讼权利受限、参与量刑协商积极性不高、专业化服务水平较低等问题。因此，应着重从四个方面来完善值班律师制度：首先，应明确值班律师提供法律帮助的时间节点。应明确规定，在侦查阶段第一次讯问结束之后，为每个犯罪嫌疑人安排值班律师会见，以体现值班律师法律帮助的应急性。其次，应明确值班律师的身份定位。为了解决值班律师因无法全面了解案件事实和量刑情节而造成的控辩协商形式化的问题，有必要赋予值班律师单独会见权、阅卷权和调查取证权，实现值班律师的辩护人化。再其次，提高值班律师保障水平。提供法律帮助后促成被追诉人认罪认罚或者参与量刑协商的，应当适当提高补贴标准。司法行政机关和律师协会对于认真完成律师值班任务、在提供法律帮助时尽职尽责、遵守职业道德以及年度考核优秀的值班律师，应给予其精神上的表彰和物质上的奖励。最后，提升值班律师服务的专业化水平。针对值班律师提供法律帮助过程中遇到的常见问题，可以组织编写相关法律帮助操作指南，制定规范化、标准化的法律帮助工作流程和考核机制。

---

（接上页）如果被告人接受共和国检察官的量刑建议，则检察官应向大审法院院长或院长委派的法官提出审核申请，庭前认罪协商程序进入最后一个阶段即审核阶段；如果被告人不接受量刑建议，检察官应按照一般公诉程序向轻罪法院起诉，庭前认罪协商程序所作的各种声明及案卷笔录归于无效，不得作为证据提交给预审法官或审判庭。参见吕天奇、贺英豪："法国庭前认罪协商程序之借鉴"，载《国家检察官学院学报》2017 年第 1 期。

# 第五章 检察公益诉讼制度改革下的法律监督

**CHAPTER 5**

2014 年 10 月 23 日，党中央提出"探索建立检察机关提起公益诉讼制度"，由此奠定了检察机关提起公益诉讼乃全面推进依法治国重要举措的"基调"。2015 年 12 月 16 日，最高人民检察院第十二届检察委员会第四十五次会议又通过了关于检察公益诉讼的试点办法，对检察机关提起公益诉讼的具体程序和方法进行了细化与规范。在总结改革试点经验和取得的成果基础之上，2017 年 6 月 27 日，检察公益诉讼制度正式写入法律。至此，检察公益诉讼制度正式确立。本章从探讨检察公益诉讼所涉及的基本概念入手，力求厘清相关概念的内涵与外延，并在此基础上分析当前检察公益诉讼制度在司法实践运行中面临的理论难题和现实障碍，同时提出相应的完善路径并论证其合理性与科学性。

## 第一节 检察公益诉讼的基本概念

"检察公益诉讼"这一大概念本身就是由公益、公益诉讼这些子概念组成的。因此，对检察公益诉讼这一概念内涵与外延的准确把握，离不开对这些子概念的正确解读。对制度概念的准确理解，是适用该项制度的前提和基础。针对检察公益诉讼制度的适用范围、发生场域以及未来发展方向的解答，则首先需要对公益、公益诉讼、检察公益诉讼这些基本概念树立统一、正确的认识。

### 一、公益

公益，即公共利益的简称。公共利益的上位概念是利益。主体的复杂性决定了利益本身是多元的。从主体角度而言，有私人利益与社会公共利益、国家利益之别，而私人利益与公共利益的区分是公益诉讼制度建构的理论原点和前提。在法学中，一切法律都有着特定的利益，为某种利益而生，派生于特定利益。利益的复杂性决定了制定法律时需兼顾各方需求，包括公共利益需求和私人利益需求。只顾私人利益而漠视公共利益的法律，必然导致公共秩序的崩塌，进而损害私人利益。因此法律的公平价值不仅体现在个人利益的维护上，还体现在个人利益与公共利益的兼顾平衡上。

（一）关于"利益"的不同学说及评析

罗·庞德认为，利益是谋求得到满足的一种欲望或要求，而且这种欲望或要求必须被社会关照。[1]利益受社会生产力和生产关系的制约。在耶林看来，社会是与人并列的目的主体[2]，故而保护个人利益并不是法律唯一的价值取向和目的追求。"法律的目的是平衡个人利益和社会利益，实现利己主义和利他主义的结合，从而建立起个人与社会的伙伴关系。"[3]

（二）关于"公共利益"的不同学说及评析

传统关于"利益"学说和理论的保守性，决定了传统法学理论一般认为"社会公共利益的独立性"是一个伪命题。比如詹姆斯·M.布坎南就明确拒绝承认"公共利益"是一个独立的法律概念。[4]弗里德里希·冯·哈耶克尽管承认公共利益的存在，但又认为，"自由社会的共同福利，或公共利益的概念，决不可定义为所要达到的已知的特定结果的总和，而只能定义为一种抽象的秩序。作为一个整体，它不指向任何的特定的具体目标，而是仅仅提供最佳渠道，使无论哪个成员都可以将自己的知识用于自己的目的。"[5]在当代，大多数学者认为，公共利益具有独立性。关于公共利益的学说，有经济秩序

〔1〕　［美］罗·庞德：《通过法律的社会控制：法律的任务》，沈宗灵、董世忠译，商务印书馆1984年版，第81—82页。

〔2〕　［日］伊东研祐：《法益概念史研究》，秦一禾译，中国人民大学出版社2014年版，第70页以下。

〔3〕　张文显：《二十世纪西方法哲学思潮研究》，法律出版社1996年版，第129页。

〔4〕　［美］詹姆斯·M.布坎南、戈登·塔洛克：《同意的计算——立宪民主的逻辑基础》，陈光金译，中国社会科学出版社2000年版，第14页。

〔5〕　［英］弗里德里希·冯·哈耶克：《经济、科学与政治：哈耶克思想精粹》，冯克利译，江苏人民出版社2000年版，第393页。

说[1]、公序良俗说[2]和特定群体说[3]。

笔者认为,社会同人一样,是具有生命的有机体,因而有其独立的需求和诉求,进而有其独立的、不同于人的利益追求。这种利益追求是客观存在、不容忽视的。公共利益具有以下三个方面的特征:

1. 模糊性

即便当代大部分学者都已承认公共利益作为一项独立的利益样态,有别于私人利益,但关于公共利益概念的内核和外延却很难达成一致意见。利益内容和利益主体的不确定性,决定了对于公共利益内容与客体认识的模糊性。

2. 社会性

社会是由具有社会属性的个人组成的,公共利益的公共性、广泛性、集合性,决定了公共利益的社会性。利益的社会性,拓展了法利益理论的边界。个人与社会的共生共存,扩大了利益保护的辐射范围。一味强调利益的私人性,已无法满足私人利益的保护和社会秩序的维护。

3. 综合性

社会主体的多样性以及保护手段的多元化,决定了公共利益的复杂性和综合性。社会中每个独立的自然人都是公共利益的权利享有主体,都与公共利益息息相关,共存共生。而公共利益的保护则涉及道德、法律、宗教等各个方面。

## 二、公益诉讼

早在古罗马程式诉讼中,就有私益诉讼与公益诉讼之分。二者的区别在于保护的客体不同,私益诉讼保护的是个人私权,公益诉讼保护的是公共利益。公益诉讼也被称为公共诉讼、民众之诉。

### (一)公益诉讼的概念界定

对公益诉讼内涵的界定,理论界存在多种观点。有学者认为,公益诉讼是指为了维护国家和社会利益而提起的诉讼。它的主体只能是国家机关,在

---

[1] [日]丹宗昭信、厚谷襄儿编:《现代经济法入门》,谢次昌译,群众出版社 1985 年版,第91—92 页。

[2] 孙笑侠:"论法律与社会利益——对市场经济中公平问题的另一种思考",载《中国法学》1995 年第 4 期。

[3] 许崇德主编:《中华法学大辞典》(宪法学卷),中国检察出版社 1995 年版,第 192 页。

我国就是检察院〔1〕。有学者认为，应根据提起公益诉讼的主体不同，将公益诉讼分为广义的公益诉讼和狭义的公益诉讼。广义的公益诉讼是所有社会主体为维护公共利益而提起的诉讼，而狭义的公益诉讼则是指国家机关代表国家，以国家的名义提起的公益诉讼〔2〕。有学者认为，公益诉讼仅能由特定的国家机关和相关的组织和个人提起，提起主体不能泛化〔3〕。有学者则从案件与当事人之间的关系有别于传统诉讼来进行分析，指出此类诉讼的目的在于维护客观法秩序和公共利益。〔4〕

综合上述关于公共利益内涵的不同学说以及公益诉讼本身所具有的不同于传统诉讼的特性，笔者认为，公益诉讼是指特定主体利用诉讼手段来达到维护公共利益目的的特殊诉讼类型。

（二）公益诉讼的主要特征

1. 公益性

这是公益诉讼与私益诉讼的根本区别。公益诉讼保护的是国家利益、社会利益和不特定的他人利益等公益，间接保护起诉者私益。因为社会是由公民个人组成的，所以利益只是公益诉讼的附随效果和利益保护扩散效应的结果。按照我国的政治制度安排和权力分配模式，人民把管理国家的权力委托给国家机关行使，当某一受托者违背人民意志来行使权力时，人民就有权绕开这些国家机关直接行使该权力，通过行使诉权来履行宪法和法律赋予自己的神圣职责，公民也正是通过行使诉权这样一种方式来参与国家和社会管理，履行社会监督职责的。

2. 诉讼双方力量对比的不对等性

公益诉讼双方往往在掌握的社会资源、资金实力方面存在较大差距，也由此决定了双方诉讼能力的强弱差别较大。为了维护社会公平、实现实质平等和公平，无论在举证责任还是诉讼费用承担等方面，立法都需要对处于劣势地位的原告一方给予一定的"倾斜"，以弥补双方之间的实力差距，平衡双

---

〔1〕　马守敏："公益诉讼亟待支持"，载《人民日报》2001年9月5日，第16版。

〔2〕　韩志红："公益诉讼制度：公民参加国家事务管理的新途径——从重庆綦江'彩虹桥'倒塌案说开去"，载《中国律师》1999年第11期。

〔3〕　王斐民："浅析公益诉讼"，载《检察日报》2002年1月18日，第3版。

〔4〕　林莉红："法社会学视野下的中国公益诉讼"，载《学习与探索》2008年第1期。

方之间的力量对比，提高弱势一方的诉讼能力。

3. 原告主体的广泛性与不确定性

区别于传统诉讼，在公益诉讼中，即便原告与诉讼标的或者损害结果无直接利害关系，也可以行使《宪法》所赋予的管理国家事务的权力，代表国家起诉损害公共利益的行为人，以保护国家利益和社会利益。之所以有权起诉，是因为起诉人一般都是社会公共利益的享有者、关系者。公共利益受损，也必然损害个人利益。个人利益与公共利益的牵连性、耦合性，导致个人与社会利益荣辱与共。为了防止诉权的滥用，也有必要对起诉主体的资格在法律上作出一定规制。

4. 公益诉讼争讼点的社会化

传统诉讼所要解决的是双方当事人在私益上的纠纷，判决效力仅仅及于诉讼双方当事人，争讼点呈现出私人化、个体性、封闭性的特征。相反，由于所有社会公民均是公共利益的享有者、受益者，公益诉讼的争讼点必然会涉及诉讼双方当事人以外的其他利益主体，最终判决的辐射范围也必然扩散至判决以外的其他主体，争讼点呈现出扩大化、开放性、社会化的特征。这也是公益诉讼作为社会管理手段的必然要求和重要体现。

（三）公益诉讼的重要功能

1. 公益诉讼具有保护公共利益的功能

通过诉讼延伸监督职能，将诉讼作为一项公众参与社会公共管理的重要载体，是公益诉讼的一项重要功能。保护公共利益的价值追求使得公益诉讼具有了法律正当性和道德正统性。将保护公益职责和使命融入法律程序，是现代人类文明社会所创造的一项极其重要的维护公益的手段。这种手段既能兼顾私人利益和公共利益，同时也可以照顾经济和社会的发展需要。

2. 公益诉讼具有保障公众参与社会公益事务管理的功能

民众作为地球村的常住居民，作为国家和社会的主人，具有维护社会秩序和公共利益的使命与责任。人类也一直在不断探索参与管理公共事务的手段和方式。如何兼顾个人与社会利益、如何提高管理效率等，都是在探索各种管理手段时需要考虑的因素。利用法律手段参与社会管理，是民众管理社会手段的一大创新，其核心在于将法律作为大家共同遵守的一项行为准则，将管理社会公共利益纳入法治模式当中。这种做法既能形成有效威慑，同时也能提高管理效率，进而唤醒公众公共社会管理意识，推进法治建设。

3. 公益诉讼具有权力制约的功能

权力的制约，目的在于防范权力的滥用。权力制约的模式丰富多样，如"三权分立"等。但各种模式均需要一定的实现途径和方法。通过诉权来实现对其他权力的监督，不失为一种创新和尝试。同样在公益诉讼中，利用诉权延伸权力监督的触角，实现对其他权力的抗衡与制约，这也是通过程序实现权力制约的一种手段。

4. 公益诉讼具有预防的功能

因为公共利益享有群体的广泛性，其受损的后果往往超出个人利益的简单叠加，具有巨大的、灾难性的特征，所以在公共利益的保护方面需树立提前保护、提前预防的意识，并将预防手段提前至公益损害发生之前。公益诉讼将可能危害社会公共利益的行为纳入其诉讼对象和规制范围之内，这在客观上可发挥公益诉讼"禁恶于未萌"的预防作用。

### 三、检察公益诉讼〔1〕

（一）检察公益诉讼的发展历程

《民事诉讼法》和《行政诉讼法》的修改并非检察公益诉讼制度的探索起点，而是以往改革成果的"结晶"和立法上的体现。早在20世纪90年代，检察公益诉讼在实践中就已经开始探索。检察公益诉讼的发展历程分为三个阶段。

1. 第一阶段：以原告身份代表国家提起民事诉讼

我国于1978年开始恢复重建检察机关。通过考证相关的法律文件可以看出，立法者在检察机关能否提起民事诉讼这一问题上是摇摆不定的。这也从侧面反映了当时立法者对于检察机关的性质和职能还缺乏足够深入、细致和正确的认识。〔2〕即便之后确立了民事检察监督原则，但由于缺乏配套措施和

---

〔1〕　以诉讼主体作为划分依据，本书所称检察公益诉讼，是指检察机关基于公共利益受损而代表国家和社会提起的诉讼。

〔2〕　1979年2月2日通过的《最高人民法院人民法院审判民事案件程序制度的规定（试行）》规定了检察机关提起诉讼和参与诉讼的民事案件审理程序，并对检察机关提起民事诉讼时的派员出庭、审理程序等问题进行了规定。这是"文革"后首次以司法解释的形式规定了检察机关参与民事诉讼的职能。与此相反，1979年颁布的《人民检察院组织法》却彻底废止了民事行政检察制度，将检察机关职权限定于刑事领域。相较之下，1982年颁布的《民事诉讼法（试行）》在一定程度上改变了先前《人民检察院组织法》的规定，其中第12条将民事检察监督确立为民事诉讼的基本原则之一。

具体实施程序的保障和支持，这项原则更多的是宣示象征意义。在此背景下，最高人民检察院和一些地方检察院从 1986 年下半年开始着手对检察机关参与民事行政诉讼活动进行试点调研。之后随着民事抗诉制度的正式确立，我国民事检察工作进入快速发展时期。1997 年 12 月 3 日，第一起民事检察公益诉讼获得了法院的支持。[1]

2. 第二阶段：民事诉讼原告身份被终止，探索督促起诉制度

随着全国各地检察机关开始探索公益诉讼，在立法对此种做法的态度还比较"暧昧"的情况下，人民法院对于民事行政检察工作的态度也由中华人民共和国成立初期的欢迎和支持变得有些抵触。尤其是检察机关该项职能对既判力原则的突破、对处分原则和审判独立原则的挑战并由此带来的审判程序的非终结性，使其备受理论界质疑和法院系统的抱怨。[2]这种矛盾最直接的体现就是，实务部门法检两家以及理论界各自支持者分别撰文就该制度的正当性和合理性展开辩论，矛盾看似不可调和：在实务领域，法院从国际惯例出发而检察院坚持中国特色国情论，双方展开辩论，据理力争；在学术领域，也有支持、反对和改良三种声音。与此同时，最高人民法院在实践中对于检察机关民事监督权的扩张，通过批复的形式加以限制，尤以 2004 年批复最为典型和直接。[3]随后，最高人民检察院作出让步，针对该批复出台了一些文件，从规范层面实际叫停了此种做法。然而，公共利益受

---

〔1〕 该案发生的背景是我国开始进行国有企业改革，企业改制中出现大量国有资产被贱卖导致国家利益受损的现象。河南省方城县某乡工商所将价值 6 万多元的房产私自以 2 万余元的价格卖给私人，检察机关接到举报后从职务犯罪侦查角度进行调查，发现贱卖行为不构成犯罪，但如何防止行政机关低价变卖国家资产是摆在检察院面前的难题。由此，检察机关进行制度创新，以原告身份提起民事诉讼，要求法院认定转让的民事行为无效。法院经过审查后认定合同无效。之后，河南省将方城县检察院的经验推广到全省，在全省共提起 500 多起类似案件，为国家挽回经济损失 2 亿多元。参见李涛："浅析河南省检察机关提起公益诉讼的范围和程序"，载《检察实践》2005 年第 6 期。

〔2〕 参见蔡彦敏："从规范到运作——论民事诉讼中的检察监督"，载《法学评论》2000 年第 3 期。

〔3〕 该复函全称为《最高人民法院关于恩施市人民检察院诉张苏文返还国有资产一案的复函》。具体案情为：恩施市一家国有石油公司经理张苏文租赁了该公司的加油站，侵占了 13 万余元的国有资产。检察院在多次督促该公司提起诉讼主张权利未果的情况下，于 2001 年 11 月 26 日以原告身份起诉张苏文。湖北省高级人民法院针对检察机关的原告主体资格问题转向最高人民法院请示，最高人民法院在复函中指出"检察机关以保护国有资产和公共利益为由，以原告身份代表国家提起民事诉讼，没有法律依据，此案件不应受理，如已受理，应当驳回起诉。"具体内容参见最高人民法院〔2004〕民立他字第 53 号（2004 年 6 月 17 日生效执行）。

损的形势却仍然十分严峻。为了解决此问题，检察机关开始探索督促起诉制度。督促起诉是指检察机关以法律监督者的名义，针对已经或可能导致国有资产流失、社会公共利益受损的案件，督促具有原告资格的国有资产监督部门或其他相关单位依法及时向法院提起民事诉讼的制度。[1]通常情况下，民事主体对于自身是否行使诉权享有自由选择权，国家无权干预，这是民事法律关系的最基本原则，但当这种"自治"和"处分"牵涉到国家利益和社会公益时，就不再属于一般性的民事私权关系，进而就产生了国家干预的必要。该原理一方面揭示了检察机关督促起诉的正当性来源，另一方面也论证了该制度的社会治理属性，同时划定了制度的运行界域。然而，作为一项尚无明确法律依据且缺乏系统性理论支撑的创新制度，督促起诉在实践中存在着功能定位不准、适用范围不清等问题。

3. 新阶段：检察公益诉讼制度的正式确立

随着我国经济的高速发展，国有资产流失、环境污染、食品药品安全等侵害国家和社会公共利益的事件层出不穷，形势愈演愈烈。为此，实务部门开始积极反思和探索检察公益保护机制。首先，检察机关开始尝试将行政机关不作为、乱作为侵害公益的行为列为起诉的对象，将打击损害公共利益的行政行为作为民事行政检察的突破口。[2]其次，在维护公共利益方面，最高人民法院也开始全面发力，并以维护生态环境为突破口，开创性地设立了环保法庭。检察机关借着这一"东风"，首次以原告身份提起环境民事公益诉讼。[3]据统计，我国2000—2013年环境诉讼案件总计60起，其中近三分之一是由检察机关和行政机关作为原告提起的诉讼"，这充分体现了检察机关在保护公益方面的积极性和可行性。2015年7月1日，检察公益诉讼试点工作获得最高权力机关授权。2017年6月27日，《民事诉讼法》和《行政诉讼法》的修改将试点经验和改革成果上升到法律层面，将检察公益诉讼制度正式写入法律。检察公益诉讼虽是我国公益诉讼制度的一部分，但为公共利益

---

〔1〕　参见刘加良："解释论视野中的民事督促起诉"，载《法学评论》2013年第4期。

〔2〕　2005—2009年，检察机关提起三起行政（公益）诉讼案件。其中一起是要求环境保护机关履行监督管理职责，另外两起是检察机关针对房产登记中行政违法行为提起的行政诉讼。

〔3〕　2007年11月10日，贵州省清镇市人民法院设立了专门管辖环境案件的环保法庭。期间，贵阳市人民检察院首次以原告身份提起环境民事公益诉讼。

司法保护机制的构建和完善提供了思路，积累了经验，指明了方向。

（二）检察公益诉讼的理论根据

1. 检察机关的性质

正如第一章所论述的检察机关作为公共利益守护者，其最突出、最主要的职责是打击侵害公共利益的行为，维护社会公共利益。作为法国大革命的产物，检察制度自诞生以来，就承担着维护公共利益的历史使命和责任，民事检察公益诉讼制度早在 1806 年就写进了《法国民事诉讼法典》。而在《联邦德国行政法院法》中同样也明确了检察官的公共利益代表人的身份。在英国，检察长作为公共利益保护人的角色定位也已达成共识，且当公共利益受损时，只能通过检察长提起诉讼来维护公共利益。在美国则由私人总检察长和检察总长共同履行维护公益职责，检察总长作为一支重要的补充力量，发挥着维护公益的制度功能。[1]在我国，检察机关扮演着宪法法律守护者、公民权利守护者、公共利益守护者的重要角色。在面对公共利益受损而公民个人因力量单薄、地位对比悬殊而无力起诉的局面时，检察机关应该挺身而出，肩负起维护公共利益的历史重任，有效弥补公共利益受损时的救济缺失，通过行使诉权方式，延伸法律监督职能，将维护公共利益与履行法律监督职责有机结合起来。

2. 诉权理论的发展

在传统诉讼理论中，法律更强调对公民个人私权利的保护，这与当时社会公害事件不多的社会环境密切相关。也就是说，当时的社会发展程度还处于初级阶段，权力类型还比较单一。随着工业革命的完成，各类社会公害事件层出不穷，由此引发了学者对地球未来命运和人类前途的担忧，其中也包括法学家。法学学者们通过不断地解释和解读法律，创造了一系列超越传统诉讼权力类型的新型权力类型，并通过诉讼方式加以实现。这也就克服了传统诉权理论在保护公共利益方面的局限性，极大地发展和创新了诉权理论。鉴于检察机关公益守护人的特殊身份，正是行使这一新型权力、践行这一新型诉讼模式的"不二人选"。通过检察公益诉讼方式维护公益，不仅能有效救济受损公益，还能维护法秩序的稳定，节约司法资源。

---

〔1〕 参见解志勇："论公益诉讼"，载《行政法学研究》2002 年第 2 期。

（三）检察公益诉讼的本土需求

1. 现实动因

在确立检察公益诉讼制度之前，公益诉讼一般由个人提起。这种起诉模式和公益保护机制的弊端在于，私权利主体在强大的被告面前，往往显得有些"形单影只"，孤军奋战的结果就是诉讼能力的不强导致公益维护的效果不彰，加之法院经常以主体不适格为由拒绝受理案件。与此同时，不同于西方国家所尊崇的个人本位、国家最小干预等理念，我国尚未完成国家权力与公民权利的界限划分，在社会公共领域边界模糊、社会自治和公民自治能力欠发达的客观背景下[1]，由公权力机关承担起这一重任无疑更为合适。而与其他公权力机关相比，检察机关无论在经济基础、组织保障、人力资源还是取证能力、抗干扰能力等方面都具有独特的优势。

2. 历史传统

一国的法律制度总是深受其历史传统的影响，总能在历史长河中寻找到蛛丝马迹。我国传统法律文化强调家族本位、集体本位，这为国家利益和公共利益至上、国家全面干预提供了理论支撑[2]，进而为检察公益诉讼制度的确立奠定了理论基础。早在中华人民共和国成立初期，我国检察机关就被赋予了提起公益诉讼的职能。[3]可见，检察机关在中华人民共和国成立之初就可以对涉及国家和人民利益的重要民事、行政案件提起公益诉讼。事实上，正如前文所述，自现代检察制度诞生以来，检察机关一直以公共利益代表者的身份出现，检察公益诉讼有着深厚的政治文化基础和悠久的历史传统。

（四）维护公益与法律监督的关系

维护公益必然要求对包括自然人、法人和行政机关在内的各种侵害公益的行为进行监督，而根据前文所述，检察机关作为公共利益守护者，其进行法律监督的目的之一就是维护公益。只不过在实现方式上，检察机关通过行

---

〔1〕　韩静茹："民事检察权的基本规律和正当性基础"，载《湖北社会科学》2018 年第 4 期。

〔2〕　参见张文显：《法哲学范畴研究》（修订版），中国政法大学出版社 2001 年版，第 230 页。

〔3〕　根据 1949 年 12 月发布的《中央人民政府最高人民检察署试行组织条例》第 3 条的规定，检察机关对于全国社会及劳动人民利益之有关民事及一切行政诉讼，均可代表国家公益参与。1951 年《中央人民政府最高人民检察署暂行组织条例》和《各级地方人民检察署组织通则》规定，检察机关代表国家公益参与有关社会和劳动人民利益的重要民事案件和行政诉讼。1954 年《人民检察院组织法》第 4 条规定，检察机关对于有关国家和人民利益的重要民事案件有权提起诉讼或者参加诉讼。

使诉权来将法律监督与维护公益二者串联起来。现代诉权理论认为，诉权和实体权利可以由不同权力主体享有，诉权主体未必与诉讼结果之间有直接利害关系。诉权与实体权利的二元分立，为检察机关通过履行法律监督职能来维护公益提供了重要的理论"支点"。这种将法律监督内嵌于诉讼程序中、将法律监督的"因子"植入诉权中的模式，一方面将法律监督的触角延伸至行政权，形成对行政权的有效制约，另一方面又防止了法律监督的泛化和滥用。如果将法律监督比喻为"风筝"，那么诉权无疑就是牵引风筝的那根绳子。通过行使诉权履行法律监督职能维护公益，也体现了检察机关"在监督中办案、在办案中监督"的监督理念。检察机关将侵犯公益的行为作为"案件"纳入诉讼程序中，通过立案、调查、发出检察建议、提起诉讼和法官居中裁判的诉讼方式进行监督，凸显了法律监督的"法律性"，避免了以往一般监督模式对检察权和行政权二者边界的僭越，体现了对行政权内部运行机制和自我纠错功能的尊重，由此提高了法律监督的正当性。

## 第二节  检察公益诉讼制度的现状与问题

为期两年的检察机关提起公益诉讼制度试点于 2017 年 6 月底结束，立法层面通过修改《民事诉讼法》和《行政诉讼法》吸收和借鉴了改革成果与试点经验，将检察公益诉讼制度写入法律，丰富了公益诉讼主体范围，形成了诉讼实施权配置的多元化格局。[1]此外，将检察公益诉讼制度写入法律，实质性扩张了公益诉讼所保护的公共利益。国有资产、土地出让、环境资源、食品药品安全、英雄烈士名誉荣誉等均被纳入公益诉讼的保护范围之内。本节将在客观描述检察公益诉讼制度运行现状的基础上，对影响制度运行效果的具体问题进行理论反思。

### 一、运行现状

（一）制度沿革

虽然《民事诉讼法》和《行政诉讼法》直到 2017 年才抽象化地确认了检

---

〔1〕 吴俊："中国民事公益诉讼年度观察报告（2017）"，载《当代法学》2018 年第 5 期。

察机关提起公益诉讼的主体资格，但《刑事诉讼法》以及有关司法解释关于
刑事附带民事诉讼制度的规定却在相当程度上提供了同质性的参照[1]，而且
一些地方的检察院和法院也通过会签文件的方式对检察公益诉讼制度进行了
大胆尝试和有益探索。具体内容见下表：

表 1　地方检察院和法院关于检察公益诉讼制度的文件

| 省份 | 规范名称 |
| --- | --- |
| 浙江 | 2006 年宁波市北仑区人民法院、宁波市北仑区人民检察院联合出台的《关于办理刑事附带民事公益诉讼案件的暂行规定》 |
| | 2010 年嘉兴市检察院、嘉兴市环保局联合出台的《关于环境保护公益诉讼的若干意见》 |
| | 2010 年浙江省人民检察院和省环保厅联合制定的《关于积极运用民事行政检察职能加强环境保护的意见》 |
| | 2011 年温州市人民检察院和市环保局联合出台的《关于加强检察职能与环境保护协作机制实施意见》 |
| 四川 | 2004 年泸州市人民检察院出台的《泸州市检察机关关于办理刑事附带民事诉讼案件的规定（试行）》 |
| 湖南 | 2011 年湖南省人民检察院、省司法厅联合出台的《关于共同推进公益诉讼的座谈会纪要》 |
| | 株洲市中级人民法院、株洲市人民检察院联合出台的《关于检察机关提起刑事附带民事诉讼工作有关事项的暂行规定》 |
| 贵州 | 2007 年贵阳市中级人民法院出台的《关于贵阳市中级人民法院环境保护审判庭、清镇市人民法院环境保护法庭案件受理范围的规定》 |
| | 2010 年贵阳市人大常委会制定的《贵阳市促进生态文明建设条例》 |
| | 2010 年贵阳市中级人民法院清镇市人民法院联合出台的《关于大力推进环境公益诉讼、促进生态文明建设的实施意见》 |
| 广东 | 2008 年广州市番禺区人民检察院和番禺区环保局联合出台的《环境公益诉讼案件移送暂行办法》 |

---

　　[1]《刑事诉讼法》（2012 年修正）第 99 条第 2 款明确规定，当国家、集体财产遭受损失时，
人民检察院在提起公诉的时候，可以提起附带民事诉讼；《人民检察院刑事诉讼规则（试行）》（2012
年修订）第 287 条、《最高人民法院关于适用〈中华人民共和国刑事诉讼法〉的解释》（2012 年发布）
等司法解释也对检察机关提起附带民事诉讼进行了细化。运用法解释学的方法对上述条文进行分析，
可以发现，赋予检察机关提起本质上属于民事诉讼的附带诉讼之目的在于维护受到损害的国家财产和
集体财产，从而避免产生国家利益和集体利益遭受犯罪行为侵害时无人维护的消极局面。

续表

| 省份 | 规范名称 |
|---|---|
| 江苏 | 2008 年无锡市中级人民法院、无锡市人民检察院联合出台的《关于办理环境民事公益诉讼案件的试行规定》 |
| | 2008 年无锡市中级人民法院、无锡市人民检察院、无锡市政府法制办《关于在环境民事公益诉讼中具有环保行政职能的部门向检察机关提供证据的意见》 |
| | 2012 年无锡市中级人民法院与无锡市人民检察院联合制定的《关于刑事附带环境公益民事诉讼的实施意见》 |
| 云南 | 2008 年昆明市中级人民法院、昆明市人民检察院、昆明市公安局、昆明市环保局联合出台的《关于建立环境保护执法协调机制的实施意见》 |
| | 2011 年玉溪市中级人民法院、玉溪市人民检察院联合出台的《关于办理环境资源民事公益诉讼案件若干问题的意见（试行）》 |
| 山西 | 2010 年山西省人民检察院出台的《关于开展公益诉讼试点工作的通知》 |

（二）案件数量

根据《2018 年最高人民法院工作报告》，2013—2017 年，全国法院审结环境民事案件 48.7 万件，其中，检察机关提起的环境公益诉讼案件 1383 件。[1]根据最高人民检察院的通报，检察机关提起公益诉讼的数量在试点结束后出现了明显的下滑。《民事诉讼法》和《行政诉讼法》修改后，据统计，自 2017 年 7 月至 2017 年 12 月，全国检察机关共立案公益诉讼案件 9918 件，其中行政公益诉讼案件 9624 件，占比 97.04%，民事公益诉讼案件 294 件，占比 2.96%；检察建议和发布公告等诉前程序案件 8937 件，其中民事公益诉前程序案件 156 件，占比 1.75%，行政公益诉前程序案件 8781 件，占比 98.25%；检察机关向人民法院提起公益诉讼案件 233 件，其中民事公益诉讼案件 29 件，占比 12.45%，行政公益诉讼案件 130 件，占比 55.79%，刑事附带民事公益诉讼案件 74 件，占比 31.76%。在检察机关所办理的案件中，生态环境和资源保护类案件占到 70% 左右，国有资产保护类案件占到 20% 左右。[2]通过梳理以上数据可以看出，检察公益诉讼正式确立以后仍然延续了试点期

---

[1] 最高人民法院在此次工作报告中仅仅介绍了前五年全国法院在环保领域的审判工作，而并未专门介绍 2017 年公益诉讼案件的审理情况。

[2] 参见邵世星、周晓霞："检察机关提起公益诉讼状况评估与对策建议"，载黄河主编：《深化依法治国实践背景下的检察权运行——第十四届国家高级检察官论坛论文集》，中国检察出版社 2018 年版。

间以行政公益诉讼为主的特点，诉前程序发挥了主导作用，案件主要集中于生态环境和资源保护领域。根据检察公益诉讼制度的设计初衷，展望未来检察公益诉讼的发展方向，检察公益诉讼下一步将在生态环境和食品药品安全保护、公益诉讼中违纪违法案件线索移送、英雄烈士名誉荣誉保护三个方面发力。

（三）典型案例

回首检察公益诉讼制度自试点探索到全面铺开，检察公益诉讼案例为研究该项制度的实际运行效果和存在的问题提供了很好的素材和样本。本部分主要梳理了一些具有代表性的典型案例，既有成功经验，也有失败教训，为研究该项制度提供一个多样性、立体化的视角。具体案例内容如下：

**表 2　检查公益诉讼典型案例**

| 年份 | 当事人 | | 案件基本情况 | 诉讼请求 | 案件结果 | 备注 |
|------|--------|--------|--------------|----------|----------|------|
|      | 原告 | 被告 |              |          |          |      |
| 1997 年 | 河南省方城县人民检察院 | 买卖协议的双方当事人 | 1996 年 2 月 13 日，方城县独树镇工商管理所将一处国家划拨的办公用房产以 10 万元价格卖给村民杨某东，拍卖导致国有资产流失 21 602.8 元 | 请求法院确认买卖协议无效 | 法院判决两被告买卖房产契约无效，案件受理费及其他有关费用由两被告负担 | 该案被称为"公益诉讼鼻祖"，首开检察公益诉讼之先河 |
| 2008 年 | 贵阳市人民检察院 | 熊某志、雷某、陈某雨 | 被告人在阿哈水库一级保护区毁坏植被、违规修建房屋 | 请求被告停止侵害、排除危险、拆除违建房屋、恢复被毁植被 2000 余平方米 | 经法院调解，双方达成调解协议，被告同意拆除房屋和附属设施，恢复植被 | 检察机关作为调解协议的一方主体，放弃了部分诉讼请求 |

续表

| 年份 | 当事人 | | 案件基本情况 | 诉讼请求 | 案件结果 | 备注 |
|------|------|------|--------------|----------|----------|------|
| | 原告 | 被告 | | | | |
| 2009 年 | 无锡市锡山区人民检察院 | 李某、刘某 | 被告盗伐宁沪高速公路锡山段景观林带的杨树 19 棵,共 3.9 立方米 | 要求被告承担恢复原状的民事责任 | 判决被告二人 1 个月内在指定范围补种相同树龄的杨树 19 棵,并看管 1 年零 6 个月 | 本案本质上不应纳入公益诉讼范畴 |
| 2015 年 | 常州市人民检察院 | 许某惠、许某仙 | 被告人将清洗废树脂桶和废油桶的废水排向露天污水池,造成土壤和地下水污染 | 请求依法处置废物、消除危险、恢复原状,赔偿修复费用 | 判令处置废物、消除危险,委托有关单位制定修复方案,赔偿 150 万元环境损失费 | 试点后的首例民事检察公益诉讼,该案亮点在于可以参考虚拟治理成本法计算修复费用 |
| 2014 年 | 贵州省金沙县人民检察院 | 贵州省金沙县环保局 | 环保局针对佳乐公司拖延支付噪音排污费一事未进行行政处罚 | 请求法院判令环保局依法履行职责 | 环保局对佳乐公司作出警告处罚,检察院撤诉 | 全国首例行政检察公益诉讼 |
| 2018 年 | 江苏省淮安市人民检察院 | 曾某 | 网友曾某在微信群中针对在扑救火灾事故中牺牲的英雄烈士谢某发表侮辱性言论 | 请求法院判令被告赔礼道歉、消除影响 | 判令被告在判决生效后七日内在市级以上媒体公开赔礼道歉,消除影响 | 全国首例英烈保护公益诉讼 |

（四）运行特点

从以上案例以及试点情况来看，该制度运行呈现出以下三个特点：

第一，案件主要集中在生态环境和资源保护领域。[1]这一方面说明该领域的问题已经严重到必须大力整治的地步，形势严峻已严重影响到人民群众的幸福感和获得感。另一方面是在试点工作开展伊始，最高人民检察院就将此类案件作为监督重点和工作亮点。决策者倾向无疑影响了政策导向。

第二，就公益诉讼类型而言，行政公益诉讼案件占比较大。"截至 2017 年 6 月，各试点检察院共向人民法院提起公益诉讼案件 1150 件，其中，民事公益诉讼 94 件，行政附带民事公益诉讼 2 件，刑事附带民事公益诉讼 25 件，行政公益诉讼 1029 件（占 89.48%）。"[2]两类案件数量差异较大的主要原因在于顶层设计者认为行政公益诉讼案件更契合检察机关乃法律监督机关的宪法定位，更符合检察权对行政权进行法律监督的价值追求。此外，上文的公益诉讼案例主要集中于生态环境和资源保护领域，这个领域工作的专业性、事务的复杂性决定了对行政手段的依赖性较强，而实践中地方环保部门不作为的情形较为严重，这为检察机关开展行政公益诉讼提供了充分的案件线索来源。

第三，就案件处理方式而言，诉前程序作用显著。根据相关法律和司法解释的要求，检察机关在提起公益诉讼之前需履行诉前程序，如发出检察建议或者督促有关组织提起公益诉讼。从试点情况来看[3]，诉前程序消化、分流了绝大多数公益诉讼案件，尤其以行政公益诉讼诉前程序居多，这也从侧面反映了地方党委和政府对检察公益诉讼工作的理解、支持和配合。

---

[1]　截至 2017 年 6 月，各试点地区共办理生态环境和资源保护类案件共计 6527 件，占比达 72.1%。案件事由包括土壤污染、水污染、大气污染、噪音污染、固体废物污染、重金属污染、危险废物和危险化学品污染以及森林资源、土地资源、矿产资源被破坏等方面。参见邵世星、周晓霞："检察机关提起公益诉讼状况评估与对策建议"，载黄河主编：《深化依法治国实践背景下的检察权运行——第十四届国家高级检察官论坛论文集》，中国检察出版社 2018 年版。

[2]　邵世星、周晓霞："检察机关提起公益诉讼状况评估与对策建议"，载黄河主编：《深化依法治国实践背景下的检察权运行——第十四届国家高级检察官论坛论文集》，中国检察出版社 2018 年版。

[3]　截至 2017 年 6 月，各试点地区检察机关共办理诉前程序案件 7903 件。其中，行政公益诉讼诉前程序案件 7676 件，除未到一个月回复期的 984 件外，行政机关纠正违法或履行职责 5162 件；民事公益诉讼诉前程序案件 227 件，相关社会组织依法提起诉讼 35 件，检察机关支持起诉 28 件。

## 二、问题反思

通过前文分析，可以发现，尽管目前检察公益诉讼制度运行态势良好，但作为一项在法律上刚刚正式确立不久的制度，其相较于其他制度还略显"年轻"，经验和资历都尚浅，实践中面临的现实障碍也较多。因此，有必要结合上述经验事实来发现、提炼和总结该领域的理论困惑和实践难题，从而为后文的研究指明方向并确保相关分析能够"对症下药"。

（一）主体身份急需厘清

学术界围绕检察机关在公益诉讼中的主体适格问题展开了诸多讨论，持"支持论"的学者分别从检察机关的宪法定位、检察机关自身的能力和资源优势、社会的现实需求、其他国家的通行做法等角度，对检察机关提起公益诉讼的正当性与合理性进行了论证；而持"反对论"的学者则认为，检察机关提起公益诉讼容易导致角色冲突等致命缺陷，检察机关并非行政权主体，因此无权代表公共利益。[1]而在支持论内部，围绕检察机关与其他公益诉权主体之间的关系和顺位、公益诉讼程序中检察机关的诉讼地位、如何解决公诉职能与审判监督职能之间的冲突这三大问题，又形成了不同观点。首先，针对检察机关与其他公益诉权主体的关系问题主要有两种观点：一种认为检察机关是所有国家机关中最适宜享有公益诉权的主体，尤其是相较于自身极可能处于利害关系中的行政机关[2]；另一种则认为检察机关应当属于后位的、间接性的公益诉权主体。[3]其次，针对检察机关在公益诉讼中的地位问题，形成了法律监督说、双重身份说、公益代表说、公诉人说、原告人说、国家监诉人说等诸多学说。最后，针对检察机关角色冲突问题，目前存在两种解

---

[1] 持反对论的相关文献参见王福华："我国检察机关介入民事诉讼之角色困顿"，载《政治与法律》2003年第5期；杨秀清："我国检察机关提起公益诉讼的正当性质疑"，载《南京师范大学学报（社会科学版）》2006年第6期；陈兴生、宋波、梁远："民事公诉制度质疑"，载《国家检察官学院学报》2001年第3期。

[2] 参见汤维建、温军："检察机关在民事诉讼中法律地位研究"，载《武汉大学学报（哲学社会科学版）》2005年第2期；参见傅郁林："我国民事检察权的权能与程序配置"，载《法律科学（西北政法大学学报）》2012年第6期。

[3] 参见韩波："公益诉讼制度的力量组合"，载《当代法学》2013年第1期；张卫平："民事公益诉讼原则的制度化及实施研究"，载《清华法学》2013年第4期。

决方案：一种是不可兼任说，认为个案中的检察官不能同时担任公诉人和监督者[1]，检察机关对其提起的公益诉讼无权进行审判监督[2]，其诉讼地位必须是一元的[3]；另一种是可兼任说，认为双重角色恰恰有利于保障诉讼地位平等，在法检两家诉讼目标和司法使命同一的情形下，有助于将二者高度结合在一起并与我国二元司法机制的特征相契合。[4]对于这些核心理论争议的解析和回应，将直接影响检察机关提起公益诉讼的制度设计和功能发挥。

（二）诉前程序急需完善

通过前文分析，可以看出，检察机关提起公益诉讼案件绝大多数被消化在诉前程序环节。诉前程序的目的在于督促有关组织提起诉讼或有关机关履行职责，因而诉前程序具有其自身的独立价值，如有利于实现程序公正、有利于实现诉讼效率、有利于理顺适格原告的公益诉权等。[5]然而，实践中诉前程序在民事检察公益诉讼和行政检察公益诉讼中均存在诸多困境和争议问题。

在民事检察公益诉讼中，主要存在以下问题：其一，诉前程序适用范围过窄。囿于法律规范层面对民事检察公益诉讼案件范围的限制，公益诉讼诉前程序功能的发挥受到较大影响。在案件类型方面，最高人民法院、最高人民检察院联合出台的司法解释只是列举了破坏生态环境和资源保护、食品药品安全领域侵害众多消费者合法权益的两类案件。虽然其后有个"等"字，但对于"等"字应作何理解，存在争议。在启动标准方面，是以"现实的损害"还是"构成现实威胁的不利后果"作为诉前程序启动的标准，在实践中做法不一。在线索来源方面，《最高人民法院、最高人民检察院关于检察公益诉讼案件适用法律若干问题的解释》（以下简称《检察公益诉讼案件司法解释》）将检察机关启动诉前程序的线索来源限定在履行职责过程中，实际上

---

[1] 参见汪建成："论诉讼监督与诉讼规律"，载《河南社会科学》2010年第6期。

[2] 参见傅郁林："我国民事检察权的权能与程序配置"，载《法律科学（西北政法大学学报）》2012年第6期。

[3] 参见江伟、谢俊："论民事检察监督的方式和地位——基于宪法和民事诉讼法的分析"，载《法治研究》2009年第4期。

[4] 参见汤维建："论检察机关提起民事公益诉讼"，载《中国司法》2010年第1期。

[5] 参见杨雅妮："检察机关提起民事公益诉讼诉前程序探析"，载《河南财经政法大学学报》2018年第2期。

忽视了检察机关的宪法定位，混淆了检察机关的宪法职能与诉讼职能，矮化了检察机关在维护公共利益方面的作用。其二，诉前程序适用对象较少。根据《民事诉讼法》的规定，检察机关并非提起民事公益诉讼的第一顺位人，在此之前还有"法律规定的机关和有关组织"，而实践中"法律规定的机关和有关组织"不仅数量少，而且还缺乏诉讼意愿和诉讼能力，由此严重影响了诉前程序适用的实际效果。一方面，"法律规定的机关"公益诉权的获得必须以法律的授权为前提，而当前获得法律授权的机关仅有国家海洋局[1]；另一方面，实践中"有关组织"不仅在本辖区内数量极少[2]，而且由于被告方往往是当地的纳税大户，即便存在"有关组织"，其对提起民事公益诉讼也往往心存顾虑。其三，拒不起诉的后果不清。根据现行法律以及司法解释的规定，检察机关对有关主体提起公益诉讼的"督促"或者"建议"并无法律上的强制力，即有关主体在检察机关"督促"或"建议"起诉的情况下，即便不起诉，也不需要承担法律责任和后果。

在行政检察公益诉讼中，同样存在一些问题：其一，"行政不作为"的认定标准不明确。根据《检察公益诉讼案件司法解释》规定的内容，行政检察公益诉讼诉前程序所针对的对象为"行政机关违法行使职权或者不作为"，然而，无论是法律还是《检察公益诉讼案件司法解释》都未对行政不作为的概念作出明确、统一的界定，由此导致实践中出现这样的现象：当行政机关收到检察建议后积极作为，但由于受客观条件所限，无法有效阻止损害结果的发生时，检察机关仍然提起公益诉讼。对于审查标准的把握存在过于严格的倾向。其二，诉前程序独立价值不明显。虽然诉前程序与诉讼程序具有前后承接的关系，但二者本质上具有各自独立的价值。但在司法实践中，诉前程序却多少沦为了诉讼程序的附庸，如若诉前程序已经达到纠正违法行使职权

---

〔1〕《中华人民共和国海洋环境保护法》第89条第2款，在海洋环境污染损害赔偿领域赋予了国家海洋局民事公益诉权。

〔2〕以2015年为例，自7月1日《全国人民代表大会常务委员会关于授权最高人民检察院在部分地区开展公益诉讼试点工作的决定》实施至年底，试点检察机关共提起民事公益诉讼诉前程序33件，其中辖区内无符合条件社会组织的有18件，被"建议"对象缺位的案件占到54.5%。有学者对截至2016年12月被媒体公开报道的42件检察机关提起的民事公益诉讼案件进行分析后发现，其中至少有19件是"辖区内没有适格主体"。参见刘加良："检察院提起民事公益诉讼诉前程序研究"，载《政治与法律》2017年第5期。

或者督促依法履职的目的，原则上应当终止程序并结案，但有些检察机关仍然继续进行诉讼。再如，经过诉前程序，督促行政机关履行了法定职责，受损公共利益得到了恢复，一些检察机关此时却变更诉讼请求，请求法院确认检察机关提出检察建议之前的行政行为违法。这种做法不仅抹杀了诉前程序的独立价值，而且有浪费司法资源之嫌。

（三）举证责任急需明确

对于任何一项诉讼制度，举证责任都是关键环节，因为这关系着原被告双方各自承担举证责任范围的问题。鉴于公益侵权本身的复杂性和隐蔽性，传统的"谁主张、谁举证"的举证原则，对于原告举证而言，难度太大，加之被告一方往往是掌握优势资源的大企业，此类案件的调查取证往往成本很高、难度较大。一般认为，作为公权力机关的检察机关，相较于个人和团体，在案件调查取证方面更具有优势，更能与处于强势地位的大企业抗衡，但这种观点多少低估了实践中公益侵权类案件调查取证的难度，检察机关在调查取证方面的优势尚不能完全满足此类案件的专业性要求。生产工艺的保密，技术的不公开、不规范和专业性等原因都给检察机关的调查取证带来了巨大的困难。反之，侵权一方由于与证据的距离较近，对造成危害的原因、结果更为熟悉。[1]因此，传统民事诉讼中的举证责任有必要作一些适当的调整。

在行政检察公益诉讼中，就举证责任问题同样争议不断。修订后的《行政诉讼法》以及出台的司法解释没有对该问题作出专门规定，这是否意味着行政检察公益诉讼应完全适用《行政诉讼法》既有的举证责任倒置规则？目前，关于行政检察公益诉讼举证责任如何配置，学界大致有三种观点：一种观点认为，行政检察公益诉讼应当遵循既有的举证责任倒置规则，这源于行政机关取证的专业性与便利性。[2]另一种观点认为，应当坚持"谁主张、谁举证"原则，以防止行政公益诉权的滥用和维护行政公定力与行政秩序。[3]还有一种观点认为，即便检察机关在调查取证方面相较一般原告拥有更多的包

---

〔1〕　荣晓红："检察机关提起民事公益诉讼的可行性及实现"，载《山东科技大学学报（社会科学版）》2009 年第 4 期。

〔2〕　朱全宝："论检察机关提起行政公益诉讼：特征、模式与程序"，载《法学杂志》2015 年第 4 期。

〔3〕　傅国云："行政公益诉讼制度的构建"，载《中国检察官》2016 年第 5 期。

括资金、人员、专业等方面的优势，但也不能因此减轻甚至免除被告的举证责任，反而应在实质上加重被告的举证责任，以督促其更好地履行行政职责，防止存在侥幸心理。[1]从之前试点情况看，虽然根据《行政诉讼法》的规定应实行举证责任倒置，但在司法实践中，检察机关实际上承担了较重的举证责任。

（四）诉讼程序急需规范

虽然 2018 年 3 月 1 日最高人民法院和最高人民检察院联合发布的《检察公益诉讼案件司法解释》，在吸收试点经验和成果的基础上，对公益诉讼程序进行了很大程度上的完善，但在诉讼时效、受案范围、审理模式、立案程序、审理程序等方面仍有进一步完善的空间。

在诉讼时效方面，存在是否应受诉讼时效限制以及如果受限，如何确定计算起点的问题。关于第一个问题，学界观点不一。有学者认为，应区分物权请求权和债权请求权，分别进行规定。[2]有学者则认为，国家和社会公共利益与一般私益毕竟不同，不宜规定严格的公益诉讼时效期限。[3]在受案范围方面，检察机关只能对违法行政行为或者不作为进行监督，而不能对其行为所依据的规范性文件进行审查，这不仅影响了检察机关法律监督的效果，同时也不利于公益诉讼"维护宪法法律权威"目标的实现。在审理模式方面，应以"当事人主义模式"还是"职权主义模式"为主，法律规定的内容语焉不详。在法院立案方面，《检察公益诉讼案件司法解释》只是规定符合立案条件的，人民法院应当立案，而对于不符合立案条件的，是否就必须一律驳回、不予受理？是否有必要给予检察机关一次补充、完善相关材料的机会？法律也并未作出明确规定。在审理程序方面，鉴于侵害公共利益类案件事实的专业性和复杂性，完全有必要设立公益诉讼庭前会议制度，以整理证据、明确争点，提高庭审效率，节约司法资源。但目前庭前会议制度只存在于刑事诉讼中，《民事诉讼法》和《行政诉讼法》尚未确立该制度。

---

〔1〕 黄学贤："行政公益诉讼若干热点问题探讨"，载《法学》2005 年第 10 期。

〔2〕 刘加良："解释论视野中的民事督促起诉"，载《法学评论》2013 年第 4 期。

〔3〕 李如林主编：《检察理论重点问题：最高人民检察院检察理论研究所建所以来论文选》，中国检察出版社 2015 年版，第 759 页。

（五）配套机制急需健全

检察公益诉讼制度的深入推进和长远发展，离不开相关配套机制的支持和协助。当前，检察公益诉讼制度配套机制无论在检察建议、调查取证、线索来源，还是工作衔接、诉讼费用缴纳等方面均存在一些问题有待解决：其一，检察建议有待规范。检察建议作为检察机关进行诉前程序的重要载体，是检察机关履行法律监督职能、保护国家和社会公共利益的重要方式。然而，如此重要的法律方式，在实践中却存在检察建议载明事项不明确、不规范的问题。其二，取证能力有待提高。检察机关提起公益诉讼最终能否获得法院支持，关键在于检察机关是否拥有较强的调查取证能力。然而，试点期间却暴露了检察机关在这一方面存在短板。原因有四：一是包括勘验物证、现场在内的各种调查核实手段，由于缺乏专业训练和配套支持，在实践中难以运用。二是检察机关在面对调查对象拒不配合的情况时，无权采取限制人身自由以及查封、扣押、冻结等强制性措施。三是《检察公益诉讼案件司法解释》虽然规定了有关行政机关、组织以及个人对检察机关调查取证权的配合义务，但并未明确不配合情况下的实体性和程序性法律后果。四是关于调查取证是以调取行政执法证据为主还是以检察机关自行调查为主存在争议。其三，线索来源有待拓宽。《检察公益诉讼案件司法解释》将线索来源限定在人民检察院履行职责中，但何谓履行职责？履职主体是谁？而且这一限定实际上阻塞了其他获取案件线索的来源渠道，无形中打击了其他主体参与诉讼、维护公共利益的积极性。其四，沟通衔接有待顺畅。沟通衔接机制不畅表现在两个方面：一方面，检察机关与行政机关的沟通衔接不畅，检察机关无法及时、有效、全面掌握行政机关的执法信息。实践中已经存在由行政机关轻微违法行为导致重大公共利益受损的案例，如果检察机关及时发出检察建议，或许可以避免这样的损失。另一方面，检察机关与监察机关、《行政诉讼法》与《监察法》《刑事诉讼法》《中华人民共和国公务员法》的沟通衔接不畅。原则上，行政公益诉讼胜诉后，应当根据违法行为的严重性、损害结果的大小追究有关行政人员的责任。情节轻微的，应当根据《监察法》《中华人民共和国公务员法》追究其党纪政纪责任；情节严重涉嫌犯罪的，应当追究其刑事责任。然而，遗憾的是《检察公益诉讼案件司法解释》并未明确此项内容。其五，费用缴纳有待明确。诉讼费用制度的设计，关系着该制度的适用率和采用率，关系着制度运行效果。然而，针对公益诉讼中检察机关是否需要交纳诉讼费用、交纳何种费用、诉讼费用如何承担等问题，现行法律以及司法解释均未作出明确规定。

## 第三节　检察公益诉讼制度的完善

作为我国公益维护领域的一项"新生事物"，检察公益诉讼制度在试点期间不可避免地暴露出了一些问题。虽然之后《民事诉讼法》和《行政诉讼法》的修改以及《检察公益诉讼案件司法解释》的出台对这些问题作出了一些回应和改进，但无论在理论研究层面还是实务操作层面都留下了一些遗憾，检察公益诉讼制度仍有进一步完善的空间。

### 一、厘清主体身份

正如前文所述，试点期间，关于检察机关在公益诉讼中的身份和地位，学界存在较大分歧和争议。虽然之后"两高"出台的《检察公益诉讼案件司法解释》将检察机关的角色定位为"公益诉讼起诉人"，使其在称谓上与传统的诉讼当事人相区分，但对于角色内涵却语焉不详、模棱两可，尤其检察机关在公益诉讼中是否可以同时兼任当事人和法律监督者两种角色，有关法律以及司法解释并未明确，实践中审判机关对此问题的认识也不清晰。关于这一问题，前文已经列举了两种观点，即"可兼任说"和"不可兼任说"。笔者赞同"可兼任说"，理由如下：

（一）"可兼任说"具有诉权依据

一方面，不可否认，从理论上看，检察机关公益诉讼起诉人的身份的确对传统的当事人理论造成了冲击。我国民事诉讼制度认为当事人只有在适格的情况下才有权提起诉讼。随着公共利益受损情形日趋严重、公众保护公共利益的呼声越来越高，诉讼当事人与诉讼标的需具有直接利害关系的传统理论已不能满足现实需要，当事人适格理论研究有了重大突破，出现了"诉讼担当理论"（也称诉讼管理理论）。该理论认为，群体诉讼实为公共治理的一种手段，出于维护公共秩序和提高执法效率的考量，允许法律在特定类型的案件中赋予特定主体诉讼担当职责。这是检察机关之所以可以成为民事公益诉讼主体的重要理论基础。另一方面，作为法律授权的公益诉讼人，其提起公诉的行为是一种职务委托的公法行为，很明显不同于基于利害关系而提起诉讼的原告，其行使的是诉讼实施权，而非基于利害关系的诉讼救济权。

（二）"可兼任说"符合检察机关宪法定位

检察公益诉讼制度的特点在于，通过诉权方式延伸法律监督职能，这本身就是检察机关实施民事法律监督的题中之义。检察机关在民事公益诉讼中兼具当事人与法律监督者的双重角色，并不存在理论和实践上的障碍。因为检察机关在刑事诉讼中同样兼具这两种身份。一方面检察机关作为国家公诉人，承担着追诉犯罪、保护人民生命财产安全的重任；另一方面检察机关又是宪法法律的守护者、公平正义的捍卫者，履行客观义务，负责监督侦查机关、审判机关等有关机关依法行使职权，维护法律统一、正确实施。这为检察机关扮演在公益诉讼中的双重角色提供了参考模式、现实基础和实践经验。检察机关在公益诉讼中行使法律监督职能的正当性，与检察机关所负有的客观义务密不可分。在客观义务下，检察机关以法律守护人的角色履行职责，只服从于事实与法律、服从于维护公共利益的历史使命、服从于公平正义的价值追求。可以说，客观义务为检察机关在当事人和法律监督者两种角色之间划定了界限。

（三）"可兼任说"满足了行政检察监督的需要

党的十八届四中全会强调要建立行政强制措施法律监督制度。"可兼任说"正符合行政检察监督的改革趋势。行政公益诉讼发生的前提是作为国家行政法律法规实施主体的行政机关违法行使职权或者不作为，导致国家行政法律得不到有效实施，公共利益因此受损。而检察机关作为国家法律监督机关，在行政公益诉讼中的职责就是通过提出检察建议，监督行政机关依法、全面、正确履行职责，进而修复受损的公共利益。与传统的旨在救济受损公民个人权利的行政诉讼不同，行政公益诉讼的背后是法律监督权对行政权滥用与扩张的控制与纠偏，以此恢复被损害的法秩序和社会秩序。此外，传统的行政诉讼中对行政机关的监督主要来源于审判权对行政权的监督，而检察机关仅限于对诉讼活动进行监督。而"可兼任说"则延伸了检察机关法律监督的触角，提高了法律监督效果，将检察机关对行政行为的监督由间接变为直接，并与审判权形成合力，强化对行政行为的监督。之所以产生"可兼任说"与"不可兼任说"这样的分歧，根本原因在于学者将检察机关当事人角色与法律监督者角色割裂看待，忽视了两者的内在一致性。当检察机关作为原告提起公益诉讼时，其法律监督的重心不再指向法院的裁判活动，而是指向民事主体的守法活动或行政机关的执法活动。在此意义上，实施法律监督是检察机关扮演当事人角色的内在追求，当事人角色是检察机关实施法律监督的外在表现。检察机关在公益诉讼中的"自身利益"就是其在履行监督职能时所追求的利益，两者内在统一。[1]

## 二、完善诉前程序

### (一) 在民事公益诉讼中

首先，应扩大诉前程序的适用范围。当前，立法上对诉前程序的限制主要集中在案件类型、启动标准以及线索来源等方面。一是应丰富公益诉讼案件类型。对于《检察公益诉讼案件司法解释》就民事公益诉讼案件类型"等"案件规定中的"等"字如何理解？是"等内等"还是"等外等"？笔者认为，应作"等外等"理解。一方面，从立法技术和立法习惯而言，如果是穷尽式列举，一般不会出现"等"字。另一方面，从更好地维护公共利益和满足人民群众日益增长的对美好生活需求的角度考量，对"等"字也应作"等外等"理解，扩大公益诉讼适用范围，如鉴于未成年人保护与国家利益一致性，有必要建立检察机关提起国家监护诉讼制度[2]。再如，可以探索国有资产保护、国有土地使用权出让、公共工程招投标等公益诉讼案件类型。二是应降低启动标准。将"构成现实威胁的不利后果"或者"可预见的侵害"作为启动公益诉讼的标准，此做法在国外早已有之[3]。此种做法有利于保证检察机关民事公益诉权行使的及时性，有利于防止公共利益受损程度的进一步扩大。其次，扩大诉前程序的适用对象。为了更好发挥诉前程序的作用，检察机关"建议"起诉

---

〔1〕 李艳芳、吴凯杰："论检察机关在环境公益诉讼中的角色与定位——兼评最高人民检察院《检察机关提起公益诉讼改革试点方案》"，载《中国人民大学学报》2016 年第 2 期。

〔2〕 赵信会、祝文莉："未成年人权益的检察保护——以检察机关提起国家监护诉讼为例"，载《中国青年社会科学》2017 年第 1 期。

〔3〕 如美国的《克莱顿法》就允许有根据地对预期将来会发生的、目前尚未有结果的垄断行为提起诉讼。参见赵许明："公益诉讼模式比较与选择"，载《比较法研究》2003 年第 2 期。

的主体不应局限于辖区内"有关组织",只要符合法律规定的条件即可。最后,明确有关主体不起诉的后果。当检察机关"督促"或者"建议"有关机关和组织应当提起公益诉讼,而有关机关和组织有能力提起而故意不提起的,此时应赋予检察机关一定的强制执行性,如可以规定有关机关和组织在接到通知后,应当在一定期限内提起民事公益诉讼,同时应抄送有关机关的上级部门和有关组织的主管部门。此举目的在于避免有关机关和组织将提起公益诉讼的责任全部转嫁给检察机关。虽然检察机关承担着维护公益的职责,但作为法律机关,与其他业务领域和专业的机关、组织相比,专业性方面要稍逊一筹,其他机关和组织不能以"检察机关可以提起民事公益诉讼"为由逃避其本应承担的维护公益的责任。

(二)在行政公益诉讼中

首先,应明确行政不作为的具体内涵。审查行政机关的行为是否属于不作为,应在法律规定的基础上坚持主客观相一致原则。一是行政机关应负有法律规定的作为义务。这种义务不仅是法律、行政法规、规章和规范性文件所规定的概括性义务,同时还必须是行政管理法律所明确的具体性作为义务。仅有概括性义务,不构成承担作为义务的直接实体性依据。二是行政机关客观上未实质履行法定职责。即便行政机关实施了一定行为,如果没有按照法定的方式和内容履行,同样构成不作为。三是行政机关具备履职的能力和条件。公共利益受侵害案件较其他一般个人侵权案件往往要复杂得多,甚至有些问题的处理也超出了行政机关的能力。所以如果行政机关因客观原因、自身能力问题未能履职或者履职未达到预期效果的,不应认定为不作为。其次,审查判断行政机关是否履行法定职责应坚持行为标准。实践中,对于行政机关是否履职一直坚持双重标准,即审查行政机关收到检察建议后是否履行法定职责,还要审查受损公共利益是否得到恢复和救济。这种行为与结果的双重审查标准,一方面无视了现实中受损公共利益恢复与救济工作的复杂性和困难度,另一方面也会导致行政机关可能会不惜投入巨大成本和社会资源维护公共利益。最后,增强诉前程序的实质化和独立性。为了防止诉前程序沦为诉讼程序的附庸,应以不同时间阶段为界限,构建多层次的诉前与诉讼衔接机制。在诉前程序中,行政机关在收到检察建议后依法履职的,检察机关应当结案;在诉前程序结束至提起诉讼之前的审查起诉阶段,行政机关依法履职的，检察机关应当结案；已经起诉的，由于缺乏诉的利益，法院应当不予受理；已经受理的，应当裁定驳回起诉。起诉后至开庭审理前，行政机关依法履职的，检察机关应当撤回起诉或者变更诉讼请求，否则法院应当裁定驳回起诉。开庭审理过程中，行政机关依法履职的，检察机关撤回起诉的，法院应当裁定准许。检察机关变更诉讼请求，请求确认行政机关之前行为违法的，法院应当裁定准许。检察机关既不撤诉也不变更诉讼请求的，法院应当依法审理并作出裁决。

### 三、明确举证责任

有学者认为，应当对作为类和不作为类行政公益诉讼案件的举证责任进行区分。[1]笔者认为，此种划分并不能从根本上解决实践中检察机关难以证明行政机关不作为以及公共利益受到损害的问题。针对行政公益诉讼的特殊性，笔者同意应综合运用两种举证规则的观点，兼顾检察机关在公益诉讼中的职责和双方的举证能力，即检察机关应当初步证明公共利益受损或者即将受损的事实，以及行政行为与公共利益受损之间的因果关系。行政机关的举证责任主要集中在证明行政行为的合法性上，检察机关举证责任的加重并不意味着行政机关举证责任的减轻，而是在某些特殊情况下，法官有权要求行政机关就某些特殊事项承担举证责任。[2]此外，在行政公益诉讼实践中，应区分检察机关举证责任重和举证责任难。检察机关对于应当承担的举证责任，不应以举证困难为由推卸责任。举证责任重的问题需要立法科学、合理地分配举证责任来解决，而举证责任难的问题只能通过提高检察机关调查取证能力，如引入专家辅助人制度来解决。

### 四、规范诉讼程序

关于是否需要设置公益诉讼诉讼时效的问题，有学者表达了反对意见。笔者认为，设置诉讼时效制度的目的在于督促有关机关积极履行打击违法犯罪活动的职责，尽早恢复受损的公共利益，同时规范程序的启动和适用。笔

---

〔1〕 杨解君、李俊宏："公益诉讼试点的若干重大实践问题探讨"，载《行政法学研究》2016年第4期。

〔2〕 林仪明："我国行政公益诉讼立法难题与司法应对"，载《东方法学》2018年第2期。

者建议，对此问题不能"一刀切"，而应区分不同请求权类型，进而作出不同规定，即"当国有资产流失、社会公共利益受损涉及物上请求权时，不适用诉讼时效；当国有资产流失、社会公共利益受损涉及债权请求权时，则应适用诉讼时效。"[1]在受案范围方面，笔者建议检察机关如果认为行政行为所依据的规范性文件不合法，在提起公益诉讼时可以一并请求法院对该文件进行审查。这不仅是《立法法》所赋予检察机关对规范性文件进行违宪审查的具体体现，同时也是应对实践中行政机关制定过多"红头文件"违法情形较为严重的现实需要。毕竟具体行政行为一般只针对个案，而抽象行政行为所涉及利益更为广泛，因而损害公益的可能性更大。[2]当然，法院审查后发现规范性文件违法时，应依据有关法律规定送交全国人大及其常委会审查处理，而无权径自判决规范性文件违法。在审理模式方面，鉴于行政公益诉讼类案件中需要对行政行为的实质合法性进行审查，应当适用职权主义模式，明确法官的调查和释明义务，法官的调查取证不受双方当事人主张的拘束。在立案程序方面，不应为检察公益诉讼设置形式性障碍。对于检察机关提起的公益诉讼，应以立案为原则，以不立案为例外。检察机关提交的材料不符合起诉条件的，法院应告知其补充相关材料。在审理程序方面，为了提高诉讼效率、节约诉讼成本、减少双方诉累，公益诉讼有必要借鉴刑事诉讼设立庭前会议制度。双方在庭前会议中就事实认定、证据采信以及法律适用问题交换意见以明确庭审焦点。

## 五、健全配套机制

### （一）应完善检察建议制度

检察建议应当载明公共利益受损状况，全面、准确把握公共利益的受损情况。为了防止检察建议内容的不合理和滥用，有必要进一步细化和完善检察建议工作的具体内容、操作规范和法律后果。

### （二）提高检察机关调查取证能力和积极性

逐步完善评估、审计、鉴定机制，为检察机关调查取证提供强大的技术

---

〔1〕　刘加良："解释论视野中的民事督促起诉"，载《法学评论》2013 年第 4 期。
〔2〕　王太高："论行政公益诉讼"，载《法学研究》2002 年第 5 期。

支撑。加强对检察官的专业培训，提供人员、物质和组织上的保障。可以适当赋予检察机关一定强制处分权力，如查封、扣押、冻结、搜查等。加强上下级联动，充分发挥检察一体在整合资源、团队协作方面的优势，吸收基层优秀办案检察官参与办案，提升取证效率。不断细化取证规则，规范取证过程。建立检察官参与公益诉讼激励机制，制定相应奖惩措施，督促检察官积极认真履行法律监督职能，防止权力的恣意和滥用。对于有关机关、组织和个人拒不配合检察机关调查取证的，应明确相应法律后果，如可以将此行为视为妨碍行政诉讼行为，由检察机关或者法院采取强制措施。

（三）应拓宽案件线索来源渠道

目前，《检察公益诉讼案件司法解释》将民事检察公益诉讼的案件线索来源限定于检察机关在履职过程中发现的线索，这在一定程度上打击了其他主体维护公共利益、自觉同损害公共利益行为作斗争的热情，故应对检察机关履行职责发现案件线索作广义理解，主体不应只局限于民事行政检察部门，还应扩大到其他部门、机关、公民、法人和其他组织提供的线索。丰富案件线索来源途径、畅通案件线索来源渠道，是检察机关履行行政法律监督职能的前提和基础。

（四）应完善沟通衔接机制

保证行政检察公益诉讼有效性的关键是检察机关能够获取足够多的行政执法信息，并且及时将监督意见反馈给行政机关。这就要求：一方面，应进一步完善行政执法与刑事司法的衔接沟通，建立行政执法机关与检察机关信息共享、案情通报制度。另一方面，检察机关应及时向有关行政机关及其上级部门反馈行政法律监督意见，共同协商，统一认识，消除分歧，合力化解行政检察公益诉讼中的难题。同时应建立检察机关与监察委员会线索移送机制。对于检察机关办案中发现的行政违法线索，检察机关应及时移送给监察委员会，由监察委员会进行立案调查，进而作出违纪违法处分。

（五）应明确诉讼费用缴纳办法

考虑到公益诉讼案件性质，为了充分发挥检察公益诉讼制度维护公共利益的功效，对于此类案件应当免收或者象征性收取诉讼费用。在诉讼费用承担上，对于检察机关为提起诉讼而支付的鉴定、评估等费用，在被告败诉的情况下，应由被告承担，获得的赔偿费用应上缴国库或者存入用于修复受损公共利益的专门基金账户中；在检察机关败诉的情况下，由于检察机关是代表国家履行维护公益职责的，故自然应由国家财政负担或者从专门维护公益基金的账户中支出。鉴于以往的《诉讼费用交纳办法》是由国务院制定出台的，关于检察公益诉讼的诉讼费用如何承担问题，也应由国务院通过修改该办法予以明确。

# 第六章 司法责任制改革下的法律监督

司法责任制改革在全面推进依法治国中发挥着重要作用，也是激活其他制度改革、提高办案责任心、提升司法公信力的重要途径。从党的十八届四中全会通过的《中共中央关于全面推进依法治国若干重大问题的决定》内容可以看出，中央对新一轮司法责任制改革的重视程度和支持力度都是空前的。当前司法责任制改革的内容主要涉及司法人员职业保障、司法权配置等内容，这些内容对传统检察机关法律监督体系的影响，已经止于"扬汤止沸"的肤浅修复，而是进入新时代检察机关法律监督体系深层次的"自我变革"。在本轮司法责任制改革中，进行了一些大胆、创新的探索和尝试，如探索重大监督事项"案件化"办理模式、建立检察官"员额"退出机制、制定检察官权力清单等。但也伴随着一些检察改革空转的潜在风险，如一些改革措施还不能全面落地生根、具体改革路径还不能形成共识、利益固化的藩篱尚未打破等。在众多改革叠加的背景下，对于如何从众多的改革方案中筛选出一个既符合司法规律又不脱离实际的方案，以重新架构法律监督体系，基层检察机关和民众都充满了深切期待，这也是当前重构检察机关法律监督格局所面临的最大现实问题。

## 第一节　构建"案件化"办理模式

探索检察监督重大事项"案件化"办理，是新时代检察机关探索法律监督新模式、提升监督实效的重大举措，是检察机关适应监察体制改革的创新之举，也是完善新时代法律监督体系的必然要求。由"办事模式"向"办案模式"转变，旨在破解法律监督实效性不强、权威性不高等难题，有利于进一步优化检察机关的法律监督职能，提升法律监督质效，体现了"在监督中办案、在办案中监督"的新时代法律监督理念。

## 一、重大监督事项办案模式概念

### （一）何谓重大监督事项

检察机关法律监督事项涉及内容众多，考虑到当前检察机关，尤其是基层人民检察院案多人少的矛盾还比较突出，司法资源还较为有限，为了实现投入成本与监督效果关系的最优化以及达到"办理一案、监督一片"的目的，需对重大监督事项范围作出科学合理的界定。对此，有的地方从侦查监督角度对重大监督事项范围作出界定，例如，江苏省人民检察院认为重大监督事项包括四种情形：一是对侦查超期羁押的监督；二是对侦查违法行为的监督；三是对公安机关阻碍行使诉讼权利的控告申诉；四是对漏捕的犯罪嫌疑人的纠正。资阳市人民检察院也是从侦查监督的角度，将重大监督事项概括为七个方面：一是犯罪嫌疑人可能判处有期徒刑以上，公安机关应当立案而未立案的；二是公安机关不应当立案而立案的；三是违法撤案的；四是行政机关对于涉嫌犯罪应当移送而未移送的；五是采用刑讯逼供或其他非法取证方法收集言词证据的；六是徇私舞弊，放纵、包庇犯罪分子的；七是公安机关应当提请批准逮捕而未提请的。有的地方根据违法行为的严重程度对重大监督事项进行界定，例如，安徽省人民检察院将重大监督事项分为七种情形：一是应当立案而不立案、不应当立案而立案；二是刑讯逼供、暴力取证；三是伪造、隐匿、销毁证据，或者帮助当事人毁灭、伪造证据；四是违法采取、变更强制措施；五是超期羁押；六是非法查封、扣押、冻结与案件无关的财物；七是其他性质恶劣，情节、后果较为严重的违法行为。还有的地方是根据案件社会影响力大小来对重大监督事项进行界定的，例如，广州市花都区人民检察院将重大监督事项分为三种情形：一是严重违反法定程序或侵犯当事人权益，社会影响恶劣；二是严重影响区域经济发展；三是已经在互联网等网络媒体炒作，社会舆论高度关注的重大案件或事件。

笔者认为，在法律监督体系化的背景下，单纯从侦查监督的角度界定重大监督事项已显得不合时宜。从整个法律监督体系出发，根据违法情形、社会影响大小对重大监督事项作出区分是一个不错的选择，但法律监督事项涵盖刑事、民事、行政多个领域，每个领域都有自己的特点，如果简单采用"一刀切"的做法，不足以涵盖法律监督体系的全部内容。故笔者认为，应区分诉讼内和诉讼外两个场域，并分别适用不同的标准界定重大监督事项。

最高人民检察院检察长张军同志曾强调："抓检察事业、谋检察工作，要把注意力集中在履职办案上。离开办案，法律监督、检察监督、司法监督都是空的。"[1]也就是说，法律监督事项首先源于案件，即法律监督首先要依托检察机关办理的刑事、民事、行政案件。具体而言，包括刑事侦查、审判、执行领域内的违法行为，民事、行政领域内的审判活动、执行活动的违法行为，还包括在办案过程中发现的限制公民人身自由和对公民财产违法采取强制措施以及履职中发现的行政机关不作为、乱作为等。这些诉讼领域内的监督事项，内容繁杂，情节轻重不一，如果不对违法行为的严重性进行区分，一律按照案件化的方式处理，既会加重检察工作的负担，又有损法律监督的公信力。因此，对于此类诉讼内的违法行为进行监督，应根据违法严重程度来确定采取何种监督模式：对于重大诉讼违法行为，可以采取办案模式；对于轻微诉讼违法行为，就不必采取办案模式。

参与社会治理创新是检察机关围绕中心、服务大局的重要渠道。在诉讼违法行为之外，检察机关还应对社会治理中具有重大社会影响的事件进行监督，以规范社会秩序，增进人民福祉。检察机关对于诉讼外的重大监督事项应仅限于重大社会事件，而不应面面俱到、事无巨细，否则又回到了之前"一般监督"的老路。这类事件可以从监督事项对民生的影响、对社会行为模式和主流价值的引导、对行业秩序的规范等方面来进行界定。例如，有毒有害食品、生态环境保护、幼儿园虐童等事件就属于影响民生的重大监督事项；民事恶意诉讼、套路贷等事件就属于影响社会行为模式、主流价值的重大监督事项；金融、证券等特殊行业内窝案、串案等就属于影响行业秩序的重大监督事项。总之，监督事项可以分为诉讼领域内和诉讼领域外。对于诉讼领域内的事项，根据诉讼违法行为的严重程度，区分为重大监督事项和一般监督事项；对于诉讼领域外的事项，根据社会影响力大小，区分为重大监督事

〔1〕 徐日丹："案件质量：检察司法办案的生命线——最高人民检察院案件管理办公室主任董桂文就建立检察机关案件质量评价指标体系答记者问"，载《检察日报》2020年4月27日，第1版。

项和一般监督事项。

（二）何谓办案模式

所谓办案模式，是指将重大监督事项作为案件来办理。具体含义包括两个层面：其一，制度层面。构建重大监督事项办案模式，目的是提升法律监督实效，贯彻落实司法责任制，将法律监督工作中符合"案件化"办理要求的监督事项作为案件来处理，还原其本来的案件属性和特征。其二，实操层面。按照办案的程序和要求，建立一整套与办案程序相类似的办理流程，实现监督全程留痕，如决定受理、登记编号、调查核实等，并以此为中心，建立一整套服务于法律监督办案的配套工作机制。

之所以需要构建办案模式，原因在于以往监督事项办事模式存在诸多弊端：一是启动程序不规范，缺乏制度性的规制；二是受理条件不明确，是否受理取决于考核需要而非监督需要；三是监督过程过于粗糙和随意，对违法事实的调查程序不规范，办理期限没有规定，也没有完善的程序控制；四是证据收集和证明标准不统一，结案标准不清晰；五是监督结束后也不需要制作案件卷宗，监督过程难以留痕，无法进行案件质量监督；等等。总体来说，办事模式下的监督程序缺乏独立性和规范性。

由办事模式向办案模式转型，意义在于：其一，这是坚持检察机关职能两大主线，实现监督与办案协调发展的必然要求。张军检察长指出，检察机关是党领导下的法律监督机关和司法机关，法律监督和司法办案是检察机关的两大主责主业，检察机关要做好新时代人民满意的答卷，就应当紧紧把握这一职责定位，全面履职。检察机关不仅要通过司法办案惩治犯罪，还要聚焦监督主责主业，充分发挥法律监督权对行政权、审判权的监督制约作用，保障法制统一。构建重大监督事项办案模式，用办案的程序、要求、规格对严重破坏司法公正的行为实施强有力的监督，能够有效防止公权力的恣意任性，充分彰显检察机关的监督品性，捍卫法治秩序。其二，这是提高法律监督法治化水平，规范监督权运行的必然要求。检察机关是推进依法治国的重要力量，检察权运行也应当体现依法治国的要求。为此，法律监督权首先应当规范行使。在传统的办事模式下，法律监督一定程度上处于"有职权无程序"的状态，与规范司法的要求不适应。实现办事模式向办案模式的转型，按照办案的标准和流程来规范监督行为，能够提升监督的规范性，促进监督标准趋于统一、监督程序更加规范、监督过程客观留痕、监督履职更加公开透明，更容易被监督者认同和接受，有利于树立监督公信力。其三，这是落实检察官责任制、提高监督能力的必然要求。习近平总书记指出，要紧紧牵住司法责任制这个牛鼻子。能否真正落实司法责任制、检察官责任制，关键看检察官办案职责和权力清单是否清晰。在传统办事模式下，检察官虽然也开展了大量监督工作，但监督和考核标准不明导致检察官的监督质量无从评价，监督效果和监督质量缺乏"可视化"。实行重大监督事项"案件化"，有利于厘清和强化检察官办案责任，监督工作有了"案件化"办理要求这把"尺子"，"留痕"让办案质量终身负责不再是一句空话，客观上倒逼检察官不断提升业务能力，提供更优质的法律监督"产品"，从而使检察官的办案主体地位得到充分的发挥。

## 二、重大监督事项办案模式要素

### （一）法律要素

目前，我国尚无全面规定法律监督的法律，相关规定散见于《宪法》《人民检察院组织法》和各个程序法当中。此外，最高人民检察院以及全国各地人民检察院也制定出台了与加强法律监督工作有关的文件。[1] 梳理现有关于检察机关法律监督职能的法律规定，可以发现其在一定程度上存在监督虚化的现象，法律监督的实际效果与规范文本对法律监督的要求还有一定的差距，监督职权的配置存在不均衡问题且规定过于原则化、范围较狭窄，没有固定的程序，缺乏强制性法律后果。这种立法现状折射出立法机关将法律监督对象定位为"事项"而非"案件"。要实现法律监督从办事模式向办案模式转型，首先应构建坚实的法律基础，制定统一的法律监督法，以办案标准对监督工作进行案件化改造，真正解决法律监督工作中无法可依、程序模糊、责任不明、力度不够的问题。

### （二）责任要素

司法责任制改革是司法体制改革的核心，要想实现监督工作由办事模式

---

[1] 如《最高人民检察院关于进一步加强对诉讼活动法律监督工作的意见》。参见甄贞、王志坤："诉讼监督地方立法的反思"，载《国家检察官学院学报》2011年第1期。

向办案模式转型，必须符合"谁办案谁负责、谁决定谁负责"的要求。因此，应该借鉴办案部门的改革经验，从监督部门设置和检察人员配备两个方面进行体制创新，构建以检察官为核心，权责统一、分工明确的办案模式。

1. 设置监督部门

依照诉讼职能与监督职能适当分离原则，检察机关内设机构的设置应突出法律监督的独立价值，设立专门的监督部门作为监督主体独立行使监督职能，赋予其相应的监督权力，配置专业的员额检察官，设立专门的监督程序，规定相应的监督后果。同时设立专门的检察管理监督部门以承担检察机关与其他机关、监督部门与诉讼部门、各个监督部门内部之间的工作衔接职能，改变监督主体依附于诉讼主体的现状。

2. 配备检察人员

监督部门应该以员额检察官为核心设置基本办案组，根据不同部门的具体情况，检察官、助理可以采取 1:1:N（N 表示聘任制书记员）的比例配备，聘用制书记员由各个部门统一调配，检察技术等检察辅助人员根据个案办理需要，随时编入办案组参与办理案件。在基本办案组的基础上，可以因时因事成立协同办案组，例如，在办理一些类似涉黑涉恶这样重大复杂疑难的刑事案件过程中，由于卷宗过多，办案量较大，这时可以由检察长、副检察长牵头成立办案组，也可以由检察长指定一名检察官主办，其他检察官协办。

(三) 程序要素

关于程序在我国社会事务管理，尤其在我国法治建设方面的作用和地位，有学者已作过相当深刻的论述。[1]具体到法律监督活动中，同样应该遵循一定的步骤、方式和顺序，以体现法律监督的严肃性、规范性、正当性和独立性。以往的法律监督依附于诉讼程序，没有专门的法律监督程序，由此产生了线索发现难、监督纠正难、效果不突出、有职权无程序等问题。要想从根本上解决这些问题，必须设计独立的法律监督程序，使其在程序上摆脱对诉讼程序的依赖，从而防止监督活动的任意性，促进监督工作规范性和监督决议合理性，不断健全完善法律监督工作体制和方式，全面提升法律监督工作

---

[1] 季卫东："法律程序的意义——对中国法制建设的另一种思考"，载《中国社会科学》1993年第 1 期。

能力，筑牢法律监督主责主业地位。一般而言，监督程序包含发现违法、确认违法、纠正违法、惩罚违法四个阶段，与此相对应，办案模式程序要素包括线索管理、立案标准、调查机制、程序性制裁措施等内容。

（四）证据要素

办案的主要工作就是借助证据这一媒介，最大程度还原案件事实，在此基础之上，寻找对应的法律规定加以适用，以此完成事实认定和法律适用这两项重要任务。监督办案主要针对执法、司法活动展开，应当更加重视证据的收集、固定、排除及有关证据工作的构建。如有观点提出，在程序规范的基础上，应当针对不同事项、不同的违法严重程度、不同的取证条件和取证难度等差异，建立不同的证据规则。[1]程序化与证据化是实现法律监督案件化办理的两项核心要素，缺一不可。程序规范、证据规则在推动法律监督工作模式转型的发展过程中，本应双向互动、均衡发展，然而当前的检察改革试点无论在改革理念上，还是在实践探索中，均存在"重程序、轻证据"的问题，尤其对于法律监督事项调查结果的证据化强调不够、重视不足。[2]客观而言，程序规范的逐步完善确实已经推动法律监督办案模式在办案范围、办案流程、办案机制方面取得了一定成绩，但与此同时，"重程序、轻证据"的问题确实也导致法律监督事项案件化证据规则发展迟缓，严重滞后于程序规范的完善，成为制约法律监督办案质效的"瓶颈"。

（五）形式要素

法律监督事项案件化的形式要素在微观上最直接的体现就是由各种法律文书组成的案卷。因此，监督部门必须统一规范法律监督文书，依托统一业务系统预设的监督文书范本，对各法律监督业务的文书内容和格式进行研究，对于不适宜办案需要的监督文书及时进行修改完善，形成覆盖全面、设计合理、内容清晰、形式规范的统一法律监督文书体系。形式要素在宏观上则体现在监督保障机制的建设。现有的监督保障机制建设存在"碎片化"特征，各项工作不成体系，缺乏内部统一规范化管理，同时科技强检也给监督保障机制建设提出了新要求。未来随着监督工作向办案模式转型，整个制度建设

---

〔1〕 韩晓峰、陈超然："诉讼监督事项案件化的思考——以侦查监督为分析视角"，载《人民检察》2016 年第 21 期。

〔2〕 庄永廉等："如何深入探索重大监督事项案件化办理"，载《人民检察》2017 年第 15 期。

也要随之转变，朝着制度化、规范化、体系化和信息化方向发展，为监督事项案件化办理提供坚实的制度保障。

### 三、重大监督事项办案模式原则

（一）监督法定原则

依法行使职权是法治的内在要求。检察机关必须在法律规定的职权范围内，按照法律规定程序行使监督权，监督活动必须具备程序合法性和实体合法性。实行重大监督事项案件化办理，也必须严格依照法律的授权和规定程序开展，防止滥用职权或有法不依。检察机关必须树立依法监督观念，自觉运用法治思维和法治方式界定重大监督事项案件化办理的各项标准，对重大监督事项案件化办理的每一个流程做到于法有据。

（二）监督谦抑原则

法律监督的谦抑性是指将监督作为一种非常规、最后不得已才能使用的手段来看待，即监督应该始终处于一种"备而不用"的状态。监督的权威来自监督的规范、说理和精确，而非强制。蛮横不讲理的强制，只会换来被监督对象的"口服心不服"，甚至于被监督对象的抵触，从而不利于法律监督工作的开展，偏离了法律监督制度的初衷，影响了法律监督目标的实现，也违背了新时代双赢、多赢、共赢的监督理念。理论上讲，检察机关对整个诉讼活动过程都应当开展监督，对发现的任何诉讼程序和实体中的瑕疵、违法行为等均应按照相关制度及审批程序予以监督纠正，但这样不仅容易将简单问题复杂化，浪费司法资源，也难以获得被监督主体的广泛认同。在法律监督活动中，科学合理界定案件化办理范围，对重大监督事项启动案件化办理程序，也是法律监督谦抑原则的重要体现。

（三）监督必要原则

相较传统的"办事模式"，重大监督事项案件化办理流程严格，办理周期较长，投入办案资源成本较高，检察机关不可能对所有的违法事项实行案件化办理，对此应从兼顾效率和公正的角度出发，科学合理界定案件化办理范围，对那些有必要采用案件化办理模式的监督事项启动该模式，如对严重的违法取证行为、侵害当事人人身财产权利的侦查行为、侵害当事人诉讼权益的行为等。对于法律文书中出现的一些无关事实认定的错别字或者法律文书打印错误、格式不规范等轻微诉讼违法行为及瑕疵等，适用案件化办理模式显然有些大材小用，浪费司法资源，最终效果和由此付出的成本不成比例。

（四）监督公开原则

监督公开的重要意义在于增强监督透明度和知晓度，获得被监督者的信任感和认同感，同时也促使监督者增强工作责任心，廉洁自律，严格依法监督。作为一项监督机制创新，实行重大监督事项案件化办理，应当公开其监督流程，让被监督对象知晓该制度的意义、功能、价值等；应当公开监督过程，增加当事人的参与度，提供一个充分讲述事实和表达意见的机会，促进查明事实、充分掌握证据、防止错误监督；应当公开监督结果，并将监督意见或决定抄送有关部门，增强监督的法律效果和社会效果。

## 四、重大监督事项办案模式程序

重大监督事项案件化办理涉及各监督业务部门的具体实施运行，涉及范围广、牵涉部门多，是一个系统工程。同时，就五大监督部门而言，各项监督业务具有其自身的监督特点，且各条线上业务已存在实施监督的工作细则或者办案指南，只是可操作的细致程度不同。基于此，应重点设计那些虽尚未统一规定但共同性较强的环节，如线索评估、线索流转管理等。

（一）线索评估

线索是发现违法、启动监督的源头，必须牢固树立"线索"观念。各监督部门对不同线索来源应制定具体的线索经营方式和摸排方案，统一管理、科学分类、及时跟进，有效避免线索多头管理所导致的搁置流失等问题。首先，在检察官办案组内部建立案件线索初步摸排机制。通过现场察看，不定期地深入公安机关，走访相关行政执法机关，调阅立案信息和执法台账，摸排监督线索。其次，探索建立案件线索预判评估小组，对各类线索进行综合预判评估。通过对线索涉及的犯罪事实是否具有可查性、相关证据的证明力进行分析和判断，作出转为持续跟进或转为继续查找证据的结论，形成线索排查意见，从中筛选出具有监督价值的线索。最后，对线索进行分类管理。主要根据预判评估结果及线索的轻重缓急、难易程度、监督价值来对线索进行分类管理。

（二）线索流转管理

为切实解决实践中线索来源杂乱、流转不畅、管理不规范等问题，有必要建立监督线索集中统一管理机制，实行监督线索统一归口集中管理，完善线索移送、分类评估、分流办理和结案反馈机制。首先，明确由控告申诉部门对各类监督线索进行统一登记、录入且统一编号。其次，控告申诉部门受理线索后对监督线索具有初步审查职责，应当在规定期限内提出移送、交办等处理意见，完成监督线索的评估分流，交由具体承办部门审查。最后，承办部门对监督线索应登记造册，做好记录，对监督线索进行实体审查并出具线索审查反馈意见，如制作《监督线索审查意见表》和《监督线索审查反馈函》，在规定期限内将审查结果连同有关材料反馈至控告申诉检察部门。

（三）立案审查

立案是监督事项案件化办理程序的合法起点，一旦启动，就意味着监督工作在法律意义上的正式开始，非经法定事由不能随意中断或终止。承办部门对监督线索进行审查后，认为符合案件受理条件的，除要将审查意见及时反馈给控告申诉部门之外，还应当提出进行案件化办理的意见，将有关案件材料移送至案件管理中心，对监督线索进行系统登记录入，生成监督案件，建立案号、案卡。同时可以参照办理普通刑事案件时需要的一些实体和程序类法律文书，为监督事项案件化办理设计一些法律文书，如立案决定书、立案情况告知书等，以保证立案审查结果有据可查、有迹可循。

（四）调查核实

为了查清违法事实，需借助一定手段，这种手段就是调查核实权。检察机关开展调查核实应明确以下几点内容：其一，调查核实的启动。开展调查核实必须在立案之后，线索审查阶段根据线索情况开展的初步调查应当区别于此处的调查核实，在范围、内容、方式上均应当有所限缩。开展调查核实工作由检察官决定。启动调查核实程序，应当制作《调查核实通知书》，书面通知被调查对象。其二，调查核实的方式。根据监督工作实践和最高人民检察院有关部门制定的工作意见，开展调查核实可以采取的方式包括询问当事人、证人等有关人员，向业内专家或者行业协会咨询，审查台账、工作报告等书面材料，现场勘验检查，委托第三方调查评估，等等。其三，调查核实的程序要求。开展调查核实工作，应当制定调查方案。调查核实由两名以上检察人员进行且至少有一名员额检察官。根据案件情况，探索建立特定情况与监督对象共同派员的联合调查机制。需要向有关人员调查核实的，应当遵循正当程序。例如，和调查普通刑事案件一样，调查笔录的制作同样应遵守基本的文书格式和规范，签名或者加盖公章必不可少，以体现文书的正式性。对于拒不签名的，应在笔录中注明并书面告知其拒不配合的法律后果。收集调取的证据应当具备证据资格，保证其来源合法、取证过程合法。

（五）审查决定

在调查核实结束后，检察官应当围绕案件事实，收集、整理相关证据材料，及时进行分析研判，判断违法行为的性质和严重程度，并据此提出是否监督、采取何种方式监督的意见，形成审查报告或者监督意见书。这里需注意监督方式的选择。监督方式应当有助于实现"最好的监督"。监督的目的是发现问题、纠正偏差，及时发现和快速启动纠错程序，将违法行为所浪费的执法司法资源降到最低，回到正常运行轨道上来，最大限度地促进执法司法机关依法执法、公正司法。因此，检察机关应在保障监督效果的基础上"适度"监督。一方面，应当遵循比例原则，即监督手段的选择应与违法严重程度、社会影响大小、人力成本多少、监督实际效果相适应。口头警告、检察建议、纠正违法通知、移送犯罪线索对应的违法行为的严重性依次增强。另一方面，要拓宽工作思路。法律监督工作不能仅局限在或者停留在对个案违法行为的纠正上，还应该深挖个案背后的体制性、机制性、制度性深层次问题。"脚疼医脚、头疼医头"的应付式办案，不仅不能从根本上杜绝违法执法的现象，反而有损监督效率，浪费监督资源。一旦未来监督有所松懈，势必会变本加厉地反弹。法律监督的目的不只是对个别行为的纠正，还应该追求更高层面的制度完善。从源头上预防错案和不当执法，达到"监督一起、教育一片"的监督效果。

（六）公开宣告

公众监督最为直接的形式就是将监督决定和理由公开化，唯有接受公众的检验，法律监督才能获得真正的生命力。因此，在监督决定的作出到被监督者知晓的过程中，专门增加了法律监督公开宣告的环节，旨在通过司法信息、监督结果或者事项的公开，提高司法透明度，通过程序公开化提高法律监督公信力，促进社会矛盾化解，彰显监督权威。公开宣告包括以下几方面内容：其一，公开宣告适用范围。应当以"宣告为常态、不宣告为例外"的原则合理确定宣告的内容范围。对于诉讼行为严重违法和监督事项特殊的案件，应当公开宣告；对于重大、复杂或有一定社会影响力的案件，也可以公开宣告；对于监督事项涉及国家秘密、商业秘密、个人隐私、未成年人信息的，不应公开宣告。其二，公开宣告参与人。公开宣告涉及三方参与，即宣告人员、被宣告对象和旁听人员。公开宣告人一般由承办检察官担任，重要的公开宣告，应当由主管副检察长、检察委员会委员、检察长进行。宣告人应当指定书记员或检察官助理作为记录人，负责法律监督决定公开宣告的前期准备、公开宣告记录、法律文书的签收等工作。根据案件需要，宣告人可以申请本检察院司法警察参加。被宣告对象一般为受监督决定直接影响的自然人或者单位。被宣告对象是自然人的，可以选择一名近亲属或者法定代理人、诉讼代理人代为参加或者陪同参加；被宣告对象是单位的，应当确定直接负责被监督事项的主管人员、直接责任人员作为代表参加。与监督事项有其他利害关系的其他人员，可以在公开宣告前以口头或者书面方式向检察机关提出申请，并提供身份证明，由宣告人员确定旁听人员范围。根据法律监督事项的具体内容，检察机关可以邀请人大代表、政协委员等旁听宣告。其三，公开宣告释法说理。公开宣告成功与否关键在于释法说理是否到位。作为监督程序中以案释法、法律文书说理的重要环节，法律监督决定宣告应当遵循"谁执法谁普法"的责任要求。宣告人应对案件事实、法律适用和争议焦点熟稔于心，对于社会关注度高的问题，应利用专业知识予以解答，以此消除社会公众的疑虑，引领正确社会价值观的建立。

（七）跟踪反馈

法律监督决定不能"一发了之"，还必须关注被监督者接受、整改和纠正情况，确保监督意见落到实处，提高监督实效。其一，检察机关在作出监督决定时，应当明确意见落实回复期限和方式。监督决定送达被监督对象后，承办检察官应当及时督促被监督机关确定负责整改落实的直接联系人，并与其保持常态联系，确保跟踪督促责任到人。在监督决定确定的回复期限内，检察官可以通过电话、实地回访等方式适时向被监督对象解释、了解和掌握整改落实情况。被监督对象已纠正的，督促其及时回复；被监督对象尚未纠正的，督促其及时纠正；被监督对象超过回复期限未反馈的，检察机关应要求被监督对象书面回复未整改回复的理由，并督促其15日内将落实情况反馈给检察机关。其二，构建通报反馈常态机制。检察机关与执法司法机关建立每周、每季通报机制，及时指出问题，并提出切实可行的整改意见。坚持正向与反向反馈有机结合。检察机关既要提出监督意见，也要虚心听取反馈意见，提高监督意见合理性和可采性。其三，探索向人大报告制度。人大监督是法律监督的后盾和保障。检察机关开展法律监督工作，应加强与党委、人大的联系，建立法律监督工作定期专项通报制度。对于拒不执行检察建议的被监督对象，应通过借助党委、人大对该监督对象的年度工作情况作出否定性评价，借助党委、人大这一中间"纽带"，间接向被监督对象施加压力，提高检察建议的接受率，以实现法律监督的预期目标。

### 五、重大监督事项办案证据规则

实现重大监督事项办案模式的规范化、实质化与精细化，应当坚持以证据为中心的发展路径，立足于证据裁判原则的基点之上，细化办案模式的证据规则。具体包括构建类型化证据收集指引、完善实质化证据审查方法、建立差异化证明方式、统一证明标准。

（一）构建类型化证据收集指引

以侦查监督为例，侦查监督分为立案监督和侦查活动监督。其中，立案监督包括对当立而不立、不当立而立两种情形的监督。而侦查活动监督所针对的违法侦查情形较多，根据有关法律规定，包括对侦查取证活动的监督、对强制性侦查措施的监督和对违法阻碍诉讼权利行使的监督三大类。推动侦查监督办案模式的转型发展，应当以上述两类立案监督以及三大类侦查活动监督为参照，构建与此对应的类型化证据收集指引。对于此类试点改革，广州市白云区人民检察院的做法具有一定的启发和借鉴意义。广州市白云区人民检察院结合工作实际，针对非法证据、刑讯逼供、不当变更羁押措施这三类在实践中较为突出的重大侦查监督事项制定了案件化监督证据指引。[1]

---

〔1〕 例如，在证据指引中明确规定，调查不当变更羁押措施的，应当注重在医院调查和在看守所调查两种调查方式相结合。在医院调查的方法包括调查犯罪嫌疑人既往病史、病历（从病历的版本考察既往病史是否真实），调取挂号、收费记录等；在看守所调查方法包括向看守所医生调查取证、调取入所体检报告、监室录音录像、向同监室其他在押人员调查取证等。参见刘莺莺："重大监督事项案件化办理的路径探索"，载《中国检察官》2018 年第 3 期。

（二）完善实质化证据审查方法

具体而言，在审查判断证据、调查核实重大监督事项过程中，应当建立以亲历性审查为主导、以专业性审查为支撑、以诉讼化审查为保障的多层次、立体化的证据审查体系。亲历性审查是指检察官对于认定重大监督事项存在与否的关键性证据，应当亲力亲为，亲自核查，强调身到与心到的统一。[1]亲历性审查尤其适用于针对关键性言词证据的复查、复核以及现场复勘等工作。专业性审查是指检察官针对监督工作所涉的专业性疑难问题，应当充分借助技术专家以及现代科技等"外脑"作用，进行专业同步辅助审查。专业性审查主要适用于有关违法情形认定的鉴定意见、视听资料、电子数据等证据。诉讼化审查是指当被监督对象对认定意见存在异议时，检察机关可以组织公开听证，听取相关人员意见。必要时，可以邀请相关专家、学者以及其他有关人员参加听证。

（三）建立差异化证明方式

所谓差异化证明方式，是指根据监督事项的不同，区分适用严格证明和自由证明方法。以侦查活动监督为例，针对刑讯逼供、暴力取证、伪造、隐匿、销毁证据等重大侦查取证违法情形，以及违法采取或解除查封、扣押、冻结措施，违法决定、执行、变更、撤销强制措施等重大违法情形，均应采取严格证明方式，突出监督工作亲历性。而对于阻碍当事人诉讼权利行使的重大侦查违法情形，在案件化办理过程中可采用自由证明方式，简化证明要求，以节约司法资源，提升监督效率。

（四）统一证明标准

监督事项案件化并不是把所有违法情形都纳入案件化办理模式范围之内。以侦查监督为例，对于重大侦查违法情形，可以纳入办案模式范围之内，而对于轻微侦查违法行为，则仍以侦查监督的办事模式处理即可。二者由于证明对象不同，所涉证明标准亦不同。重大侦查违法行为不仅严重侵犯当事人的合法权益，而且严重损害司法公正。鉴于此，笔者认为，在办案模式下，重大侦查违法情形的认定应当坚持"事实清楚，证据确实充分"的证明标准，保持与司法办案证明标准的对等性，这也是实质化推进侦查监督办案模式的

---

[1]　朱孝清："司法的亲历性"，载《中外法学》2015 年第 4 期。

关键所在。如果降低办案模式证明标准，则极易导致检察机关对重大侦查违法情形认定失实，一定程度上可能会加剧监督结案标准不明的困境。[1]

## 第二节　完善检察官奖惩机制

司法责任制作为司法体制改革的"牛鼻子"，其落实的关键在于完善检察官奖惩机制。只有完善奖惩机制，才能激发检察官办案动力，督促检察官依法履职履责，倒逼检察官提升业务能力、遵守职业伦理，淘汰不能胜任工作职责的检察官，以实现检察官专业化和精英化。

### 一、完善职业保障制度

（一）当前职业保障制度存在的问题

1. 职权保障不足

职权保障不足主要表现为：外部，人民检察院独立行使检察权原则落实不到位。实践中，检察机关往往受到地方党政势力的不当干预和影响。内部，虽然正在实施的员额制改革在一定程度上解决了原有科层制管理下检察官独立性不足的问题，但由于缺乏抗命权，检察官在上级指令违法情况下，也只能"奉命起诉"。

2. 身份保障不足

通过梳理《中华人民共和国检察官法》（以下简称《检察官法》）的规定[2]，可以看出，身份保障不足主要表现为检察官免职辞退程序过于随意、理由较为宽泛和纪律惩戒不够规范，这与我国检察官任职资格偏低、整体素质不高有密切关系。检察官免职辞退理由宽泛无疑为上级干预下级人事安排提供了"口实"，由此导致检察官在工作中提心吊胆，为了保住职务而不得不唯命是从，不能秉公办案，"听话"的检察官获得晋升，坚持法律"不听话"的检察官可能被调离，由此造成了一种"劣币驱逐良币"的局面。[3]除检察

---

[1] 郑烁："论侦查监督案件化办理的证据规则"，载敬大力主编：《刑事诉讼监督案件化办理》，中国检察出版社 2020 年版。

[2] 《检察官法》第 14 条、第 43 条。

[3] 李美蓉：《检察官身份保障》，知识产权出版社 2010 年版，第 147 页。

官免职辞退事由较为宽泛外，程序也不够规范，随意性较大，与公务员免职辞退程序没有太大区别，由有关部门报至人大常委会作出免职的决定即可。而人大常委会在作出决定时，一般采纳有关部门的意见，较少出现不同意的情况。检察官免职辞退程序的行政化，本质上体现了部分人员将检察官作为一般公务员的错误认识，忽视了检察官职业和身份的特殊性，违背了检察规律，缺乏应有的审慎精神。[1]此外，检察官纪律惩戒程序也不够规范，呈现出以下特点：一是惩戒主体的多元化。检察官惩戒主体既包括内部主体，也包括外部主体。检察机关、监察委员会、人大常委会等都具有一定惩戒权力。二是惩戒理由的广泛性。根据《检察人员纪律处分条例》的规定[2]，检察官的惩戒理由十分广泛，包括违反政治纪律，违反组织、人事纪律，违反办案纪律等。三是惩戒程序的行政化。检察官惩戒程序与其他公务员的行政化程序没有本质区别，普遍采取行政调查程序，审查主体不中立，无须听证。[3]

3. 经济保障不足

由于经济发展和检察经费管理体制的制约，我国给检察官提供的职业保障属于最低限度的职业保障，即只能满足检察官的基本生活需要。与法国、德国相比，我国检察官的职业保障水平偏低，检察官的收入与其地位和能力仍存在较大的偏差。检察官职业的尊荣地位尚未得到充分的体现。这既不利于提高检察官的积极性、增强检察官的责任心，也会造成优秀检察官的流失，不利于形成专业化、精英化的检察官团队，新老检察官之间容易形成"断层"。此外，检察官的社会保障、安全保障等方面也存在一些不足，例如，虽然《检察官法》规定检察官的人身、财产和住所安全受法律保护，但如何保护法律并未明确规定。此外《检察官法》也并未赋予检察官办案豁免权。

（二）职业保障制度完善路径

1. 完善职权保障

完善职权保障包括建立不当干预司法问责制度和赋予检察官一定抗命权两个方面。党中央制定的一系列文件，强调禁止领导干部干预、插手具体个

---

〔1〕农中校、刘缨：《检察官职业化建设探索与研究》，中国检察出版社 2008 年版，第 183 页。

〔2〕《检察人员纪律处分条例》第 27—112 条具体规定了检察官应受纪律处分的各种行为。

〔3〕邓辉、谢小剑："责任与独立：检察官纪律惩戒的双重维度"，载《环球法律评论》2010 年第 5 期。

案，并对干预、插手行为确立了责任追究制度。但由于规定的内容过于原则化，需要制定一系列包括记录、审查、报送、反馈、追责形式、处分等类型在内的具体操作规范。为了确保"全程留痕，有据可查"，应当允许记录人员采取录音、录像等多种手段收集证据，以做好证据留存备查工作。同时，在证明标准方面，无须进行实质性结果判断，采形式标准，即只要能证明存在插手、干预行为就可以推断该行为已对案件处理结果产生影响，而无须证明确定造成了案件处理结果的变化。此外，针对上级违法指令，检察官应享有一定的抗命权。一方面，当上级指令违法时，检察官有权拒绝执行。另一方面，检察官执行上级违法的指令时，不能以上级指令违法推脱自己应负的法律责任。

2. 完善身份保障

身份保障需从以下四个方面进行完善：一是确立检察官职务终身制，非经法定事由和程序，不得免职。如需免职，须符合实体和程序要求。二是完善检察官免职事由和程序。为了防止免职辞退的事由过于宽泛而导致检察官缺乏一定"安全感"，有必要限缩和细化免职事由。以不免职为原则，以免职为例外，并将免职事由限定在严重违法和严重违反职业道德两个方面，对违法和违反职业道德行为类型进行列举，由专门机构或部门负责处理检察官免职事宜。建议成立检察官人事委员会，专门负责检察官考核评鉴，并提出最终的处理意见。三是完善检察官的惩戒事由和程序。惩戒事由应强化客观性，限定处分范围，防止处分事由过于主观和宽泛而导致检察官无所适从。惩戒程序方面，惩戒委员会应对有关材料进行审查，符合条件的应当受理申请，及时答复并展开调查。调查应遵守回避、保密等办案纪律，可以采取谈话、做笔录等手段进行调查，谈话内容应录音录像，并要求被谈话对象对谈话内容真实性作出保证，调查人员对上述内容形成报告，随后由惩戒委员会对调查报告进行讨论并作出是否惩戒、给予何种惩戒的处理意见。惩戒委员会实行少数服从多数原则，惩戒委员会合议是对检察官实施惩戒的必经程序。四是完善被惩戒人权利保障。应保障被惩戒人公开听证的权利。即应当当面听取其本人意见和辩解。如果被调查人要求举行公开听证，应组织召开，必要时惩戒委员会可以自行决定组织听证。应保障被惩戒人知情权，即其有权知道、了解惩戒决定作出的实体依据和程序规定，惩戒委员会负有告知其享有救济权的义务。应保障被惩戒人救济权。被惩戒人不服惩戒决定，有权向惩戒委员会提出复议。惩戒委员会应另行组成合议委员会进行重新审查，并告知被惩戒人新合议委员会的组成人员。重新审查程序应当公开，接受被惩戒人的监督。

3. 完善经济社会保障

检察官职业保障水平应与检察职业性质和规律相匹配，以维护检察官的职业尊荣感和推进法治建设的使命感，让检察官切实感受到自己的工作与劳动成果成正比。畅通检察官的职业晋升渠道，让检察官留得住、愿意干、有希望。对于受到人身威胁的检察官，检察机关应当根据情况提供警卫保护。当这种危险难以排除时，应为检察官提供异地供职安排。对于检察官的家属，国家应提供必要的临时性保护措施。

## 二、完善业绩评价体系

现行的检察业绩考评针对的是检察机关整体，而非对检察官个人履职情况作出评价，仍然沿用政府公务员年度考核的德、能、勤、绩、廉五项指标。这种广泛适用于机关事业单位人员的指标考核本身是全面和科学的，但在司法责任制改革背景下，对于检察机关而言，这五项指标缺乏区分度，无法体现被考评检察官的主体地位及其职责的多样性、差异性。在业绩评价过程中，检察权被视为一般行政权，其作为司法权的相对独立性及检察官的职业性要求被忽略，考评内容的模糊不确定性和指标的非量化性使评价的主观随意性不可避免。

（一）当前业绩评价体系的不足

1. 评价对象不明确

对象不同，导致业绩评价方式不同。概括起来，有以下两种：一种是以个人为对象，以检察官为中心的评价方式，以行政考评方式进行，对检察人员身份不作区分，造成评价指标和评价结果的模糊笼统。另一种是以单位为对象，以检察机关为中心的评价方式，这主要是将下级检察院作为一个整体，由上级检察机关对其各个业务部门分别进行评价，而后汇总对整个检察机关的综合评价。由于这一方式并不是针对检察官个体的评价，对检察官的督促激励效果十分有限。

2. 评价主体不规范

检察官业绩评价主体应是一个独立的部门或者机构。事实上，在检察机关内部并不存在这样一个组织。在业务条块考核中，考评主体则转化为对应的上级机关业务部门，不同业务部门各有一套评价数据和指标。评价主体缺位、人员构成模糊，造成标准无法统一，对检察官个人的业绩评价缺乏公正性和可信性。

3. 评价体系不完整

无论是参照公务员测评的行政化评价方式，还是上级检察机关制定的业务条块考核方式，都不是针对检察官个体的业绩评价体系，对检察官的业务素能、履职情况、外部评价等方面没有全面系统的评价指标，欠缺规范性、实效性和可操作性，检察官业绩评价工作大都流于形式，不能真正体现检察官个体的工作实绩，无法起到评价、督促、激励作用。

4. 评价结果不科学

由于检察官业绩评价体系的不完善，评价方式方法背离检察官工作的司法属性，评价结果不能真正体现检察官的工作实绩和水平差异，优秀等次常常变成部门内部的轮流"坐庄"。在业务条块考核中，某些基层检察院为了在考核中取得靠前的名次或者档次片面追求数据，甚至不惜注水，弄虚作假，导致业绩评价结果缺乏可信性。

（二）司法责任制下检察官业绩评价体系的重塑

新一轮司法责任制改革，在推进检察人员分类管理、落实检察官员额制基础上，丰富和健全了检察官的办案组织形式，实际上为检察官探索建立以职位为核心的管理模式、建立和完善主任检察官及其辅助人员分类管理制度，最终形成"以检察官为主体、以办案为核心"的司法化机制体系提供了难得的历史机遇。因此，在司法责任制改革背景下，建立完善科学的检察官业绩评价体系要面临更多要求和挑战。

1. 与检察官权力清单相结合

司法责任制要求有权必有责，因此科学界定检察人员办案权限是司法责任制的必然要求。科学界定的前提首先需要明确各办案组织的具体职责。司法责任制改革后，检察长、检察官、主任检察官、业务部门负责人、检察辅助人员在办案组织中会担任不同角色，每一个岗位都具有更加明晰的职责划分和检察官权力清单。

2. 突出检察官主体地位

以往，检察官办案采取的是科层式的三级审批模式。在这样的审批模式下，检察官的权力和责任被层层削弱，最终决定是由距离案件事实材料较远的领导作出的，这也一定程度上违反了司法亲历性原则，导致最终的追责对象被无意中消解或者被所谓的集体承担，业绩考核也是以部门作为考评对象，检察官个人业务能力和责任不能得到很好评估和追究。司法责任制改革的主要方式在于消除权力行使的层级化，打破"决定"作出的中间环节，做到真正还权于检察官。

3. 体现司法责任认定和追究原则

司法责任制的核心价值是"负责"。司法责任制背景下，案件质量评查机制必不可少。司法责任的认定和追究以案件为依托。通过对案件质量评查，回溯案件办案过程。案件质量的好坏反映了检察官在办案过程中是否尽职尽责，这是检察官办案责任心和业务能力的主要衡量标准。应将案件质量的评查结果作为检察官业绩考核的重要评价指标。

4. 发挥内部监督作用

"谁来监督监督者"的问题，永远是摆在立法者面前的一个绕不开的问题。尤其在我国这样一个一元化权力结构模式的背景下，如何对权力进行监督，包括对"监督权"如何监督的问题，更显得尤为紧迫和富有现实意义。对监督权的监督除各种外部社会监督手段外，最重要的就是加强对内部权力的约束和程序控制。而检察官业绩评价体系的作用就在于此。通过这样的评价体系，引导、规范监督权正确、依法行使，规制检察官行为，及时对违规违法行为进行纠偏和提醒，切实防止"灯下黑"。

（三）完善路径

1. 考核规范层面"量化"与"定性"的统一

严谨实用的业绩评价体系并非一朝一夕造就，而是通过在实践中探索应用、不断磨合而成。要使考核体系趋于完美，应该突出体系的科学性和严谨性，强调考核内容的科学合理性，对设定的考核内容定位清晰。在检察官办案责任制考核指标的完善过程中，应当根据业务性质的不同和岗位职责的分工进行分解量化。在具体考核目标的设定上，应紧紧围绕"办案"这一中心，对一些重要指标进行量化、细化，实现法律监督工作力度、效率和效果的有机统一。其中，对适宜量化为考核指标的，进行科学合理的量化，明确考核指标；对于不能量化的，则不能勉为其难，否则得出的结果和结论可能偏离常识和实际情况，从而大大降低业绩考核所具有的筛选优劣的功能和奖惩效应。

2. 考核执行层面"过程"和"结果"的统一

为进一步落实检察官办案责任制，必须严格责任落实，从而发挥考核制度在检察规范化建设过程中的重要作用。如何实现考核事前监督与事后监督、过程监督与结果监督的统一是其中的关键环节。具体而言，在过程监督方面，实现对案件质量的监控、评价、管理，是强化内部监督制约、促进司法规范化的重要手段，是不断提升检察机关办案质量和公信力的重要举措。在案件评查过程中，应发挥案件管理部门的审查把关功能。针对评查中发现的问题要及时汇总并分析研判，存在共性的问题应类型化总结，并及时反馈到相关部门和承办人员。对于体制性、机制性和制度性问题，应撰写专项报告、提出完善建议，报政策研究室或者上级有关部门，以引起有关部门的重视并作出回复。相关主任检察官办案组要及时针对评查中发现的问题，认真反思总结，杜绝类似情况再发生。在结果监督方面，要不断完善评查反馈和执法档案，将案件质量评查结果计入主任检察官、检察官助理等人员执法档案，充分发挥案件质量评查结果"指挥棒"的作用，将办案数量、办案质量作为检察人员业务能力、办案责任心、工资收入、执法规范性考核的主要考量因素，倒逼检察官办案能力和责任心的提升。

3. 考核方式层面"信息化"和"智能化"的统一

检察官业绩考核，应坚持以执法办案为中心，以队伍建设为根本，以司法改革为动力，深入推进执法规范化、标准化，队伍专业化、职业化，管理科学化、信息化，保障现代化、实用化。积极推进大数据和人工智能技术的运用。充分利用大数据对办案检察官的办案时限、退侦次数、不捕率、不诉率、量刑建议采纳率等关键数据进行抓取和分析研判，对检察官年度工作情况制定分析报告。深度挖掘人工智能技术在检察官业绩考核评价中的潜在功能优势，如可以尝试将一些汇总的关键数据输入系统内，由人工智能技术对检察官的办案能力、执法规范性、参与社会管理、履行法律监督职能等方面作出综合评价，减少人为因素的不当干扰，以保证考核的客观、公平、公正。

### 三、完善"员额"退出机制

最高人民检察院在《"十三五"时期检察工作发展规划纲要》中明确提出要"建立员额检察官退出机制",个别省市也已经开始对退出机制进行探索与实践。检察官员额退出机制的建立,不仅是为了实现动态管理与检察官精英化,也是检察官依法独立公正办案的保障。通过对退出机制的现状分析,可以发现退出机制更多地与考核评价制度关联,承担着优胜劣汰的重任。因此,完善"员额"退出机制对于落实司法责任制而言,意义重大。

(一)完善"员额"退出机制的必要性

1. 实现动态管理

员额制改革后,部分未入额的检察官被迫分流,或转任司法行政人员,或在检察辅助人员岗位上等待。过去在检察院工作满一定年限即可被任命为助理检察员的职业预期被打破,员额制让入额变得不可预期,导致不少年轻检察干警感到迷茫。虽然中央一直强调"要为年轻人预留一定的员额比例",但是在员额数量远远无法满足现有检察官需求的情况下,更多地方检察院选择的是满额配置。以案件数量和人员数量为参考标准的员额动态调整机制是司法改革下一阶段的课题。员额的动态调节不能仅仅指望预留员额数量,而应该尽快建立科学完善的员额检察官退出机制,解决员额检察官"只进不出"的问题,推动员额检察官动态管理,实现有进有出,长期保持适度的流动性。

2. 维持精英团队

司法官的精英化是现代司法的一个趋势。司法改革实行检察官员额制,由省级检察机关组织开展遴选工作,实现对现有检察官的严格遴选,组建检察精英队伍。但正如美国学者理查德·A. 波斯纳以法经济学的解释范式深刻剖析了法官的另一面,即法官也会受到"自我利益的牵引"[1]。检察官同样面临这种"不会不受自我利益的牵引"的风险,员额检察官退出机制将起到维持检察精英队伍的作用。科学合理的退出机制可以使不合资质、退化腐化的检察官退出员额,起到净化队伍的功能。同时,对于入额遴选工作可能存

---

〔1〕 〔美〕理查德·A. 波斯纳:《超越法律》,苏力译,中国政法大学出版社 2001 年版,第 128 页。

在的错选、误选等问题，退出机制可以起到一定的纠错功能。

3. 保障独立公正

司法责任制改革的目的是实现司法官依法独立公正办案。推行检察官员额制，必然也要围绕依法独立公正办案开展。严格遴选入额检察官，实现检察官精英化，是依法独立公正办案的基石。而推行科学合理的员额检察官退出机制，则是依法独立公正办案的保障。纵观各国检察官选任制度，特别是英美法系国家，对检察官多采用终身任职制。例如，澳大利亚《1986 年检察长法》规定，检察长、副检察长和起诉律师都是法定职位，并且是终身任职制。同时根据《皇家检察官法》规定，澳大利亚皇家检察官也是终身任职制。这些法定职位都是由新南威尔士州州长根据提议来任命的，被任命者可以一直任职到 65 岁，只有在极少数情况下，才可被解雇。[1]通过建立退出机制，将退出事由和退出程序法定化，可避免退出决定的随意性。列明检察官退出情形，规范员额检察官的退出流程，可消除员额检察官不必要的顾虑。

（二）完善路径

1. 完善退出事由

笔者认为，检察官退出员额应区分主动退出和被动退出两种情形。对于主动退出的，在机制设置上，关键要考虑个人意愿及退出后的职务转任设置问题。员额检察官理应从愿意从事检察官职业的优秀人才中选拔，对因各种缘由，包括年龄、健康、家庭等，不愿意继续留在一线办案的检察官应准予自愿申请退出。同时，为了避免员额检察官流动性过大，保障司法权威，应继续着力提升员额检察官待遇，并限制退出员额人员重新入额。此外，只允许退出而不考虑退出后的职级安排是不科学的，甚至可以说是对主动退出机制的架空。应当建立员额检察官体制内转任机制，准予其转任检察辅助人员或者司法行政人员，并科学合理地进行职级套转，甚至可以考虑建立员额检察官跨部门交流制度。在套转过程中，既要考虑退出员额检察官的等级、能力，又要避免其挤占原有其他类别人员的晋升空间。而被动退出包括"不能继续在员额内"和"不宜继续在员额内"两种情形。"不能继续在员额内"情

---

〔1〕 如精神错乱、刑事犯罪、放弃任职或破产时。参见季美君："检察官选任制度研析"，载《中国司法》2010 年第 3 期。

形包括违法违纪、不办案、退休离职。"不宜继续在员额内"情形包括：①办案绩效考核达不到标准的。办案绩效考核指标应以办案数量和质量为核心，但不能仅以办案数量少为由要求检察官退出员额，且在现阶段案多人少的背景下，考核标准不应设置过高。②案件被认定为错案且主观上为故意或者重大过失的。案件办理质量是衡量检察官办案能力的重要标准，是其能否继续享受员额这一资格的重要指标。但导致错案的原因有很多，因此需将范围限定在检察官在错案办理上存在故意或者重大过失。③任职回避。员额检察官的配偶、子女在其任职检察院所在区域内从事某些与检察工作存在利益关系的特殊职业的，如律师、公证职业等，该检察官应进行回避。

2. 完善退出程序

科学合理的退出程序是检察官员额退出机制的正当性基础。构建退出程序时应坚持员额退出法定原则、党管干部原则、员额进出相结合原则。退出程序包括：启动程序、审查程序、决定程序、告知程序、执行程序和救济程序。启动程序方面，对于主动退出的，应由员额检察官本人提出申请。对于被动退出的，一般应由检察官遴选委员会提出，未来可以考虑扩大提出主体，如将本辖区律师协会纳入提请主体之中。审查程序方面，由院党组进行初步审查并提出初步意见后，报送检察官遴选委员会进行最终审查。对于主动退出以及属于"不能继续在员额内"情形的，可以采用行政化审批方式。对于属于"不宜继续在员额内"情形的，可以采用听证方式进行审查，由检察机关和检察官对是否属于"不宜继续在员额内"事由进行质证、辩论，充分听取检察官本人的辩解意见。决定程序方面，应由本院党组研究决定后报检察官遴选委员会审查批准。告知程序方面，检察官遴选委员会批准后，应书面告知检察官本人并在检察官所在检察院进行公示。执行程序方面，批准决定作出后，检察官所在检察院应将该决定报送人大常委会，提请人大常委会依法免去检察官的"员额"。救济程序方面，应赋予检察官对处理决定不服的复议、复核权。检察官可以向其所在检察院申请复议，对复议决定不服的，可以向上一级检察院申请复核，检察官也可以直接向检察官遴选委员会申诉。复议、复核以及申诉期间，不得取消员额工资等相关待遇。此外，应加强对退出员额检察官的工作安置。根据检察官的工作能力、特长专长，妥善安排其到合适岗位，以保障其退出员额后的工作积极性。

## 第三节　优化检察官权力清单

随着员额制改革的深入推进，如何突出员额检察官独立办案的主体地位，如何将"谁办案、谁负责"的办案责任落到实处，是巩固员额制检察官改革成果的难点所在，其重心在于科学合理地确定各种办案组织形式的权限范围和责任边界，完善权力清单制度，确保不同主体不同权限的协调共存、有效运转。尽管最高人民检察院出台的《关于完善检察官权力清单的指导意见》对检察官权力清单制定进行了指导，但实践中仍存在一些问题亟须解决，检察官权力清单有待优化与完善。

### 一、检察官权力清单制定的总体情况

（一）发展历程

"权力清单"并非检察专用术语，其来源于中共中央纪律检查委员会、中共中央组织部 2009 年在成都市武侯区开展的"县委权力公开透明运行"试点中，武侯区政府首次晒出的权力清单。[1]后来权力清单与简政放权、还权于民紧密联系在一起。本轮司法改革的主要目的是落实"谁办案、谁负责"的司法责任制。第一批试点检察院在实践探索中，借鉴行政改革中的"权力清单制度"，按业务类别为员额检察官打造权力清单，有力推动了司法改革进程并取得了良好效果。后续参与试点改革的检察院也相继推出了权力清单，权力清单成为司法改革的重要制度。为了巩固改革成果，明确检察人员职责权限，完善司法责任制，最高人民检察院出台了一系列文件，开始尝试检察官权力清单制度试点。权力清单是权力的载体，是检察权规范运行必须解决的前提性问题，也是用以明确检察官职权、确定司法责任的基础和根据。因此，最高人民检察院高度重视权力清单的设置，于 2017 年 3 月 28 日印发了《关于完善检察官权力清单的指导意见》，之后又于 2017 年 4 月 10 日至 11 日在海口市召开的"全国检察机关司法责任制改革推进会"上专门就完善检察官权力清单进行了研讨，对指导意见进行了解读，在《检察日报》专栏刊发了对

---

〔1〕　董成惠："'权力清单'的正本清源"，载《北方法学》2017 年第 2 期。

指导意见的理解和适用文章，有效厘清了权力清单制定中的问题，为科学合理设置权力清单指明了方向。

（二）实施现状

梳理现有各省制定的检察官权力清单，可以发现有以下特点：一是权力清单名称不统一。从名称上看，大多数省份称为"检察官权力清单"，此外还有"司法办案权限清单""检察官权限指引""检察官职权清单""检察官职权配置规定""检察官授权范围的规定""办案权限划分办法"等名称，其中黑龙江省的权力清单统一规定于"完善司法责任制的实施办法"中。二是权力行使层级不统一。25 个省级检察院为辖区内三级检察院制定了统一的检察官权力清单或者权力清单指导意见，6 个省级检察院为辖区内三级检察院分别制定了检察官权力清单，1 个省级检察院按省检察院、设区市及基层检察院两个层次分别制定了检察官权力清单。三是权力清单形式不统一。30 个省级检察院按照"正面清单"的形式明确列举授予检察官的职权，2 个省级检察院按"负面清单"的形式列举检察长（副检察长、检察委员会专职委员）的职权，未列举的其他办案职权授予检察官行使。例如，贵州省人民检察院规定，除本规定中明确由检察长、副检察长、检察委员会履行的职责外，其余职权可由检察长授予主任检察官（独任检察官）行使审批决定权。[1]四是权力清单内容不统一。从内容上看，大多数省份都按照不同业务条线，分别规定了检察委员会、检察长、检察官的职权。一些省市在对检察委员会权力作出统一规定后，在具体业务条线中只规定检察长和检察官的职权。例如：广西壮族自治区权力清单按检察长、检察官、检察官助理三个层次进行规定；吉林市权力清单在各业务条线中均按四类人员分别配置办案权力[2]；其他一些省市在权力清单"总则"部分还规定了部门负责人、检察官助理的职权。权力清单列举的具体办案职权数量一般多达数百项，如重庆市权力清单为 304 项职权，云南省权力清单为 287 项职权，河北省权力清单为 221 项职权，不一而足。

---

〔1〕　贵州省人民检察院《关于完善检察院司法责任制明确检察官权限的暂行规定》第 13 条。
〔2〕　四类人员，即检察长（副检察长）、检察官、主任检察官、检察辅助人员。

## 二、当前检察官权力清单存在的问题

### （一）规范与实践脱节

权力清单，顾名思义，就是要突出权力的划分和配置。最高人民检察院的指导意见中也明确规定检察官权力清单应以办案事项决定权为主要内容，而其他非办案业务、程序性事项以及职责义务等不在权力清单范围之内。尽管立法层面规定得比较完美，但是在实践执行中却发生了异化。例如，最高人民检察院权力清单中关于公诉业务所赋予的检察官的权力[1]，很明显属于办案职责以及操作性、程序性事项的执行权，而非诸如是否起诉、是否排除非法证据、是否撤回起诉、是否抗诉等办案事项决定权。此外，地方省级检察院在制定权力清单时，虽然赋予了检察官对于办案事项的决定权，但同时规定检察官在行使这些权力时需要主管领导的同意，由此导致规范层面检察官的办案事项决定权形同虚设。

### （二）赋权不充分

对于权力清单是检察机关内部根据司法规律与检察工作特点对检察官职权重新划分配置虽然已基本形成共识，但仍有部分检察院认为，检察官的办案权力派生于检察长，来源于检察长的授权和委托。由此导致权力清单的设置还是秉承"放权"思维。即便按照"刑事检察权充分放权"原则来重新配置检察长和检察官的各自职权范围和权力边界，突出检察官办案主体地位，但部分人员在主观认识上还是存在"放权怕滥权"的顾虑，导致有的地方检察官仅有办案审查权而无办案决定权。此外，设置权限没有区分办案职责和办案权力，把讯问调查、收集核实证据等多属于办案职责的事项作为职权授予，致使检察官虽然获得十几项职权，但实际上检察官的办案决定权并不多。对于批捕权、起诉权等核心定案权以及一些重要程序性权力，部分地方检察院规定仍然归检察长或者副检察长行使。在下放给检察官的权力中，又以肯

---

[1] 检察官（检察官办案组）的办案事项包括：①查阅案卷，调阅下级人民检察院与案件有关材料，要求下级人民检察院对案件情况进行说明。②讯问犯罪嫌疑人、被告人，复核、补充、完善证据。③参加庭前会议，提请人民法院通知有关侦查人员或者其他人员出庭说明情况，申请人民法院通知证人、鉴定人、有专门知识的人出庭作证。④出席法庭支持公诉。⑤提出排除非法证据的意见。⑥需要由检察官（检察官办案组）负责的其他办案事项。

定性权力为主，如批准逮捕、提起公诉等权力，而较少赋予检察官否定性权力，如不批准逮捕、不起诉、抗诉、发出检察建议或纠正违法通知权力等。即便赋予这些否定性权力，也往往施加严格的程序限制，如需向上级领导汇报决定，这也变相地为领导干部插手、干预司法办案提供了机会和条件。赋权不充分，导致检察长指挥权与检察官办案权之间缺乏清晰的界限，有损检察官办案主体地位。

（三）可操作性不强

从目前权力清单制定情况来看，权力清单对于权力主体责任分配还不够清晰。例如，上海市人民检察院、海南省人民检察院均将检察长与检察委员会的职权配置放在一起，未分别授权加以区分，规定过于笼统，容易出现二者职责交叉问题。同时作为检察权分解，权力清单中应分别体现审查逮捕、公诉、民事行政检察、诉讼监督等各项检察权能，但从目前掌握的资料来看，部分检察院未根据不同的检察权对检察官、检察官助理在不同执法环节职权进行细化和清单式罗列，往往是用概括性话语一句带过，缺乏具体可操作性。对于书记员权力内容的规定也过于原则化，不具有可操作性。有些检察院则对检察官助理和书记员职责未予明确和涉及，权责不清，容易导致扯皮推诿、效能低下等问题出现。以上问题使得检察官的办案决定权沦为了"纸上权力"。

（四）行政化色彩浓厚

根据之前最高人民检察院有关文件精神[1]，以检察院名义制定的法律文书的签发权为检察长（包括副检察长）享有，检察长在根据自己的职权作出决定前可要求业务部门负责人提出审核意见，由此检察官承办的案件在作出决定时要经过部门负责人的核阅和副检察长、检察长的审核决定。本来基层检察院办理的案件大部分是一般刑事案件，可由检察官自己作出决定，重大疑难复杂案件必经检察长批准或者检察委员会决定，就已经对检察官的定案权进行了制约，可以防范司法办案风险。然而在检察官决定的案件中增加部门负责人的核阅程序，看似对案件办理进行实时监督，实际上仍是行政化办案的思维，不仅无益于检察官的成长，也有碍司法办案责任制的真正落实。

---

[1]　参见《最高人民检察院关于完善人民检察院司法责任制的若干意见》。

（五）立法滞后

从现有的权力清单来看，在编制和公布权力清单的过程中，主任检察官、检察官和检察官助理的权限到底有多大，能做到什么程度，目前没有法律的集中统一规定，只是散见于最高人民检察院制定的两个意见（即《最高人民检察院关于完善检察官权力清单的指导意见》《最高人民检察院关于完善人民检察院司法责任制的若干意见》）以及《宪法》《刑事诉讼法》《人民检察院组织法》《检察官法》《人民检察院刑事诉讼规则》等规范性文本中，而且随着法治改革的快速深入推进，尤其《监察法》的出台以及《刑事诉讼法》的修改，现有文本中关于检察官权力清单内容的规定已略显滞后，至少有些内容应当进行修改以与新修订的法律相协调。

（六）合理性不足

这种合理性不足主要表现为两个方面：一是权力清单内容不合理。有的将司法责任内容写入权力清单，有的将司法辅助人员的职责和工作内容写入权力清单，有的将司法警察业务和检察技术业务写入权力清单，有的将司法行政类业务写入权力清单，有的将非司法类行政性、事务性工作写入权力清单，有的还将协调、请示等政务工作写入权力清单。以上做法都与制定检察权力清单的目的和功能不符，值得商榷。二是行权主体设置不合理。检察长、副检察长、主任检察官、检察官、检察官助理之间的关系，实践中已制定的权力清单并未很好地厘清，冲突、重叠以及不协调问题严重。笔者认为，检察长与副检察长的职权具有高度重合性，且实践中检察长往往没有时间听取案件汇报，一般直接采纳副检察长意见，故没有必要对检察长和副检察长分开设置权限。而对于主任检察官的性质，最高人民检察院在推行主任检察官司法责任制改革时，对主任检察官的定位是很明确的，其只是一种责任形式，而非单独的职位类别。[1]因此，没有必要对主任检察官与检察官分开设置权限。就检察官与检察官助理之间的关系而言，笔者认为，检察官助理的权力

---

〔1〕 主任检察官是检察官作为执法办案主体依法行使检察权时的责任形式，而非单独的职位类别，实行检察人员分类管理之后，员额内的检察官均可作为主任检察官。对此应从三个方面理解：①主任检察官是检察官作为执法办案主体、依法行使检察权时的责任形式，不是职务序列；②检察官办案责任制在实际运行中体现"人随案走""以案定责"原则，主任检察官不是固定的职务身份；③分类管理改革完成后确定的"员额检察官"，应是检察官办案责任制改革试点工作中的"主任检察官"。

来源于检察官的授权，其所从事的检察辅助工作是在检察官指挥下开展的，因此权力清单也没有必要单独将检察官助理列为行权主体来设置。

### 三、优化检察官权力清单的基本原则

#### （一）职权法定原则

检察委员会、检察长、检察官的具体职权，应当依照法律法规、司法解释、单行法规及其他规范性文件的规定进行配置。法律、司法解释、单行规定及其他规范性文件明确规定"由检察委员会讨论决定""由检察长提交检察委员会讨论决定"的权力，或检察长认为应提交检察委员会行使的权力，应设置为检察委员会的职权。法律、司法解释、单行法规及其他规范性文件明确规定"由检察长决定"的权力，以及检察长认为应当由其行使的权力，应设置为检察长的职权。副检察长、检察委员会专职委员根据检察长的授权，对法律法规规定的案件及事项行使与检察长同等的权力，除此之外的其他事项处理决定权，可以交由检察官行使。

#### （二）权责一致原则

检察官权力清单本质上是一种新的办案权力运行模式，因此权力清单的设置必须摆脱旧有的思维定势。检察官的办案决定权既来自检察长的授权，又更多来自法律的直接授予。由于立法上明确规定检察机关采取检察长负责制，理论界和实务界一直认为，只有检察长才是完整独立的权力主体，享有完整的检察权，其他检察官都不是独立的办案主体，只是检察长特别授权才使得检察官享有一定的独立办案权。因此检察改革一直被称为"放权式改革"。实际上，检察首长和普通检察官的权力都来源于《检察官法》的授权，都有权行使《检察官法》授予的监督、公诉、批准逮捕等检察职权。只不过检察首长不仅要履行检察官职责，还要对整个检察机关的工作进行统一领导，因此检察首长比普通的检察官多了指挥权、监督权和职务收回权、转移权等内部指令权，但这并不能否认检察官的办案权限根源于法律的直接赋予，也无法否认每个检察官都是行使检察权的合法主体。检察官应当是同时享有办案权和定案权的"全权"检察官。如果人为地将办案权和定案权相分离，将检察官的定案权全部以检察长授权的方式赋予，无疑又重走了原来的行政化办案体制的旧路，更不符合检察官独任制对检察官独立自主行使检察权的

要求。

（三）司法亲历性原则

司法亲历性强调办理案件时审查案件事实、接触案卷证据、听取意见陈述的直接性。[1]无论是在大陆法系国家还是普通法系国家，检察官已经成为拥有广泛裁量权的准法官。[2]建立以审判为中心的刑事诉讼制度和落实司法责任制，均要求检察官必须亲力亲为核实案件事实与证据，检察官不能将直接听取诉讼双方的主张、理由、依据和质辩、核实关键证人的陈述、出席法庭等义务委托于他人。因此在设置权力清单时，必须将与证据审核、事实认定有关的职权充分交由检察官，检察长不得加以阻挠。此外，检察官将重大疑难复杂案件提交检察委员会时，检察官必须将详尽的审查报告提前交给委员审查，对关键证据、视频资料应当场播放。委员在讨论时不得就案件事实进行决策，只能对案件的法律适用进行决策。

（四）差异化原则

检察官权力清单的制定应以"分级分类"为原则，体现差异化，避免"一刀切"。这种差异化原则建立在检察官分级和检察权分立基础之上。检察官分级包括上下级检察院管辖权分级和员额制改革下检察官分级。虽然《刑事诉讼法》只规定了法院审判级别管辖，但对检察院不同级别的案件管辖范围具有重要约束和指引作用，审查起诉遵循级别管辖也是应有之义。由于《刑事诉讼法》已经取消了原有的上级法院将管辖权下放的规定，检察机关同样应遵守这一规定。在制定不同级别检察院权力清单时，上级人民检察院不可将本属自己管辖的案件下放至下级人民检察院管辖，以此明确各级检察院权力范围和边界。根据《检察官法》的规定，我国检察官实行等级制度。不同等级划分的依据在于不同检察官的工作年限、业务能力、政治素养等综合素质的不同。然而实践中，在员额制改革初期，考虑到检察院的一些老领导、老同志为本院的工作作出了很大的贡献，在遴选员额检察官时对这部分人给予优先照顾，评定的检察官等级也比其他年轻些的检察官要高，但不可否认的是，一些资深中青年检察官的业务能力也是极强的。因此，未来在权力清

---

〔1〕 朱孝清："与司法亲历性有关的两个问题"，载《人民检察》2015年第19期。

〔2〕 ［美］艾瑞克·卢拉、玛丽安·L.韦德主编：《跨国视角下的检察官》，杨先德译，法律出版社2016年版，第363页。

单中授权时，应向这一部分人倾斜，而不应教条式地以检察官等级为唯一标准。此外，不同层级检察院的检察官授权内容也应不同。由于各级检察院的职能定位不同（上级检察院更多地承担业务指导和政策制定职能，而基层检察院则主要承担办案职能），权力清单授权的权力种类和内容也应有所区分并向基层检察院倾斜，以提高一线检察官办案积极性。最后，权力清单授权的范围也应根据不同权力的属性而有所不同。有学者根据检察权的运行方式将检察权划分为行政性权力、司法性权力、监督性权力三类，并认为应按照此分类标准对各级检察官进行相应授权，明确权力清单，如行政性权力决定权应更多授予检察长，司法性权力决定权应更多授予检察官，而监督性权力决定权则应根据监督事项重要性，采取检察官决定与检察长审批相结合的模式。[1]笔者认为，在监察体制改革与捕诉合一检察体制改革双重叠加背景下，应重新审视检察权分类，并在此基础上根据不同权力种类和属性，科学、合理地确定不同权力的授权范围和内容。

### 四、优化检察官权力清单的具体思路

（一）统一检察官权力清单的规定方式

目前各地检察官权力清单的规定方式存在罗列式正面清单和概括式负面清单两种类型。客观上，两种类型各有利弊。前者优势是比较直观，各层级、各主体的办案职权一目了然，不足之处是挂一漏万，同时有的职权还存在交叉重叠；后者优势是简单明了，不会重复、遗漏，但授权内容不够直观和具体。笔者认为，《人民检察院组织法》《刑事诉讼法》和相关指导意见已经明确了检察长和检察委员会的决定事项种类，当务之急是解决检察官办案权力内容和范围不清的问题，这才是制定检察官权力清单的根本目的所在，而概括式负面清单的模糊性无益于解决这个问题，并且有违公法"法无规定即禁止"原则。因此罗列式正面清单相较于概括式负面清单更便于执行，对检察官权力行使的指引更清晰、更明确。

（二）找准检察官权力清单的功能定位

精准定位检察官权力清单，应明确以下几点：其一，权力清单的司法性。

---

〔1〕　龙宗智："检察官办案责任制相关问题研究"，载《中国法学》2015 年第 1 期。

即检察官权力清单授权范围应仅限于司法办案业务，对于其他非司法办案业务以及行政性事务，如检察技术、司法警察、政策研究等不应纳入权力清单之中。其二，权力清单的决定性。权力清单的核心是明确不同主体的司法办案决定权，因此对于非决定权事项，如程序性事项、司法办案审查权、建议权、执行权等内容不应纳入权力清单之中。其三，权力清单的非责任性。有学者认为，"检察官权力清单是职权清单和职责清单的统一"。[1]笔者认为，检察官权力清单主要解决的是"谁决定以及决定哪些事项"的问题，至于"谁负责"的问题，应由检察官业绩评价、员额退出、司法责任的追究和认定等机制来解决。在权力清单中规定上述内容，不仅与现有机制内容重复竞合，有叠床架屋之嫌，同时也模糊了权力清单的功能定位。

（三）健全检察官权力清单的配套机制

检察官权力清单配套机制包括监督机制和保障机制。有权必有责。在权力清单赋予检察官办案事项决定权的同时，为了防止检察官权力滥用，也应健全检察官权力行使的内外部监督机制。内部应完善不同岗位检察官的考核标准和考核细则，健全检察官业绩评价体系，科学设定考核指标，完善办案流程监督；外部应强化人民监督员监督，健全公开机制，如适时对外公开检察官权力清单，健全办案公开审查、公开听证制度。保障机制方面，为了有效落实检察官权力清单，各级检察院应将权力清单落实情况作为本院以及对下级检察院的考核指标，明确落实不到位责任追究的主体、方式、程序和后果等。同时，有关法律应进一步明确检察官权力来源，规制检察长内部指令权，尊重检察官相对独立的法律人格。针对当前实践中检察统一业务系统与检察官权力清单的权力事项不匹配的问题，笔者建议，应根据权力清单设置，同步调整统一业务系统。一方面，调整软件系统的权限设置模式，使其案件流转审批程序与检察官司法责任制相匹配；另一方面，优化程序功能，发挥系统的流程管理、案件监督等功能，提高检察管理的效能，确保权力清单中的权力事项能够落到实处。

（四）进一步提高检察官办案主体地位

由于检察权是一项复合性国家权力，兼具诉讼性、行政性和监督性的权

---

[1] 李天昊、徐鹤喃："检察官权力清单的三维内涵"，载《人民检察》2018年第7期。

属特征，并不像审判权那样属于纯粹的司法权。在我国，检察权的根本属性是法律监督权，诉讼只是法律监督的重要载体和主要手段，检察权通过诉权来延伸和实现对审判权和行政权等公权力的监督。为了防止权力滥用和发挥检察权整体效能，检察权行使必然受到检察一体化原则的制约。检察一体化原则确立了检察长对检察机关工作的统一领导权，即检察长负责制。为防止办案检察官错误行使检察权，检察长具有指挥监督权、事务调取权和转移权等内部指令权，但检察长的内部指令权应当符合法令、采取书面形式等要求，限制检察长不正当行使指令权来干预检察官独立办案。此外，内部人员插手干预司法办案责任追究制度的落实，也对检察长就个案进行不当干涉形成了制约。因此，权力清单的制定，应以检察官独立行使权力为原则，以检察长指挥为例外，并且应对这一例外施以严格的实体和程序限制。

结　论

　　我国检察机关在国家权力结构中具有重要地位，检察工作在根本上受到宪法制度的规制，这要求我们在国家法治改革的大局中把握检察机关的特点。在国际范围内，无论各国采取何种权力结构模式，如何设计检察制度，均体现了权力制衡的要求。即在国家权力结构中，一种国家权力必须受到来自另外一种具有相对独立性的权力的制约，并在二者之间形成一种较为稳定的限制和约束关系，避免某一种权力的滥用。我国《宪法》确立了人民代表大会制度，行政机关、监察机关、人民法院、人民检察院均由人民代表大会产生，这是一种"一元分立"的权力结构模式，与西方国家"三权分立"的权力结构模式存在本质差别。在西方国家"三权分立"的权力结构模式中，检察机关或是位于审判权之下，或是隶属政府机构，并不具备独立的宪法地位。在我国"一元分立"的权力结构模式中，检察机关的法律监督定位上升至宪法高度，体现了权力制衡的基本规律，这是中国特色社会主义检察制度的鲜明特征，也是与西方检察制度的最大差别。检察机关的法律监督是一种源于宪法、位列人大之下的独立权力，它不隶属政府，像西方那样具有行政权的属性，更不从属于法院系统，旨在确保国家法律的统一正确实施和维护中央权威，以此区别于行政权、监察权和审判权，在整个国家权力结构中具有较高的地位。自1982年《宪法》通过以来，无论检察机关的具体职能如何调整，法律监督的宪法定位始终没有改变。新时代人民群众在法治、公平等方面的需求日益增长，客观上要求检察机关在法律监督方面发挥更大作用。新时代法治改革的目标、内容和要求对检察工作具有深刻影响，同时也使得检察机关法律监督的宪法定位更加鲜明，体现了权力制衡的新要求。以审判中心主义改革和监察体制改革为例，随着以审判为中心诉讼制度改革的开展，检察机关在与公安机关、审判机关分工负责、相互配合、相互制约的基础上，更加强调围绕审判中事实认定、法律适用的标准和要求行使权力。如果法律监督权被虚化弱化，造成的结果就是警察权和审判权不受节制，无法达到控制侦查和制约审判权启动的预期效果，最终出现公民权利无法得到保障的悲剧。而随着国家监察体制改革的推进，我国宪法体系内实际上出现了两个监督机关，监察机关对职务违法和职务犯罪进行调查，实现对所有行使公权力的公职人员监察全覆盖，从而成为一般性的监督机关，这意味着"法律监督"的内涵发生了变化。在此情形下，检察机关应当从国家权力结构调整的大局出发，实现法律监督与监察监督的有效衔接，形成监督权的整体合力，确保国家权力体系的平衡和稳定。

随着中国特色社会主义进入新时代，我国检察制度的发展也进入了新的历史阶段。与历史上"三起三落"的命运相似，新时代的检察制度似乎又走到了一个新的历史十字路口。何去何从，需严肃对待和认真回答。尤其在国家层面经历了一系列重大法治改革后，如何保持检察机关法律监督原有的刚性、如何与这些重大改革兼容、如何将双赢多赢共赢的监督理念落地，需要每一位刑事诉讼法学者，尤其"偏爱"检察制度研究的学者贡献自己的智识，给出自己的答案。而在笔者看来，保持检察制度的持久活力，根本在于进一步深化与完善检察机关法律监督职能。新时代法治改革的核心是如何更好实现公平正义，而检察机关能否充分履行法律监督职能，某种程度上直接关系着公平正义的实现。加之当下检察机关法律监督存在着监督目标指向暧昧化、监督属性认知模糊化、监督外部关系错位化等问题，新时代深化与完善检察机关法律监督就显得尤为重要和必要。新时代深化与完善检察机关法律监督的总目标是实现法律监督的专业化、规范化和实效化。实现这一目标的路径在于坚持"一项原则、两个方向、三种角色"，即坚持检察机关乃法律监督机关宪法定位的基本原则不动摇，向下深耕法律监督主业、向上拓展法律监督空间，扮演好宪法法律、公民权利以及公共利益守护者的角色。落实到具体的法治改革实践层面，需要进一步深化与完善检察机关在国家监察体制改革、以审判为中心的诉讼制度改革、认罪认罚从宽制度改革、检察公益诉讼制度改革以及司法责任制改革中的法律监督职能。在遵循这些重大法治改革基本原理和规律的基础上，实现检察机关法律监督与改革内在机理的有机融合、协调共存。这不仅有利于促进相关改革目标的实现、确保改革在法治轨道上运行，同时也为检察机关法律监督提供了新的实践"场域"，找到了新的业务增长点和发力点，注入了新的活力。面对众多法治改革举措交叉叠加的影响，检察需要"再出发"，而方向是深化与完善法律监督职能。只有不断深化与完善检察机关法律监督职能，才能更好地回应人民群众对公平正义的需求和法治改革的需要，才能更好地为社会提供更优质的"法治产品"和"检察产品"，也才能保证检察制度在新时代的改革浪潮中屹立不倒、健康发展。

# 参考文献 Reference

## 一、著作

[1] 习近平:《习近平谈治国理政》,外文出版社 2014 年版。

[2] 中共中央宣传部:《习近平总书记系列重要讲话读本》(2016 年版),学习出版社、人民出版社 2016 年版。

[3] 樊崇义主编:《检察制度原理》,法律出版社 2009 年版。

[4] 樊崇义主编:《诉讼原理》(第二版),法律出版社 2009 年版。

[5] 樊崇义主编:《证据法学》(第五版),法律出版社 2012 年版。

[6] 周永坤:《规范权力——权力的法理研究》,法律出版社 2006 年版。

[7] 陈瑞华:《司法体制改革导论》,法律出版社 2018 年版。

[8] 周旺生:《立法论》,北京大学出版社 1994 年版。

[9] 崔卓兰等:《地方立法实证研究》,知识产权出版社 2007 年版。

[10] 洪浩:《检察权论》,武汉大学出版社 2001 年版。

[11] 熊先觉:《中国司法制度新论》,中国法制出版社 1999 年版。

[12] 韩大元主编:《中国检察制度宪法基础研究》,中国检察出版社 2007 年版。

[13] 王桂五主编:《中华人民共和国检察制度研究》,中国检察出版社 2008 年版。

[14] 孙谦主编:《中国特色社会主义检察制度》,中国检察出版社 2009 年版。

[15] 朱孝清、张智辉主编:《检察学》,中国检察出版社 2010 年版。

[16] 石少侠:《检察权要论》,中国检察出版社 2006 年版。

[17] 张智辉:《检察权研究》,中国检察出版社 2007 年版。

[18] [美] E. 博登海默:《法理学:法律哲学与法律方法》,邓正来译,中国政法大学出版社 1999 年版。

[19] 季卫东等:《中国的司法改革:制度变迁的路径依赖与顶层设计》,法律出版社 2016 年版。

[20] 陈瑞华：《刑事诉讼的前沿问题》（第五版）（下册），中国人民大学出版社 2016 年版。

[21] 李心鉴：《刑事诉讼构造论》，中国政法大学出版社 1992 年版。

[22] 门金玲：《侦审关系研究》，中国社会科学出版社 2011 年版。

[23] 陈朴生：《刑事诉讼法实务》（增订版），1981 年版。

[24] 宋英辉主编：《刑事诉讼原理》，法律出版社 2003 年版。

[25] 林钰雄：《检察官论》，法律出版社 2008 年版。

[26] ［英］迈克·麦康维尔："英国刑事诉讼导言"，载中国政法大学刑事法律研究中心组织编译：《英国刑事诉讼法（选编）》，中国政法大学出版社 2001 年版。

[27] ［美］艾瑞克·卢拉、玛丽安·L. 韦德主编：《跨国视角下的检察官》，杨先德译，法律出版社 2016 年版。

[28] 魏晓娜：《背叛程序正义：协商性刑事司法研究》，法律出版社 2014 年版。

[29] ［美］安吉娜·J. 戴维斯：《专横的正义：美国检察官的权力》，李昌林、陈川陵译，中国法制出版社 2012 年版。

[30] 岳礼玲、林静译：《德国刑事诉讼法典》，中国检察出版社 2015 年版。

[31] 施鹏鹏：《法律改革，走向新的程序平衡?》，中国政法大学出版社 2013 年版。

[32] ［美］约翰·罗尔斯：《正义论》，何怀宏、何包钢、廖申白译，中国社会科学出版社 1988 年版。

[33] ［美］罗·庞德：《通过法律的社会控制：法律的任务》，沈宗灵、董世忠译，商务印书馆 1984 年版。

[34] ［日］伊东研祐：《法益概念史研究》，秦一禾译，中国人民大学出版社 2014 年版。

[35] 张文显：《二十世纪西方法哲学思潮研究》，法律出版社 1996 年版。

[36] ［美］詹姆斯·M. 布坎南、戈登·塔洛克：《同意的计算——立宪民主的逻辑基础》，陈光金译，中国社会科学出版社 2000 年版。

[37] ［英］弗里德里希·冯·哈耶克：《经济、科学与政治：哈耶克思想精粹》，冯克利译，江苏人民出版社 2000 年版。

[38] ［日］丹宗昭信、厚谷襄儿编：《现代经济法入门》，谢次昌译，群众出版社 1985 年版。

[39] 许崇德主编：《中华法学大辞典》（宪法学卷），中国检察出版社 1995 年版。

[40] ［意］桑德罗·斯奇巴尼选编：《司法管辖权审判诉讼》，黄风译，中国政法大学出版社 1992 年版。

[41] 王福华：《民事诉讼基本结构——诉权与审判权的对峙与调和》，中国检察出版社

2002 年版。

［42］张文显：《法哲学范畴研究》（修订版），中国政法大学出版社 2001 年版。

［43］李如林主编：《检察理论重点问题：最高人民检察院检察理论研究所建所以来论文选》，中国检察出版社 2015 年版。

［44］李美蓉：《检察官身份保障》，知识产权出版社 2010 年版。

［45］农中校、刘缨：《检察官职业化建设探索与研究》，中国检察出版社 2008 年版。

［46］［美］理查德·A. 波斯纳：《超越法律》，苏力译，中国政法大学出版社 2001 年版。

［47］林莉红："法社会学视野下的中国公益诉讼"，载贺海仁主编：《公益诉讼的新发展》，中国社会科学出版社 2008 年版。

［48］［英］培根：《培根论说文集》，水天同译，商务印书馆 2009 年版。

［49］张小劲、于晓虹编著：《推进国家治理体系和治理能力现代化六讲》，人民出版社 2014 年版。

［50］王玄玮：《中国检察权转型问题研究》，法律出版社 2013 年版。

［51］甄贞等：《法律监督原论》，法律出版社 2007 年版。

［52］段明学：《检察改革论略》，中国检察出版社 2016 年版。

## 二、期刊

［1］樊崇义：" '以审判为中心'与'分工负责、互相配合、互相制约'关系论"，载《法学杂志》2015 年第 11 期。

［2］樊崇义："2018 年《刑事诉讼法》修改重点与展望"，载《国家检察官学院学报》2019 年第 1 期。

［3］樊崇义："刑事辩护的障碍与困惑透视"，载《河南省政法管理干部学院学报》2001 年第 3 期。

［4］樊崇义、张中："论以审判为中心的诉讼制度改革"，载《中州学刊》2015 年第 1 期。

［5］樊崇义、赵培显："论客观性证据审查模式"，载《中国刑事法杂志》2014 年第 1 期。

［6］樊崇义、哈腾："论监察与检察协调衔接机制的构建"，载《浙江工商大学学报》2018 年第 6 期。

［7］陈光中、步洋洋："审判中心与相关诉讼制度改革初探"，载《政法论坛》2015 年第 2 期。

［8］卞建林、李晶："关于加强诉讼监督的初步思考"，载《国家检察官学院学报》2011 年第 1 期。

［9］卞建林、谢澍："'以审判为中心'视野下的诉讼关系"，载《国家检察官学院学报》

2016 年第 1 期。

[10] 卞建林："论我国侦查程序中检警关系的优化——以制度的功能分析为中心"，载《国家检察官学院学报》2005 年第 2 期。

[11] 李奋飞："检察再造论——以职务犯罪侦查权的转隶为基点"，载《政法论坛》2018 年第 1 期。

[12] 邱学强："论检察体制改革"，载《中国法学》2003 年第 5 期。

[13] 孙皓："论检察权配置的自缚性"，载《环球法律评论》2016 年第 6 期。

[14] 贺小军："效果与反思：公安机关刑事执法质量考评机制实证研究"，载《法学家》2017 年第 3 期。

[15] 刘世天："法律监督现代化之理念构建"，载《人民检察》2006 年第 3 期。

[16] 傅国云："行政检察监督的特性、原则与立法完善"，载《人民检察》2014 年第 13 期。

[17] 郑雅莉、何伟日："行政违法检察监督的原则、方式及条件"，载《内蒙古电大学刊》2016 年第 3 期。

[18] 刘佩韦："论立法腐败"，载《黑龙江省政法管理干部学院学报》2010 年第 9 期。

[19] 郝银钟："检察权质疑"，载《中国人民大学学报》1999 年第 3 期。

[20] 陈卫东："我国检察权的反思与重构——以公诉权为核心的分析"，载《法学研究》2002 年第 2 期。

[21] 崔敏："为什么检察制度屡受质疑——对一篇重要文章中某些观点的商榷"，载《法学》2007 年第 7 期。

[22] 倪培兴："论司法权的概念与检察机关的定位——兼评侦检一体化模式（上）"，载《人民检察》2000 年第 3 期。

[23] 谭世贵："论司法独立与媒体监督"，载《中国法学》1999 年第 4 期。

[24] 龙宗智："试论检察官的定位——兼评主诉检察官制度"，载《人民检察》1999 年第 7 期。

[25] 谢鹏程："论检察权的性质"，载《法学杂志》2000 年第 2 期。

[26] 李建明、陈春来："论刑事诉讼涉案财产处置的法律监督"，载《人民检察》2017 年第 3 期。

[27] 敬大力："关于检察机关基本职责问题的再认识"，载《人民检察》2017 年第 11 期。

[28] 于安："反腐败是构建新国家监察体制的主基调"，载《中国法律评论》2017 年第 2 期。

[29] 马怀德："《国家监察法》的立法思路与立法重点"，载《环球法律评论》2017 年第

2 期。

[30] 陈越峰："监察措施的合法性研究"，载《环球法律评论》2017 年第 2 期。

[31] 张建伟："法律正当程序视野下的新监察制度"，载《环球法律评论》2017 年第 2 期。

[32] 施鹏鹏："国家监察委员会的侦查权及其限制"，载《中国法律评论》2017 年第 2 期。

[33] 吴建雄："国家监察体制改革背景下职务犯罪检察职能定位与机构设置"，载《国家行政学院学报》2018 年第 1 期。

[34] 李奋飞："'调查—公诉'模式研究"，载《法学杂志》2018 年第 6 期。

[35] 金波："法律监督在我国监督体系中的地位与作用"，载《河北法学》2008 年第 10 期。

[36] 石少侠："论我国检察权的性质——定位于法律监督权的检察权"，载《法制与社会发展》2005 年第 3 期。

[37] 孙谦："中国的检察改革"，载《法学研究》2003 年第 6 期。

[38] 许德风："法教义学的应用"，载《中外法学》2013 年第 5 期。

[39] 韩大元、于文豪："法院、检察院和公安机关的宪法关系"，载《法学研究》2011 年第 3 期。

[40] 陈生平、钱勇："如何认识职务犯罪审讯中以威胁、引诱、欺骗方法获取口供的问题"，载《中国刑事法杂志》2012 年第 12 期。

[41] 史凤林："监察权与司法权的协调衔接机制研究"，载《中共山西省委党校学报》2018 年第 2 期。

[42] 龙宗智："监察与司法协调衔接的法规范分析"，载《政治与法律》2018 年第 1 期。

[43] 魏晓娜："依法治国语境下检察机关的性质与职权"，载《中国法学》2018 年第 1 期。

[44] 闵春雷："以审判为中心：内涵解读及实现路径"，载《法律科学（西北政法大学学报）》2015 年第 3 期。

[45] 王敏远："以审判为中心的诉讼制度改革问题初步研究"，载《法律适用》2015 年第 6 期。

[46] ［德］勃朗特·舒乃曼："警察机关在现代刑事程序中的地位"，吕艳滨译，载《研究生法学》2000 年第 2 期。

[47] 雷鑫洪："刑事立案监督实证研究"，载《国家检察官学院学报》2016 年第 6 期。

[48] 林峰："论立案监督立法顶层设计之完善"，载《中国检察官》2015 年第 19 期。

［49］张静雯等："大数据助推刑事立案监督机制初探"，载《山西省政法管理干部学院学报》2017年第2期。

［50］单民、林喜芬："实证视野下检察机关刑事法律监督权的改进与完善——以对500多位律师的调查问卷展开"，载《河北法学》2016年第9期。

［51］胡玉鸿："'以权利制约权力'辨"，载《法学》2000年第9期。

［52］龙宗智："论建立以一审庭审为中心的事实认定机制"，载《中国法学》2010年第2期。

［53］刘书祥："法治中国——党对法治建设认识的进一步深化"，载《求知》2014年第4期。

［54］冀祥德、张文秀："从对抗转向合作：中国控辩关系新发展"，载《中国司法》2011年第12期。

［55］张思东、赵宇峰："以审判为中心的诉讼制度改革背景下的检律关系透视"，载《行政与法》2017年第4期。

［56］秦国文、董邦俊："论'以审判为中心'视野下新型检律关系之构建"，载《浙江工商大学学报》2015年第3期。

［57］陈瑞华："从'流水作业'走向'以裁判为中心'——对中国刑事司法改革的一种思考"，载《法学》2000年第3期。

［58］陈卫东、杜磊："庭前会议制度的规范建构与制度适用——兼评《刑事诉讼法》第182条第2款之规定"，载《浙江社会科学》2012年第11期。

［59］赵学军、明叶青："实证分析视角下的刑事庭前会议程序规制"，载《天津法学》2017年第2期。

［60］牟军、张青："法院审前准备与刑事庭审程序的运行"，载《西南民族大学学报（人文社会科学版）》2012年第5期。

［61］施鹏鹏、陈真楠："刑事庭前会议制度之检讨"，载《江苏社会科学》2014年第1期。

［62］莫湘益："庭前会议：从法理到实证的考察"，载《法学研究》2014年第3期。

［63］范群："证人出庭对公诉人举证质证的影响及对策"，载《人民检察》2016年第2期。

［64］魏晓娜："完善认罪认罚从宽制度：中国语境下的关键词展开"，载《法学研究》2016年第4期。

［65］马克昌："论宽严相济刑事政策的定位"，载《中国法学》2007年第4期。

［66］黄京平："宽严相济刑事政策的时代含义及实现方式"，载《法学杂志》2006年第

4 期。

[67] 陈永生、白冰：“法官、检察官员额制改革的限度”，载《比较法研究》2016 年第 2 期。

[68] 顾永忠：“关于‘完善认罪认罚从宽制度’的几个理论问题”，载《当代法学》2016 年第 6 期。

[69] 陈卫东：“公正和效率——我国刑事审判程序改革的两个目标”，载《中国人民大学学报》2001 年第 5 期。

[70] 左卫民：“认罪认罚何以从宽：误区与正解——反思效率优先的改革主张”，载《法学研究》2017 年第 3 期。

[71] 王飞：“论认罪认罚协商机制的构建——对认罪认罚从宽制度试点中的问题的检讨与反思”，载《政治与法律》2018 年第 9 期。

[72] 吕天奇、贺英豪：“法国庭前认罪协商程序之借鉴”，载《国家检察官学院学报》2017 年第 1 期。

[73] 郑新俭：“做好顶层设计 稳步推进公益诉讼试点工作”，载《人民检察》2015 年第 14 期。

[74] 熊秋红：“认罪认罚从宽的理论审视与制度完善”，载《法学》2016 年第 10 期。

[75] 孙笑侠：“论法律与社会利益——对市场经济中公平问题的另一种思考”，载《中国法学》1995 年第 4 期。

[76] 韩志红：“公益诉讼制度：公民参加国家事务管理的新途径——从重庆綦江‘彩虹桥’倒塌案说开去”，载《中国律师》1999 年第 11 期。

[77] 李涛：“浅析河南省检察机关提起公益诉讼的范围和程序”，载《检察实践》2005 年第 6 期。

[78] 蔡彦敏：“从规范到运作——论民事诉讼中的检察监督”，载《法学评论》2000 年第 3 期。

[79] 刘加良：“解释论视野中的民事督促起诉”，载《法学评论》2013 年第 4 期。

[80] 杨伟伟、谢菊：“新环保法视角下环保 NGO 公益诉讼分析”，载《城市观察》2015 年第 2 期。

[81] 解志勇：“论公益诉讼”，载《行政法学研究》2002 年第 2 期。

[82] 王福华：“我国检察机关介入民事诉讼之角色困顿”，载《政治与法律》2003 年第 5 期。

[83] 杨秀清：“我国检察机关提起公益诉讼的正当性质疑”，载《南京师范大学学报（社会科学版）》2006 年第 6 期。

［84］陈兴生、宋波、梁远："民事公诉制度质疑"，载《国家检察官学院学报》2001 年第 3 期。

［85］汤维建、温军："检察机关在民事诉讼中法律地位研究"，载《武汉大学学报（哲学社会科学版）》2005 年第 2 期。

［86］傅郁林："我国民事检察权的权能与程序配置"，载《法律科学（西北政法大学学报）》2012 年第 6 期。

［87］韩波："公益诉讼制度的力量组合"，载《当代法学》2013 年第 1 期。

［88］张卫平："民事公益诉讼原则的制度化及实施研究"，载《清华法学》2013 年第 4 期。

［89］汪建成："论诉讼监督与诉讼规律"，载《河南社会科学》2010 年第 6 期。

［90］江伟、谢俊："论民事检察监督的方式和地位——基于宪法和民事诉讼法的分析"，载《法治研究》2009 年第 4 期。

［91］汤维建："论检察机关提起民事公益诉讼"，载《中国司法》2010 年第 1 期。

［92］杨雅妮："检察机关提起民事公益诉讼诉前程序探析"，载《河南财经政法大学学报》2018 年第 2 期。

［93］刘加良："检察院提起民事公益诉讼诉前程序研究"，载《政治与法律》2017 年第 5 期。

［94］荣晓红："检察机关提起民事公益诉讼的可行性及实现"，载《山东科技大学学报（社会科学版）》2009 年第 4 期。

［95］朱全宝："论检察机关提起行政公益诉讼：特征、模式与程序"，载《法学杂志》2015 年第 4 期。

［96］傅国云："行政公益诉讼制度的构建"，载《中国检察官》2016 年第 5 期。

［97］黄学贤："行政公益诉讼若干热点问题探讨"，载《法学》2005 年第 10 期。

［98］李艳芳、吴凯杰："论检察机关在环境公益诉讼中的角色与定位——兼评最高人民检察院《检察机关提起公益诉讼改革试点方案》"，载《中国人民大学学报》2016 年第 2 期。

［99］赵信会、祝文莉："未成年人权益的检察保护——以检察机关提起国家监护诉讼为例"，载《中国青年社会科学》2017 年第 1 期。

［100］赵许明："公益诉讼模式比较与选择"，载《比较法研究》2003 年第 2 期。

［101］杨解君、李俊宏："公益诉讼试点的若干重大实践问题探讨"，载《行政法学研究》2016 年第 4 期。

［102］林仪明："我国行政公益诉讼立法难题与司法应对"，载《东方法学》2018 年第

2 期。

[103] 王太高：“论行政公益诉讼”，载《法学研究》2002 年第 5 期。

[104] 甄贞、王志坤：“诉讼监督地方立法的反思”，载《国家检察官学院学报》2011 年第 1 期。

[105] 季卫东：“法律程序的意义——对中国法制建设的另一种思考”，载《中国社会科学》1993 年第 1 期。

[106] 韩晓峰、陈超然：“诉讼监督事项案件化的思考——以侦查监督为分析视角”，载《人民检察》2016 年第 21 期。

[107] 庄永廉等：“如何深入探索重大监督事项案件化办理”，载《人民检察》2017 年第 15 期。

[108] 刘莺莺：“重大监督事项案件化办理的路径探索”，载《中国检察官》2018 年第 3 期。

[109] 朱孝清：“司法的亲历性”，载《中外法学》2015 年第 4 期。

[110] 邓辉、谢小剑：“责任与独立：检察官纪律惩戒的双重维度”，载《环球法律评论》2010 年第 5 期。

[111] 季美君：“检察官选任制度研析”，载《中国司法》2010 年第 3 期。

[112] 董成惠：“‘权力清单’的正本清源”，载《北方法学》2017 年第 2 期。

[113] 朱孝清：“与司法亲历性有关的两个问题”，载《人民检察》2015 年第 19 期。

[114] 龙宗智：“检察官办案责任制相关问题研究”，载《中国法学》2015 年第 1 期。

[115] 李天昊、徐鹤喃：“检察官权力清单的三维内涵”，载《人民检察》2018 年第 7 期。

[116] 王玄玮：“违宪检察论——检察机关启动违宪审查程序的初步探讨”，载《政治与法律》2009 年第 4 期。

[117] 向泽选：“检察权运行机制与检察权配置”，载《政法论坛》2012 年第 6 期。

[118] 秦前红：“国家监察委员会制度试点改革中的两个问题”，载《四川师范大学学报（社会科学版）》2017 年第 3 期。

[119] 王戬：“不同权力结构模式下的检察权”，载《学海》2008 年第 4 期。

[120] 叶青、王小光：“检察机关监督与监察委员会监督比较分析”，载《中共中央党校学报》2017 年第 3 期。

[121] 陈瑞华：“程序性辩护之初步考察”，载《燕山大学学报（哲学社会科学版）》2005 年第 1 期。

[122] 哈腾：“庭审实质化的检察应对”，载《西部学刊》2018 年第 8 期。

[123] 哈腾：“论庭前会议制度完善与检察职能实现——以《庭前会议规程》为视角”，

载《江西警察学院学报》2018 年第 4 期。

[124] 哈腾："论检察职能的调整与完善——以优化诉讼监督职能为核心"，载《成都理工大学学报（社会科学版）》2018 年第 6 期。

[125] 韩静茹："民事检察权的基本规律和正当性基础"，载《湖北社会科学》2018 年第 4 期。

[126] 吴俊："中国民事公益诉讼年度观察报告（2017）"，载《当代法学》2018 年第 5 期。

[127] 张建伟："逻辑的转换：检察机关内设机构调整与捕诉一体"，载《国家检察官学院学报》2019 年第 2 期。

## 三、论文集

[1] 邵世星、周晓霞："检察机关提起公益诉讼状况评估与对策建议"，载黄河主编：《深化依法治国实践背景下的检察权运行——第十四届国家高级检察官论坛论文集》，中国检察出版社 2018 年版。

[2] 郑烁："论侦查监督案件化办理的证据规则"，载敬大力主编：《刑事诉讼监督案件化办理》，中国检察出版社 2020 年版。

## 四、报刊文献

[1] 樊崇义："刑事诉讼目的转型与诉讼法律监督"，载《检察日报》2013 年 9 月 3 日，第 3 版。

[2] 沈春耀："建设法治国家的主要难点"，载《检察日报》2013 年 7 月 2 日，第 3 版。

[3] 马怀德："全面从严治党亟待改革国家监察体制"，载《光明日报》2016 年 11 月 12 日，第 3 版。

[4] 顾永忠："'以审判为中心'是对'分工负责，互相配合，互相制约'的重大创新和发展"，载《人民法院报》2015 年 9 月 2 日，第 5 版。

[5] 张建伟："审判中心主义的实质与表象"，载《人民法院报》2014 年 6 月 20 日，第 5 版。

[6] 王守安："以审判为中心的诉讼制度改革带来深刻影响"，载《检察日报》2014 年 11 月 10 日，第 3 版。

[7] 顾永忠："'庭审中心主义'之我见"，载《人民法院报》2014 年 5 月 16 日，第 5 版。

[8] 钟毅："庭前会议程序该解决哪些问题"，载《检察日报》2013 年 9 月 27 日，第 3 版。

[9] 戴长林、刘静坤："让以审判为中心的刑事诉讼制度改革落地见效——对'三项规程'重点内容的解读"，载《人民法院报》2017 年 6 月 28 日，第 6 版。

［10］"认罪认罚从快从宽"，载《人民日报》2017 年 5 月 17 日，第 18 版。

［11］林中明："上海：认罪认罚从宽制度全面铺开成效初显——试点 3 个月 95% 以上量刑建议被采纳"，载《检察日报》2017 年 4 月 25 日，第 1 版。

［12］杨扬、贾少勋、杨铭："西安政法机关以科技助推刑事案件认罪认罚从宽制度试点工作"，载《西部法制报》2018 年 6 月 5 日，第 1 版。

［13］关仕新："社会调查：在少年司法中当如何运行"，载《检察日报》2011 年 1 月 23 日，第 3 版。

［14］马守敏："公益诉讼亟待支持"，载《人民日报》2001 年 9 月 5 日，第 16 版。

［15］王斐民："浅析公益诉讼"，载《检察日报》2002 年 1 月 18 日，第 3 版。